PPP实战系列丛书

PPP模式

核心要素及操作指南

中国PPP产业大讲堂◎著

PUBLIC-PRIVATE-PARTNERSHIP GUIDE

PPP

MODEL

经济日报出版社

图书在版编目（CIP）数据

PPP模式核心要素及操作指南 / 殷文强著. -- 北京：
经济日报出版社，2016.3

ISBN 978-7-80257-924-8

Ⅰ.①P… Ⅱ.①殷… Ⅲ.①政府投资—合作—社会
资本—指南 Ⅳ.①F830.59-62②F014.39-62

中国版本图书馆CIP数据核字（2016）第047437号

PPP模式核心要素及操作指南

作　者	中国PPP产业大讲堂
责任编辑	肖小琴
出版发行	经济日报出版社
地　址	北京市西城区右安门内大街65号(邮政编:100054)
电　话	010-63584556（编辑部） 63516959（发行部）
网　址	www.edpbook.com.cn
E - mail	edpbook@126.com
经　销	全国新华书店
印　刷	北京鑫瑞兴印刷有限公司
开　本	710×1000毫米 1/16
印　张	22.5
字　数	310千字
版　次	2016年3月第一版
印　次	2017年7月第五次印刷
书　号	ISBN 978-7-80257-924-8
定　价	78.00元

国办发 [2015]42 号 在能源、交通运输、水利、环境保护、农业、林业、科技、保障性安居工程、医疗、卫生、养老、教育、文化等公共服务领域，鼓励采用政府和社会资本合作模式，吸引社会资本参与。

——国务院办公厅 2015 年 5 月 19 日

前 言

PPP（政府和社会资本合作）模式是指政府为增强公共产品和服务供给能力、提高供给效率，通过特许经营、购买服务、股权合作等方式，与社会资本建立的利益共享、风险分担及长期合作关系。

党的十八届三中全会通过的《中共中央关于全面深化改革若干重大问题的决定》中明确提出，要推广政府购买服务，凡属事务性管理原则上都要引入竞争机制，通过合同、委托等方式向社会进行购买；允许社会资本通过特许经营等方式参与基础设施投资与运营。这是 PPP 模式首次出现在中央层面的文件表述中，之后，2014 年 9 月 23 日财政部发布《关于推广运用政府和社会资本合作模式有关问题的通知》（财金〔2014〕76 号）；2014 年 11 月 16 日国务院发布《关于创新重点领域投融资机制鼓励社会投资的指导意见》（国发〔2014〕60 号），大力推广 PPP 模式；2014 年 12 月 2 日国家发改委发布《关于开展政府和社会资本合作的指导意见》（发改投资〔2014〕2724 号），2014 年下半年国务院及两部委同时出台文件力推 PPP，标志着 PPP 模式进入国家级大规模推广阶段，因此，2014 年也被称作中国 PPP 元年。在此之后全国各地方政府积极响应，大力推广 PPP 模式，并向社会纷纷推出了 PPP 项目库，据初步统计，截至 2015 年 12 月，从各地汇总的 PPP 项目投资额已达到了 8.7 万亿的规模，项目数量已达 6650 个，PPP 模式在我国已进入了白热化发展阶段。

随着 PPP 模式的不断推进和深化发展，PPP 在实操过程中也遇到了很多的问题和挑战，所有这些都对 PPP 从业人员的系统性全局性理解能力、综合性知识储备能力、实际操作能力和自身综合素质都提出了越来越高的要求。简单的概念性了解 PPP 容易，能够系统性全局性掌握 PPP 并不容易，而在现实中能够落地运作一个成功的 PPP 项目更不容易。PPP 能力建设是一个系统性工程，它需要我们对 PPP 的认识要有一定的高度，对 PPP 相关联领域的知识储备要有一定的宽度，对 PPP 的要点、重点和核心点的理解上要有一定的深度，对 PPP 在现实运作中要有足够的执行力度。正是基于这种考虑，本书力求从政策理论到落地实操，从宏观理解到微观操作等方面对 PPP 模式进行一次系统、全面、立体的梳理和讲解。

本书在写作的过程中，始终站在项目实操的角度来进行组织材料编写，书中摒弃了 PPP 学术性的理论研究和论述，使读者读起来更能够通俗易懂，更接地气。同时为了便于读者对相关知识点的理解掌握，文中还以专栏的形式进行了案例分析和政策解读，从理论和实践两个层面对 PPP 模式进行了系统总结与解析，具有很强的务实性与指导性。

本书共包括八章，第一章主要对 PPP 模式核心要素进行了系统性总结与分析，便于读者对 PPP 有个全面和系统的认识。第二章介绍了 PPP 模式在国内外的应用情况，对国外的成功与失败案例进行了解读，同时对国内 PPP 政策要点进行了系统梳理。第三章是 PPP 项目的风险管理，风险管理是 PPP 模式的重点也是难点，对此我们单独成章进行讲解，同时对国内一些 PPP 失败案例进行了分析。第四章对 PPP 物有所值评价进行了研究，由于 PPP 项目在前期通过物有所值论证是所有 PPP 项目能够实施下去的前提，本章借鉴国外 PPP 在物有所值方面的研究成果，结合国内北京 4 号线地铁项目以案例形式进行了讲解。第五章对 PPP 项目财政承受能力论证过程和方法进行了讲解。第六章 对 PPP 模式运作流程进行了系统讲解，同时辅以政策专栏和项目示例的形式进行了分析，便于读者理解掌握。第七章对 PPP 项目合同设计中的关键点和要点进行了梳理和讲解。第八章分别对国务院、财政部和发改委的 PPP 政策体系进行了系统梳理。准确理解 PPP 政策导向和政策要点是做好 PPP 工作的重要前提，由于目前财政部和发改委在 PPP 政策的制定内容上并不完全一致，甚至个别条款会有冲突，而且各部委及国务院 PPP 政策也在随着 PPP 形势的发展不断地进行微调，所以，读者在阅读本章时一定要看清 PPP 政策的发文部门以及发文时间，以便于在实际的操作中能够有针对性地灵活运用。

由于时间和水平所限，本书难免有疏漏不足之处，敬请读者谅解并不吝赐教。

中国 PPP 产业大讲堂

2015 年 12 月

目　录

1. PPP 模式核心要素分析

1.1 PPP 模式的定义

PPP 是英文 Public -Private Partnerships 的缩写，翻译过来的意思是公私合作伙伴关系，目前对 PPP 还没有一个公认的说法，世界各国对 PPP 的定义有所不同，以下是几条代表性的 PPP 定义：

1. 联合国培训研究院：PPP 涵盖了不同社会系统倡导者之间的所有制度化合作方式，目的是解决当地或区域内的某些复杂问题。PPP 包含两层含义，其一是为满足公共产品需要而建立的公共和私人倡导者之间的各种合作关系；其二是为满足公共产品需要，公共部门和私营部门建立伙伴关系进行的大型公共项目的实施。

2. 欧盟委员会：PPP 是指公共部门和私营部门之间的一种合作关系，其目的是为了提供传统上由公共部门提供的公共项目或服务。

3. 加拿大 PPP 国家委员会：PPP 是公共部门和私营部门之间的一种合作经营关系，它建立在双方各自经验的基础上，通过适当的资源分配、风险分担和利益共享机制，最好地满足事先清晰界定的公共需求。

4. 美国 PPP 国家委员会：PPP 是介于外包和私有化之间并结合了两者特点的一种公共产品提供方式，它充分利用私人资源进行设计、建设、投资、经营和维护公共基础设施，并提供相关服务以满足公共需求。

以上是国外对 PPP 模式的定义，在中国由于国有企业占主导地位，PPP 引入中国之后需要与我国的国情相适应，Public 一般指政府部门，但是 Private 指社会资本，所以，在国内 PPP 模式被翻译成“政府和社会资本合作模式”，财政部在《关于推广运用政府和社会资本合作模式有关问题的通知》（财金〔2014〕76 号）中将“政府和社会资本合作模式”（即 PPP）界定为：“政府部门和社会资本在基础设施及公共服务领域建立的一种长期合作关系，通常模式是由社会资本承担设计、建设、运营、维护基础设施的大部分工作，并通过‘使用者付费’及必要的‘政府付费’获得合理投资回报；政府部门负责基础设施及公共服务价格和质量监管，以保证公共利益最大化。”发改委在《国家发展改革委关于开展政府和社会资本合作的指导意见》（发改投资〔2014〕2724 号）中则将 PPP 界定为：“政府为增强公共产品和服务供给能力、提高供给效率，通过特许经营、购买服务、股权合作等方式，与社会资本建立的利益共享、风险分担及长期合作关系。”总体上，两部委给出的 PPP 基本框架大方向一致，只是细节上有所差异，发改委推的是属于特许经营的 PPP，范围相对于财政部的略小。

1.2 PPP 模式典型结构

PPP 模式的典型做法是政府与社会资本共同组成 SPV（项目公司），针对特定项目或资产，社会资本与政府签订特许经营合同，并由 SPV（项目公司）负责项目设计、融资、建设、运营，待特许经营期满后，SPV（项目公司）终结并将项目移交给政府，具体如下图所示。

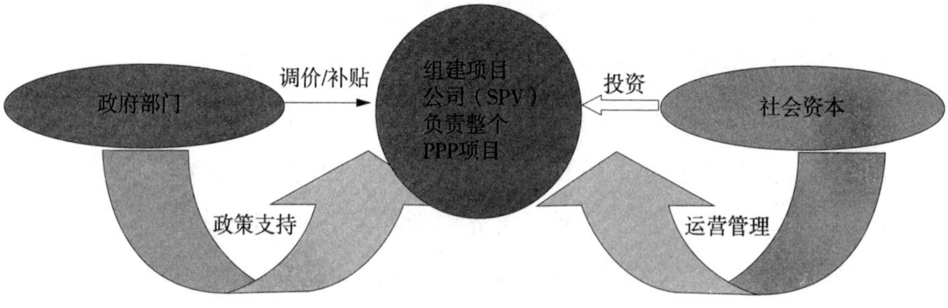

图 1.1　PPP 模式结构图

PPP 项目各方组成：

1. 政府

政府是 PPP 项目的主要发起方，根据 PPP 项目运作方式和社会资本参与程度的不同，政府在 PPP 项目中所承担的具体职责也不同。总体来讲，在 PPP 项目中，政府需要同时扮演以下两种角色：

（1）作为公共事务的管理者，政府负有向公众提供优质且价格合理的公共产品和服务的义务，承担 PPP 项目的规划、采购、管理、监督等行政管理职能，并在行使上述行政管理职能时形成与项目公司（或社会资本）之间的行政法律关系；

（2）作为公共产品或服务的购买者（或者购买者的代理人），政府基于 PPP 项目合同形成与项目公司（或社会资本）之间的平等民事主体关系，按照 PPP 项目合同的约定行使权利、履行义务。

为便于区分政府的不同角色，政府或其职能部门及其下属事业单位作为 PPP 项目合同的一方签约主体时，称为政府方。

在实际操作过程中，经常出现有的项目是政府授权其下属的国有企业代表政府跟社会资本签署 PPP 项目合同，这种情况实际上是不合规的，在 PPP 模式中企业是不可以代表政府的，国有企业属于企业范畴，受《公司法》约束，企业随时有倒闭破产的可能，而根据我国的国情，地方政府是不可能破产的，而且更重要的是，PPP 模式中政府需要履行行政管理和行政监督职能，国有企业本身是不具备这个职能的。但是在 PPP 项目中，政府可以授权国有企业代表政府履行出资职能，这时候国有企业在 PPP 合同中可以作为乙方之一，但是不能作为甲方（政府方）代表。

2. 社会资本

社会资本也可以是项目的发起人，那么 PPP 模式中的“社会资本”究竟指的是哪些企业呢？财政部和发改委曾经给出了两个不同的版本，财政部 2014 年 11 月 29 日颁布的《关于印发政府和社会资本合作模式操作指南（试行）的通知》中第二条规定，“本指南所称社会资本是指已建立现代企业制度的境内外企业法人，但不包括本级政府所属融资平台公司及其他控股国有企业”，而发改委 2014 年 12 月 2 日颁布的《国家发展改革委关于开展政府和社会资本合作的指导意见》的附件 2《政府和社会资本合作项目通用合同指南》中指出，“社会资本主体，应是符合条件的国有企业、民营企业、外商投资企业、混合所有制企业，或其他投资、经营主体”。很显然，发改委的定义中，并没有明确提及地方政府的融资平台是不是属于社会资本的问题。两部委的文件中对社会资本的定义出现了一定的分歧。之后，国务院在 2015 年 5 月 19 日发布的《国务院办公厅转发财政部发展改革委人民银行关于在公共服务领域推广政府和社会资本合作模式指导意见的通知》(国办发〔2015〕42 号)一文中就对社会资本的定义做了一个统一的整合，其中对较为敏感的地方政府融资平台问题作了如下规定：“对已经建立现代企业制度、实现市场化运营的，在其承担的地方政府债务已纳入政府财政预算、得到妥善处置并明确公告今后不再承担地方政府举债融资职能的前提下，可作为社会资本参与当地政府和社会资本合作项目。”在此背景下，关于 PPP 模式中对社会资本的定义就以国务院的文件为准。

社会资本是 PPP 项目的实际投资人。但在 PPP 实践中，社会资本通常不会直接作为 PPP 项目的实施主体，而会专门针对该项目成立项目公司，作为 PPP 项目合同及项目其他相关合同的签约主体，负责项目具体实施。项目公司是依法设立的自主运营、自负盈亏的具有独立法人资格的经营实体。项目公司可以由社会资本(可以是一家企业，也可以是多家企业组成的联合体)出资设立，也可以由政府和社会资本共同出资设立。但政府在项目公司中的持股比例应当低于 50%、且不具有实际控制力及管理权。

3. 融资方

PPP 项目的融资方通常有商业银行、出口信贷机构、多边金融机构(如世界银行、亚洲开发银行等)以及非银行金融机构(如信托公司)等。根据项目规模和融资需求的不同，融资方可以是一两家金融机构，也可以是由多家银行或机构组成的银团，具体的债权融资方式除贷款外，也包括债券、资产证券化等。

4. 承包商和分包商

在 PPP 项目中，承包商和分包商的选择是影响工程技术成败的关键因素，其技术水平、资历、信誉以及财务能力在很大程度上会影响贷款人对项目的商业评估和风险判断，是项目能否获得贷款的一个重要因素。

承包商主要负责项目的建设，通常与项目公司签订固定价格、固定工期的工程总承包合同。一般而言，承包商要承担工期延误、工程质量不合格和成本超支等风险。

对于规模较大的项目，承包商可能会与分包商签订分包合同，把部分工作分包给专业分包商。根据具体项目的不同情况，分包商从事的具体工作可能包括设计、部分非主体工程的施工，提供技术服务以及供应工程所需的货物、材料、设备等。承包商负责管理和协调分包商的工作。

5. 专业运营商（部分项目适用）

根据不同 PPP 项目运作方式的特点，项目公司有时会将项目部分的运营和维护事务交给专业运营商负责。但根据项目性质、风险分配以及运营商资质能力等不同，专业运营商在不同项目中所承担的工作范围和风险也会不同。例如，在一些采用政府付费机制的项目中，项目公司不承担需求风险或仅承担有限需求风险的，可能会将大部分的运营事务交由专业运营商负责；而在一些采用使用者付费机制的项目中，由于存在较大需求风险，项目公司可能仅仅会将部分非核心的日常运营管理事务交由专业运营商负责。

6. 原料供应商（部分项目适用）

在一些 PPP 项目中，原料的及时、充足、稳定供应对于项目的平稳运营至关重要，因此原料供应商也是这类项目的重要参与方之一。例如在燃煤电厂项目中，为了保证煤炭的稳定供应，项目公司通常会与煤炭供应商签订长期供应协议。

7. 产品或服务购买方（部分项目适用）

在包含运营内容的 PPP 项目中，项目公司通常通过项目建成后的运营收入来回收成本并获取利润。为了降低市场风险，在项目谈判阶段，项目公司以及融资方通常都会要求确定项目产品或服务的购买方，并由购买方与项目公司签订长期购销合同以保证项目未来的稳定收益。

8. 保险公司

由于 PPP 项目通常资金规模大、生命周期长，在项目建设和运营期间面临着诸多难以预料的各类风险，因此项目公司以及项目的承包商、分包商、供应商、运营商等通常均会就其面临的各类风险向保险公司进行投保，以进一步分散和转移风险。同时，由于项目风险一旦发生就有可能造成严重的经济损失，因此 PPP 项目对保险公司的资信有较高要求。

9. 其他参与方

除上述参与方之外，开展PPP项目还必须充分借助投资、法律、技术、财务、保险代理等方面的专业技术力量，因此 PPP 项目的参与方通常还可能会包括上述领域的专业机构。

1.3 PPP 模式运作机理

从运作模式看，PPP 模式的典型做法是政府与社会资本共同组成 SPV（项目公司），针对特定项目或资产，与政府签订特许经营合同，并由 SPV（项目公司）负责项目设计、融资、建设、运营，待特许经营期满后，SPV（项目公司）终结并将项目移交给政府。PPP 作为一种新模式，具有公共产品、委托代理、信息不对称等方面的理论基础。

从公共产品理论讲，社会资本参与提供准公共产品。能够发挥双方优势，提高公共产品质量，提升产品供给效率，实现 1+1 ＞ 2 的效果。同时，风险能“跨部门”进行动态分配，让双方承担各自擅长控制的风险，从而实现“帕累托最优”。

从委托代理理论讲，政府通过激励约束和竞争机制，规范和引导社会资本行为，使之与公共利益最大化相吻合，确保整个机制的“激励相容”。

从信息不对称理论讲，政府参与组成 SPV（项目公司），能更好地掌握建造经营等成本信息，克服信息不对称问题，避免社会资本“漫天要价”获取暴利。

从运作效果看，PPP 模式是一种能使“政府、企业、社会多方共赢”的公共产品提供方式。过去是政府和社会资本独自做事，而 PPP 模式突破了这种限定，让政府和社会资本得以“共舞”，实现“多方共赢”。

从政府角度看，缓解了财政支出压力。政府通过项目未来运营收入和适当补贴“撬动”社会资本参与项目“全生命周期管理”，不仅可以减轻当期财政支出压力，而且可以平滑年度间财政支出波动。

从企业角度看，拓宽了企业的发展空间，PPP 模式通过授予特许经营权，使社会资本不再局限于批发零售、贸易餐饮、建筑制造等传统行业，还可以进入电力电信、供水道路、医院学校等基础设施领域，大幅拓宽了社会资本的发展空间。

从社会角度看，提高了公共产品供给效率。PPP 模式突破了传统的政府与社会资本的分工边界，通过构建公共产品新产权关系，整合了公私部门的各自优势，能“让专业的人做专业的事”，把政府的政策意图、社会目标和社会资本的运营效率、竞争压力结合起来，充分提高了公共产品供给效率。

1.4 PPP 模式四大特征

PPP 模式具有以下四大特征：

1. PPP 是一种项目融资模式

PPP 项目主要根据项目的预期收益、资产以及政府扶持措施的力度来安排融资，其贷款的数量、融资成本的高低以及融资结构的设计都是与项目的现金流量和项目本身的资产价值直接联系在一起，因此 PPP 项目的融资是以项目为主体的融资活动。

关于项目融资，它分为广义的项目融资和狭义的项目融资。从广义上讲，为了建设一个新项目或者收购一个现有项目，或者对已有项目进行债务重组所进行的一切融资活动都可以被称为项目融资。从狭义上讲，项目融资（Project Finance）是指以项目本身的资产、预期收益或权益作抵质押取得的一种无追索权或有限追索权的融资或贷款活动。PPP 项目融资是指狭义上的概念。

与项目融资模式相对应的是企业融资模式，为了便于读者深入理解，我们将这两者做一个综合的对比分析。

➢ 企业融资，是指由现有企业筹集资金并完成项目投资建设的组织形式。在这种组织结构安排下，不组建新的项目法人，项目由现有企业发起，现有企业进行投资决策，承担投资风险，也承担决策责任。现有企业除投入权益资金外，还以其自身信用为项目筹集债务资金，并承担项目负债融资的债务风险。整个现有企业（包括项目本身）的现金流量和资产都可用于偿还债务，并承担相应的担保责任。公司融资组织结构下的投资项目，既可以是利用原有资产的改扩建项目，也可以是新建项目。

➢ 项目融资是指为建设和经营项目设立新的项目法人——项目公司，由项目公司完成项目的投资建设和经营还贷。其基本特点是：项目的投资决策由项目发起人（企业或政府）作出，项目发起人组建项目公司；项目公司财务独立，以项目自身的盈利能力来偿还债务，并以自身的资产承担债务担保责任。债权人仅对项目本身的资产和盈利能力具有追索权，而对项目发起人没有追索权。在这种融资结构安排下，项目能否还贷仅仅取决于项目是否有可靠充足的财务效益，因此又称“现金流量融资”。同时，这种融资组织形式下，债务和股本的结构安排是否合理，直接影响项目的现金流量及项目的还本付息风险，因此又称为“结构式融资”。项目融资组织形式下的投资项目，一般是新建项目，但也可以是将现有企业的一部分资产剥离出去，并在此基础上组建新的项目法人的改扩建项目。

项目融资和公司融资的主要区别在于项目融资仅以项目自身的现金流量和资产偿还债务资金和提供担保，以项目本身为基础设立新的财务独立的项目公司，而公司融资不设立新的项目法人，项目与原有企业的资产联为一体，债务资金的偿还以整个企业的信用为基础。但实际上，纯粹的项目融资和纯粹的公司融资都极少存在。公司融资通常也要考虑项目自身的盈利能力和清偿能力，项目融资也通常要寻求项目以外的债务担保。两种融资方式往往相互交叉，又不断创新，演绎出各种不同的融资组织形式。在实际的操作中，PPP 项目融资也往往会跟企业融资有一定的交叉，在目前情况下，PPP 单纯依靠项目融资往往很难实现。

➢ 项目融资的种类

（1）无追索权的项目融资

无追索权的项目融资也称为纯粹的项目融资，在这种融资方式下，贷款的还本付息完全依靠项目的经营效益。同时，贷款银行为保障自身的利益必须从该项目拥有的资产取得物权担保。如果该项目由于种种原因未能建成或经营失败，其资产或收益不足以清偿全部的贷款时，贷款银行无权向该项目的主办人追索。

无追索权项目融资在操作规则上具有以下特点：

1）项目贷款人对项目发起人的其他项目资产没有任何要求权，只能依靠该项目的现金流量偿还；

2）项目发起人利用该项目产生的现金流量的能力是项目融资的信用基础；

3）当项目风险的分配不被项目贷款人所接受时，由第三方当事人提供信用担保将是十分必要的；

4）该项目融资一般建立在可预见的政治与法律环境和稳定的市场环境基础之上。

（2）有限追索权项目的融资

有限追索权（Limited-recourse）项目的融资是指除了以贷款项目的经营收益作为还款来源和取得物权担保外，贷款银行还要求有项目实体以外的第三方提供担保。贷款行有权向第三方担保人追索。但担保人承担债务的责任，以他们各自提供的担保金额为限，所以称为有限追索权的项目融资。项目融资的有限追索性表现在三个方面：

1）时间的有限性。

即一般在项目的建设开发阶段，贷款人有权对项目发起人进行完全追索，而通过“商业完工”标准测试后，项目进入正常运营阶段时，贷款可能就变成无追索性的了。

2）金额的有限性。

如果项目在经营阶段不能产生足额的现金流量，其差额部分可以向项目发起人进行追索。

3）对象的有限性。

贷款人一般只能追索到项目实体。

2. 伙伴关系

伙伴关系是 PPP 最为首要的问题，共同目标是构成伙伴关系的核心因素，失去共同目标，伙伴关系就不存在。政府购买商品和服务、给予授权、征收税费和收取罚款，这些事务的处理并不必然表明合作伙伴关系的真实存在和延续。PPP 中社会资本与政府公共部门的伙伴关系与其他关系相比，独特之处就是项目目标一致。公共部门之所以和社会资本合作并形成伙伴关系，核心问题是存在一个共同的目标：在某个具体项目上，以最少的资源，实现最多最好的产品或服务的供给。社会资本是以此目标实现自身经济利益的追求，而公共部门则是以此目标实现公共福利和社会效益的追求。形成伙伴关系，首先要落实到项目目标一致之上。但这还不够，为了能够保持这种伙伴关系的长久与发展，还需要伙伴之间相互为对方考虑问题，具备另外两个显著特征：利益共享和风险分担。

3. 利益共享

利益共享是伙伴关系的基础之一，利益共享是指共同享受项目所产生的利益成果，这里面的利益成果并不是单指经济利益分享，因为政府和社会资本所享有的项目利益成果是不一样的。在实践中，社会资本分享的主要是经济利益。需明确的是，PPP 模式中公共部门不允许社会资本在项目执行过程中形成超额利润。其主要原因是，任何 PPP 项目都是带有公益性的项目，不以利润最大化为目的。PPP 模式中政府分享的主要是社会效益。所以，PPP 模式中的利益共享除了指共享 PPP 的社会效益外，还包括社会资本取得相对平和、长期稳定的投资回报。

4. 风险共担

伙伴关系作为与市场经济规则兼容的 PPP 机制，利益与风险也有对应性，风险分担是利益共享之外伙伴关系的另一个基础。如果没有风险分担，也不可能形成健康而可持续的伙伴关系。

在 PPP 模式中，公共部门与社会资本合理分担风险的这一特征，是其区别于公共部门与社会资本其他交易形式的显著标志。例如，政府采购过程，之所以还不能称为政府和社会资本合作伙伴关系，是因为双方在此过程中是让自己尽可能小地承担风险。而在 PPP 模式中，公共部门却是尽可能大地承担自己有优势方面的伴生风险，而让对方承担的风险尽可能小。一个明显的例子是，在隧道、桥梁、干道建设项目的运营中，如果因一般时间内车流量不够而导致社会资本达不到基本的预期收益，公共部门可以对其提供现金流量补贴，这种做法可以在“分担”框架下，有效控制社会资本因车流量不足而引起的经营风险。与此同时，社会资本会按其相对优势承担较多的、甚至全部的具体管理职责，而这个领域，却正是政府管理层“官僚主义低效风险”的易发领域。由此，风险得以规避。如果每种风险都能由最善于应对该风险的合作方承担，毫无疑问，整个建设项目的成本就能最小化。

1.5 PPP 模式三大类型

PPP 模式可以分为三大类：外包类、特许经营类和私有化类。

外包类 PPP 项目一般是由政府投资，社会资本承包整个项目中的一项或几项职能，例如只负责工程建设，或者受政府之托代为管理维护设施或提供部分公共服务，并通过政府付费实现收益。在外包类 PPP 项目中，社会资本承担的风险相对较小。

特许经营类项目需要社会资本参与部分或全部投资，并通过一定的合作机制与公共部门分担项目风险、共享项目收益。根据项目的实际收益情况，公共部门可能会向特许经营公司收取一定的特许经营费或给予一定补偿，这就需要公共部门协调好社会资本的利润和项目的公益性两者之间的平衡关系。因此政府相关部门的管理水平对于此类项目运作是否成功有很大关系. 通过建立有效的监管机制，特许经营类项目能充分发挥公共部门与社会资本各自的优势。项目的资产最终归公共部门保留，因此一般存在使用权和所有权的移交过程，即合同结束后要求社会资本将项目的使用权或所有权移交给公共部门。

私有化类 PPP 项目则需要社会资本负责项目的全部投资，在政府的监管下，通过向用户收费收回投资实现利润。由于私有化类 PPP 项目的所有权永久归社会资本拥有，并且不具备有限追索的特性，因此社会资本在这类 PPP 项目中承担的风险最大，下表列出了 PPP 模式的类型。

表 1.1　PPP 模式的类型

模式类别		模式名称	模式含义	模式特点
外包类	模块式外包	SC	服务外包	政府拥有项目所有权
		MC	管理外包	
	整体式外包	DB	设计 - 建设	
		DBM	设计 - 建设 - 维修	
		O&M	运营和维护	
		DBO	设计 - 建设 - 经营	
特许经营类	TOT（转移–运营–转移）	LUOT	租赁 - 更新 - 经营 - 转移	合同期结束后社会资本须向政府转移项目所有权
		PUOT	购买 - 更新 - 经营 - 转移	
	BOT（建设–经营–转移）	BLOT	建设 - 租赁 - 经营 - 转移	
		BOOT	建设 - 拥有 - 经营 - 转移	
	BTO（建设 - 转移 - 经营）	DBTO	设计 - 建设 - 转移 - 经营	
	PFI（私人融资活动）	DBFO	设计 - 建设 - 注资 - 经营	
私有化类	项目私有化	BOO	建设 - 拥有 - 经营	社会资本拥有项目所有权
		BDO	建设 - 开发 - 经营	
		BBO	购买 - 建设 - 经营	

值得说明的是，在广义的 PPP 模式中，BOT 模式是 PPP 模式的一种，也是政府与社会资本合作中的主流模式，两者是一个包含的关系。但是在目前新环境下国家大力推广的 PPP 模式与以往传统的 BOT 模式相比，还是有一些细节上的差别，主要表现在两点：

1. 参与阶段和参与深度不同

（1）PPP 模式中社会资本“更早地介入”项目前期论证

在传统 BOT 传统模式下，社会资本只参与中期建设和后期运营，规划、设计等前期工作都由政府来做，到项目招标完成后，社会资本才真正参与到项目中。

PPP 模式下，在最初的可研、立项等前期论证阶段，社会资本就深度参与进来，对项目的理解更为全面，对风险的识别和评判也更加准确，从而提高了项目运营的成功率。

（2）PPP 模式中政府“更多地参与”项目中后期工作

在传统 BOT 模式下，政府往往将项目“全部外包”出去，项目盈亏政府难以控制。

在 PPP 模式下，政府作为 SPV（项目公司）参与方，与社会资本全程合作。一旦项目收益超出预期，政府就要依据合同约定，下调公共产品价格，避免其获得暴利。反之，政府就要通过补贴或涨价等方式，使社会资本获得合理回报，确保项目可持续。

2. 组织机构设置不同

传统 BOT 模式中公共部门和社会资本之间是以等级关系发生相互作用的。在组织机构中没有一个相互协调的机制，不同角色的参与各方都追求自身利益最大化，这使得他们之间很容易产生利益冲突。根据信息经济学原理，由于传统 BOT 模式缺乏协调机制，参与各方存在信息不对称。博弈各方在各自利益最大化的驱使下，最终达到“纳什均衡”，其中一方利益达到最大化是以牺牲其他参与方的利益为代价的，其社会总收益不是最大的。

PPP 模式是建立在公共部门和社会资本之间相互合作和交流的基础之上的“共赢”，避免了传统 BOT 模式由于缺乏相互沟通协调而造成的项目前期工作周期过长的问题，也解决了项目全部风险由社会资本承担而造成的融资困难问题。在组织机构中，参与各方虽然没达到自身理想的最大利益，但总收益却是最大的，实现了“帕累托最优”，即社会效益最大化。

1.6 PPP 模式三大核心功能

PPP 模式在国外被大量的应用，从国际经验看，推行 PPP 的直接动因来自“政府包办公共服务”的财政压力和低效率，发达国家普遍将 PPP 作为缓解财政压力、提高公共服务效率的一次变革。从我国情况看，随着工业化和城镇化进程的加快，对基础设施建设和服务效率的需求日益增加，传统投融资模式难以满足需要，且由此带来的融资平台债务风险等问题，越来越引起社会各界的广泛关注。在此背景下，在国内运用和推广 PPP 模式具有更加“迫切”的现实意义。

具体来看，我国传统投融资模式存在“一高(融资平台债务高)、一低(公共供给效率低)、一难(私人资本进入难)”的问题，从 PPP 功能和国外实践看，运用 PPP 可以有效缓解这些矛盾和问题。

PPP 核心功能之一是转变公共产品供给机制，可以解开“融资平台债务高”这个“扣”。长期以来，政府主要通过事业单位或成立专门的融资平台等方式进行市政建设，这种模式取得了一些成效。但也导致个别地区的融资平台债务畸高，潜藏了较大的政府负债风险。而 PPP 模式转变了这种依靠“政府背书”的投融资体制，将政府的一部分支出责任通过“特许经营权”方式转移给社会企业。

实际上作为规范的公共产品供给机制，对于纯公益性项目，一般由政府发行普通债券融资筹建；对于准公益性项目，由政府发行专项建设债券筹建，或改为特许经营资产(即 PPP)，将政府负债转为企业负债。结合我国实际，对于政府融资平台承建的准公益性项目，就可以通过 PPP 模式，吸引社会资本参与融资、建设和经营，利用社会企业负债“腾挪”政府融资平台债务，实现把政府或有负债转化为社会企业负债的目的。

PPP 核心功能之二是引入市场竞争激励机制，可以解开公共服务“公共供给效率低”这个“扣”。随着我国经济快速发展，基础设施建设规模越来越大，投入资金越来越多，但一些设施的实际效果、供给效率却差强人意。重复建设、甚至“豆腐渣”工程等现象时有发生。在 PPP 模式下，通过引入市场竞争和激励约束机制，可以有效减少上述问题。一方面，在“追求利润”和“规避风险”的驱动下，企业会充分进行项目前期论证。充分了解市场环境和实际需求，“筛掉”重复建设项目。另一方面，企业会注重项目“全生命周期”管理，提高公共产品提供效率，避免出现成本超支、工期拖延、“豆腐渣”工程等问题，影响项目投资收益。

PPP 核心功能之三是拓宽投融资领域，可以解开公共领域“私人资本进入难”这个“扣”。近年来。社会资本进入公共领域的“玻璃门、弹簧门、旋转门”现象，已经成为社会关注的焦点问题，究其原因，既有身份歧视、审批繁琐等政策因素，也有基础设施投资大、风险高、回报期长，导致社会资本不愿意进入的客观因素。PPP 确立了政府与企业的“利益共享”机制，通过长期持有和经营，可有效平衡短期和长期收益，让企业“有钱可赚、有利可图”，且盈利相对稳定，一定程度上解决基础设施短期回报差的问题，从而使社会资本进入成为可能。此外，由于基础设施建设运营周期长、收益持续稳定，与养老金、主权财富基金等资金的“长期性”、“稳健性”相匹配，有助于吸引这些资金进入，例如，在英国希思罗机场的六家投资者中，就有中投公司和加拿大的养老基金。

1.7 PPP 模式三大核心环节

1. PPP 核心环节之一：利益分配

利益分配实质就是“定价”，这是 PPP 模式中最重要、最困难的环节。PPP 最理想的“定价”结果是社会资本“盈利但不暴利”。从国际实践看，通常根据建造成本、运营维护费用、预期收益率等因素，“倒算”出价格上限，并根据未来使用流量、CPI 等变量给出一个调价公式。这种定价机制限定了价格的随意增长，与一般的“成本加价法”相比，更能激励社会资本降低成本、提高效率。但从我国情况看，在以往实施的 PPP 项目中，尽管也是根据 BOT 等合作项目的成本和未来收益定价，但由于政府很难“在前期”准确估算项目未来流量，又大多没有在特许权协议中对社会资本收益做出“可以调整”的约束性条款，导致部分项目出现暴利。典型的如一些高速公路项目，实际车流量远远超出预估，高速公路变成了“印钞机”。企业获得暴利，政府面临较大的社会舆论压力。

PPP 专栏 1：PPP 项目利益分配机制示例（北京地铁 4 号线）

在国内运作比较成功的 PPP 案例中，北京地铁 4 号线的利益分配机制具有很好的借鉴意义。为了保证社会资本实现盈利但不暴利的目标，北京地铁 4 号线制定了票价机制和客流机制来共同保障。

（1）票价机制

北京地铁 4 号线运营票价实行政府定价管理，实际平均人次票价不能完全反映地铁线路本身的运行成本和合理收益等财务特征。因此，项目采用“测算票价”作为确定投资方运营收入的依据，同时建立了测算票价的调整机制。以测算票价为基础，特许经营协议中约定了相应的票价差额补偿和收益分享机制，构建了票价风险的分担机制。

如果实际票价收入水平低于测算票价收入水平，北京市政府需就其差额给予特许经营公司补偿。

如果实际票价收入水平高于测算票价收入水平，特许经营公司应将其差额的 70% 返还给市政府。

具体操作如图 1.2 所示。

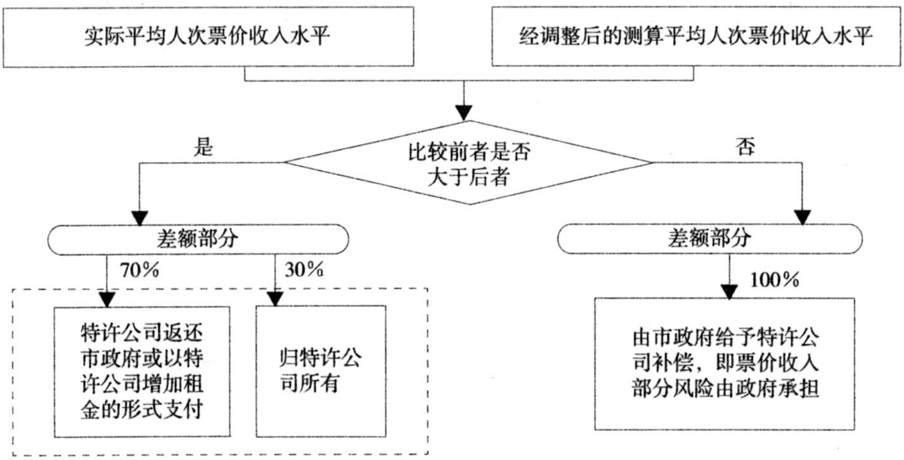

图 1.2　北京地铁 4 号线票价机制

（2）客流机制

票款是 4 号线实现盈利的主要收入来源，由于采用政府定价，客流量成为影响项目收益的主要因素。客流量既受特许经营公司服务质量的影响，也受市政府城市规划等因素的影响，因此，需要建立一种风险共担、收益共享的客流机制。

4 号线项目的客流机制为：

当客流量连续三年低于预测客流的 80%，特许经营公司可申请补偿，或者放弃项目；

当客流量超过预测客流时，政府分享超出预测客流量 10% 以内票款收入的 50%、超出客流量 10% 以上的票款收入的 60%。

通过以上两种机制，北京地铁 4 号线很好地实现了社会资本盈利但不暴利的目标。

2. PPP 核心环节之二：风险分担

风险分担的最优原则是，谁对哪种风险最有控制力，谁就承担相应的风险。一般而言社会资本擅长控制建造、运营、技术风险，政府擅长分担政治、法律、政策风险。无论是政府承担过多风险，还是把风险过多转移给社会资本，都是片面的做法，都可能导致项目流产。从我国情况看，部分地方政府出于吸引资金的目的，往往对政府和社会资本合作项目给予了过多承诺，甚至“兜底”了一些市场风险。导致政府支出压力较大。例如，在我国北方一个城市的水厂 BOT 项目中，政府承诺在特许经营期内 (20 年) 按高价购水，企业在第 5 年就收回了全部投资，但政府指定购水的自来水公司，却遭受了巨额亏损。这种做法等于是让政府“兜底”运营风险，而社会资本却获得了无风险回报。同样在一些其他的项目上，社会资本由于对风险管理的经验不足，盲目承诺，或者利用了信息不对称的优势跟政府签订了不平等条约，最后由于纠纷导致了政府违约，最终项目失败。风险管理是 PPP 模式中的重点和难点，PPP 风险管理的内容将在后面章节中专题阐述。

3. PPP 核心环节之三：政府监督

政府和社会资本合作项目与传统项目的区别之一在于政府要从“经营者”，转变为“监督者”。因为大多数基础设施项目，如供水、供电等都具有自然垄断的特征，社会资本倾向于定高价、牟取暴利，这就需要政府进行监督。在这方面，英国的实践比较成功，在基础设施各领域监管都设立了专门的监管机构，负责对本行业政府和社会资本合作项目的监管。如，希思罗机场就受到机场监管机构 (CAA) 的监管，每五年 CAA 就会核定一次航空管理委员会机场的运营成本和价格上限。除此之外，服务效率也是各国政府的监管重点。澳大利亚的维多利亚州监狱采用了 PPP 模式，州政府规定，只要监狱罪犯的重新犯罪率降低，政府将给予经营监狱的社会资本一定奖励。

但在我国，由于政府没能发挥监督职能导致部分项目不但没有提高效率，甚至成了政商勾结的“温床”。尤其在一些高速公路 BOT 项目中，政府或多或少存在监管不到位甚至缺位的情况，如，准入期缺乏竞争程序的监督，建设期缺乏对资金使用的监督，运营期缺乏对服务质量的监督等。应该看到，PPP 模式是一把“双刃剑”，对政府管理能力提升提出了挑战，要求政府在战略规划、政策设计、风险识别、统筹协调、监管防控等方面具有较高的水平。否则，可能引发更大的风险。

1.8 PPP 模式三种付费机制

1.8.1 政府付费

政府付费是指由政府直接付费购买公共产品或服务，政府付费主要在一些准经营项目和非经营项目领域。在政府付费机制下，政府通常会依据项目的可用性、使用量和绩效中的一个或多个要素的组合向项目公司付费。政府付费主要分三种模式：

1. 可用性付费

（1）概述：可用性付费是指政府依据项目公司所提供的项目设施或服务是否符合合同约定的标准和要求来付费。可用性付费通常与项目的设施容量或服务能力相关，而不考虑项目设施或服务的实际需求，因此项目公司一般不需要承担需求风险，只要所提供设施或服务符合合同约定的性能标准即可获得付费。大部分的社会公共服务类项目（例如学校、医院、奥运会场馆等）以及部分公用设施和公共交通设施项目可以采用可用性付费。

（2）适用条件：符合以下条件的 PPP 项目，政府可以考虑采用按可用性付费：

1）相对于项目设施或服务的实际使用量，政府更关注该项目设施或服务的可用性。

2）相对于项目公司，政府对于项目设施或服务的需求更有控制力，并且政府决定承担需求风险。例如，在学校 PPP 项目中，政府教育部门负责向各学校分配生源，其能够更好的管控学校设施的使用量，因此政府可基于学校设施的可用性向项目公司付款，而不考虑实际的学生人数。

2. 使用量付费

（1）概述：使用量付费（Usage Payment），是指政府主要依据项目公司所提供的项目设施或服务的实际使用量来付费。在按使用量付费的项目中，项目的需求风险通常主要由项目公司承担。因此，在按使用量付费的项目中，项目公司通常需要对项目需求有较为乐观的预期或者有一定影响能力。实践中，污水处理、垃圾处理等部分公用设施项目较多地采用使用量付费。

一些项目中，使用量付费也可能与绩效付费搭配使用，即如果项目公司提供的设施或服务未达到或优于合同约定的绩效标准，政府的付费将进行相应扣减或奖励。

（2）使用量付费的设置

1）基本原则。使用量付费的基本原则就是由政府（而非使用者）依据项目设施或服务的实际使用量向项目公司付费，付费多少与实际使用量大小直接挂钩。（在实际项目中，政府常常需要承担最低需求风险。）

2）分层级付费机制。在按使用量付费的 PPP 项目中，双方通常会在项目合同签订前根据项目的性质、预期使用量、项目融资结构及还款计划等设置分层级的使用量付费机制。

3. 绩效付费

（1）概述：绩效付费（Performance Payment）是指政府依据项目公司所提供的公共产品或服务的质量付费，通常会与可用性付费或者使用量付费搭配使用。在按绩效付费的项目中，政府与项目公司通常会明确约定项目的绩效标准，并将政府付费与项目公司的绩效表现挂钩，如果项目公司未能达到约定的绩效标准，则会扣减相应的付费。

（2）政府付费的调价机制。在长达 20~30 年的 PPP 项目生命周期中，市场环境的波动会直接引起项目运营成本的变化，进而影响项目公司的收益情况。设置合理的价格调整机制，可以将政府付费金额维持在合理范围，防止过高或过低付费导致项目公司亏损或获得超额利润，有利于项目物有所值目标的实现。

1.8.2 使用者付费

1. 概述

使用者付费机制是指由最终消费用户直接付费购买公共产品和服务。项目公司直接从最终用户处收取费用，以回收项目的建设和运营成本并获得合理收益。在此类付费项目中，项目公司一般会承担全部或者大部分的项目需求风险。使用者付费机制常见于高速公路、桥梁、地铁等公共交通项目以及供水、供热等部分公用设施项目中。使用者付费机制的优势在于，政府可以最大程度地将需求风险转移给项目公司，而且不用提供财政补贴，同时还可以通过与需求挂钩的回报机制激励项目公司提高项目产品或服务的质量。

2. 使用者付费机制的适用条件

具体 PPP 项目是否适合采用使用者付费机制，通常需要结合项目特点和实际情况进行综合评估。适合采用使用者付费机制的项目通常需要具备以下条件：

（1）项目使用需求可预测。

（2）向使用者收费具有实际可操作性。例如，在采取使用者付费机制的公路项目中，如果公路有过多的出入口，使车流量难以有效控制时，将会使采取使用者付费机制变得不具有成本效益，而丧失实际可操作性。

（3）符合法律和政策的规定。根据相关法律和政策规定，政府可能对于某些项目实行政府定价或者政府指导价，如果按照该政府定价或政府指导价无法保障项目公司回收成本并获得合理收益，则无法适用使用者付费机制，但可以考虑采用可行性缺口补助机制。

3. 唯一性条款和超额利润限制机制

（1）唯一性条款。在采用使用者付费机制的项目中，由于项目公司的成本回收和收益取得与项目的实际需求量直接挂钩，为降低项目的需求风险，确保项目能够顺利获得融资支持和稳定回报，项目公司通常会要求在 PPP 项目合同中增加唯一性条款，要求政府承诺在一定期限内不在项目附近新建竞争性项目。

（2）超额利润限制。在一些情形下，使用者需求激增或收费价格上涨，将可能导致项目公司因此获得超出合理预期的超额利润。针对这种情形，政府在设计付费机制时可以考虑设定一些限制超额利润的机制，包括约定投资回报率上限，超出上限的部分归政府所有，或者就超额利润部分与项目公司进行分成等。但基本的原则是无论如何限制，付费机制必须能保证项目公司获得合理的收益，并且能够鼓励其提高整个项目的效率。

1.8.3 可行性缺口补助

1. 概述

可行性缺口补助是在政府付费机制与使用者付费机制之外的一种折衷选择。对于使用者付费无法使社会资本获取合理收益甚至无法完全覆盖项目的建设和运营成本的项目，可以由政府提供一定的补助，以弥补使用者付费之外的缺口部分，使项目具备商业上的可行性。但此种付费机制的基本原则是“补缺口”，而不能使项目公司因此获得超额利润。

2. 可行性缺口补助的形式多种多样，具体包括：

（1）投资补助：在项目建设投资较大，无法通过使用者付费完全覆盖时，政府可无偿提供部分项目建设资金。通常政府的投资额应在制定项目融资计划时或签订 PPP 项目合同前确定，并作为政府的一项义务在合同中予以明确。

（2）价格补贴：在涉及民生的公共产品或服务领域，为平抑公共产品或服务的价格水平，保障民众的基本社会福利，政府通常会对特定产品或服务实行政府定价或政府指导价。如果因该定价或指导价较低导致使用者付费无法覆盖项目的成本和合理收益，政府通常会给予项目公司一定的价格补贴。例如地铁票价补贴。

（3）其他：此外，政府还可通过无偿划拨土地，提供优惠贷款、贷款贴息、投资入股、放弃项目公司中政府股东的分红权，以及授予项目周边的土地、商业等开发收益权等方式，有效降低项目的建设、运营成本，提高项目公司的整体收益水平，确保项目的商业可行性。

1.9 PPP 模式适用领域和操作模式

根据财政部 2014 年 9 月 23 日发布的《关于推广运用政府和社会资本合

作模式有关问题的通知》(财金〔2014〕76号)文件精神，在首批推广的PPP示范项目主要是针对以“使用者付费”为基础的项目，即：适宜采用政府和社会资本合作模式的项目，具有价格调整机制相对灵活、市场化程度相对较高、投资规模相对较大、需求长期稳定等特点。如城市供水、供暖、供气、污水和垃圾处理、保障性安居工程、地下综合管廊、轨道交通、医疗和养老服务设施等。

国家发改委在2014年12月2日发布的《关于开展政府和社会资本合作的指导意见》(发改投资〔2014〕2724号)文件中指出，PPP模式主要适用于政府负有提供责任又适宜市场化运作的公共服务、基础设施类项目。如：燃气、供电、供水、供热、污水及垃圾处理等市政设施，公路、铁路、机场、城市轨道交通等交通设施，医疗、旅游、教育培训、健康养老等公共服务项目，以及水利、资源环境和生态保护等项目均可推行PPP模式。

国务院在2015年5月22日发布的《关于在公共服务领域推广政府和社会资本合作模式指导意见的通知》(国办发〔2015〕42号)中规定，在能源、交通运输、水利、环境保护、农业、林业、科技、保障性安居工程、医疗、卫生、养老、教育、文化等公共服务领域，鼓励采用政府和社会资本合作模式，吸引社会资本参与。

在以上适合采用PPP模式的领域，按照项目收益情况分类，可以分为经营性项目、准经营性项目和非经营性项目。对于不同类型的项目可适用的操作模式如下：

1.经营性项目，是指具有明确的收费基础，并且经营收费能够完全覆盖投资成本的项目，此类项目收费或价格形成机制较为健全，可以通过“使用者付费”实现投资回报，如高速公路、桥梁、地铁等公共交通项目以及供水、供热、供气等部分公用设施项目，此类项目可通过合资合作和特许经营方式，采用建设—运营—移交(BOT)、建设—拥有—运营—移交(BOOT)等模式推进。

2. 准经营性项目，是指经营收费不足以覆盖投资成本、需政府补贴部分资金或资源的项目，如综合管廊、轨道交通（城际交通），涉水项目中的污水处理、中水回用等厂网一体化项目，环卫环保项目中的垃圾收运系统及生活垃圾处理焚烧、卫生填埋、填埋气利用工程，餐厨垃圾处理工程、建筑垃圾综合利用等收运处一体化项目。此类项目可通过政府授予特许经营权附加部分补贴或直接投资参股等措施，采用建设—运营—移交（BOT）、建设—拥有—运营（BOO）等模式推进。在这类项目中需要建立投资、补贴与价格的协同机制，以使投资者获得合理回报。

3. 非经营性项目，是指缺乏“使用者付费”基础、主要依靠“政府付费”以购买服务方式回收投资成本的项目，如涉水项目中的城镇排水、雨水收集利用、排水管网、水环境治理项目，市政公用中的道路清扫保洁、公厕管理、市政照明、道路桥梁维护、园林绿化管养项目等。此类项目经济上的显著特点是为社会提供的服务，以非盈利为目的，使用功能不收取费用或只收取少量费用。此类项目可通过政府购买服务，采用建设—拥有—运营（BOO）、委托运营等市场化模式推进。

在 PPP 项目实际运作过程中，对于那些具备使用者付费基础能够产生稳定现金流的经营性项目，由于项目的财务指标较好，对社会资本的吸引力较大，这类项目比较容易进行 PPP 模式运作，但是对于那些需要政府付费或者给予适当补贴的 PPP 项目（即非经营性和准经营性项目）而言，无论是政府部门还是社会资本，仅仅盯着这一项目既有的收益和财政补贴是不够的，这种项目的收益水平很难满足社会资本对投资回报率的财务要求。因此，对于非经营性和准经营性项目而言通过 PPP 项目盈利模式创新“将蛋糕做大”，成为解决这一问题的关键所在。

PPP 专栏 2：准（非）经营性项目商业模式创新

PPP 的成功实施需要以伙伴关系思维为基础，政府和社会资本双方必须摒弃对抗思维，互相尊重且积极主动地参与到项目中去共同设计项目的商业（盈利）模式，因此，如何在提高公共产品或服务供给效率的同时保证社会资本适当盈利，必须是政府和社会资本双方共同面对、协力解决的问题。PPP 项目商业（盈利）模式的创新，通常是指按照利益相关者划分的收入结构、成本结构以及相应的目标利润进行的创新。

1.PPP 项目收益结构优化

（1）捆绑其他盈利资源，配补收益来源

当政府希望通过 PPP 模式获得的公共产品或服务属于非经营性（没有任何价格机制和现金流入，主要产生社会效益）或准经营性（有价格机制和现金流入，但无经营利润，成本无法收回）时，可以为该公共产品或服务配补适当的其他盈利资源，从而克服收费困难或收费不足的难题，即所谓的公共物品供给捆绑模式或联合供给模式，国外最早提出这一思路的为德姆塞茨。在我国六部委联合制定的《基础设施和公用事业特许经营管理办法》（简称 25 号令）明确规定，“向用户收费不足以覆盖特许经营建设、运营成本及合理收益的，可由政府提供可行性缺口补助，包括政府授予特许经营项目相关的其他开发经营权益”，从而充分肯定了这一盈利模式的合法性。

1）增补资源开发权，弥补收益不足

政府以对 PPP 项目公司进行补偿的方式，将基础设施或公用事业项目（地铁、隧道、环境治理等）周边一定数量的资源（如土地、旅游、矿产）的开发权出让给 PPP 项目公司，以捆绑的方式提高项目公司的整体盈利能力，以确保项目投资者获取合理回报，调动投资者的积极性，即所谓的资源补偿项目（Resource Compensate Project，RCP）融资模式。例如：

香港地铁公司（简称“港铁”）的盈利模式可总结为“轨道交通＋地产商业”的组合，即以轨道交通的投融资建设与沿线地产商业的开发同步进行，由港铁的收益结构可知，地产商业开发的收入占总收入的 50% 以上，正因如此，港铁成为了全世界范围内服务水平最好、运营效率最高、盈利情况最为理想的地铁公司之一。

2004 年 4 月，澳大利亚维多利亚州政府决定在亚拉河畔现有的墨尔本展览中心旁边，建设一个世界级的会议中心，维多利亚州政府通过招标确定由 Plenary Group 为首的承包联合体（简称“Plenary 联合体”）作为社会资本，负责该项目的开发、设计和建设，并且授予 Plenary 联合体长达 25 年的特许期，为了提高该项目的可经营性，政府和社会资本双方制定了会议中心周边区域的扩充性商业开发计划，包括在新墨尔本会展中心附近建设办公区、住宅区、零售专区以及一个五星级的希尔顿酒店，并翻修码头上一艘名叫波利伍德赛德的老帆船，将其货棚改造成餐厅，从而通过经济乘数效应显著增加了项目效益。

2）授权提供配套服务，拓展盈利链条

当 PPP 项目供给的基础设施或公用事业建成后，必须有相应的配套服务才能正常运转时，政府可授权 PPP 项目公司提供这种可以产生预期收益的配套服务（如餐饮、物业、绿化），从而通过延长价值链创建现金流、补偿主体项目财务上的不可行。例如：英国国家医疗卫生服务体系（NHS）与百威斯特公司（Bywest）合作的西米德尔塞克斯大学医院（West Middlesex University Hospital）项目，百威斯特公司负责其投融资与建设，西米德尔塞克斯大学医院基金会负责该项目的运营管理，为了补偿与回报百威斯特公司的建设投入，将该医院运营期间的配套服务项目全部交由百威斯特公司负责，包括餐饮、搬运、安全、保洁、维护和物品供给，服务周期或从 35 年延长至 60 年，服务费由英国政府支付。

3）开发副产品，增加收益来源

PPP 项目公司在提供政府需求的公共产品或服务时，可以附带生产出更具经营性的副产品（如广告、建筑作品知识产权的授权使用），以此弥补主产品项目财务上的不可行，如北京丰台区郭庄子和昌平区回龙观限价房项目中增配的商品房开发，梅州模式公厕项目中用以养厕的店铺、饭店、办公楼、垃圾中转站。具体策划方案既可由政府部门主动提出，也可由社会资本策划提出、政府部门审核批准。

英国森德兰市采用 PFI 方式对市内街道的照明、标志和街道设备（3.05 万个灯柱和 6000 个公路标志）进行设计、安装、运营、维护和融资，合同期限为 30 年，且要求最长 5 年内更换完所有设备，该项目中的社会资本在合同期内的前 5 年获得一次性支付 265 万英镑用于更换完所有设备，其后运营期每年通过经营灯杆和公路标志广告、交通 CCTV（注：闭路电视）增加费等第三方收益（折现共计 158.9 万英镑），来作为维护投资和获取相应回报。

德国将公厕进行市场化运作，以期在弥补政府资金不足的同时，促进公厕在节能、节水、环保等技术上的创新，1990 年在柏林市公共厕所经营权拍卖会上，后来被称之为“茅厕大王”的汉斯•瓦尔即承诺免费提供公厕设施及其维护和清洁工作，当时其竞争对手都认为他疯了，于是在缺少竞争、承诺免费建厕、只要求交纳低廉管理费的情况下，瓦尔公司一举拿下全柏林的公厕经营权；瓦尔公司的盈利点显然不在厕所门口 0.5 欧元的投币口上，其最大的收入来源是这些公厕外墙的广告经营，它把柏林的很多厕所外墙变成了广告墙，加之瓦尔公司的墙体费用比一般广告公司低得多，使得香奈尔、苹果、诺基亚等很多著名公司都在公厕上做广告。

（2）冠名公共产品，增值社会资本声誉资本

对于社会资本而言，能够为其自身增值、为其发展助力的收益不仅是限于货币形式的，还可以是提高知名度、潜在收益等非货币形式的，因此，PPP 项目还可以冠名公共产品作为社会资本的回报，日本丰田汽车公司就热衷于这一类 PPP 项目。例如：丰田汽车公司捐赠 350 万元人民币在天津建造过街天桥，命名为“丰田桥”，虽然丰田桥无法产生任何直接现金收益，但丰田汽车公司通过得到该桥的冠名权，收获了巨大的隐性声誉收益。又如：丰田汽车公司负责了 NBA 球队休斯敦火箭队的主场——“丰田中心球馆”的投融资建设与维护，但并不负责其运营以收回建设投资，而

是通过为体育场馆冠名，来吸引丰田中心球馆看比赛的火箭队球迷购买丰田轿车。

2. PPP 项目成本结构优化

成本是社会资本进行投资建设、特许运营所必须耗费资源的货币表现，因此，成本结构优化既可以是减轻社会资本的一次性建设投入、通过规模经济降低单位产品成本，也可以是其通过技术和管理创新减少日常运营成本。

（1）集成融资模式，分摊建设投资

对于建设期投资规模较大、运营期收费不足的公共项目，可将其进行适当的分割，只对其中部分工程（与运营成本及效率密切相关的）采取PPP模式或对不同部分采取不同的PPP模式细分，从而减轻社会资本对该项目的一次性建设投入，提高其可盈利性。

北京地铁 4 号线的全部建设内容划分为 A（征地拆迁和土建工程）、B（机电设备的购置和安装）两部分，北京市政府只将占总投资 30% 的 B 部分（投资额约为 46 亿元）交由香港地铁有限公司（香港特区政府控股的上市公司）、北京首都创业集团有限公司（当地国企）和北京基础设施投资有限公司（当地国企）共同组建的京港地铁公司（项目公司）来负责融资建设。此外，该项目公司负责地铁 4 号线的运营管理、全部设施（包括 A 和 B 两部分）的维护和除洞体外的资产更新，以及站内的商业经营，通过地铁票款收入及站内商业经营收入回收投资，特许经营期（30 年）满后将 B 部分项目设施无偿地移交给北京市政府，将 A 部分项目设施归还给北京地铁 4 号线投资有限责任公司。

昆明快速公交（BRT）系统项目（包括交通枢纽站、首末站、场站、沿途站牌的建设）建设规模大，收费显著不足，对民间资本缺乏吸引力。为此，昆明市政府采取了 BOT-BT-TOT 的集成融资模式：将资金需求量大、投资收益较好且建设周期长的专用道建设（包括路面建设、交通枢纽站、首末站和场站的建设）部分，采用 BOT 模式交由 A 公司负责；将资金需求量相对较小、无收费机制、建设周期短的车辆购置及智能交通系统建设部分，采用BT模式交由B公司负责；A公司建设完成后，通过租赁协议将专用道部分的经营权移交给C公司，同时，B公司在建设完成并由政府回购后，再由政府将车辆购置及智能交通系统部分的经营权移交给C公司，至此，整个BRT项目采用TOT模式交由C公司负责经营。

（2）打包运作形成规模效应，降低单位产品成本

在PPP项目中，社会资本需要进行一定规模的建设投资，或者购买项目一定期限的产权或经营权，那么，若公共产品或服务的需求量过小则PPP项目的产能过剩，导致社会资本的盈利性差或者需要政府对差额部分进行财政补贴。可见，确保PPP项目适当规模的需求，从而降低单位产品的成本是PPP项目盈利的一种思路。

以各省公布的首批PPP项目清单中普遍受到青睐的污水处理项目为例，规模越大对投资者越有吸引力，而规模小的项目基本不具备投资者对市场化经营的收益要求。因此，对于普遍存在规模小且分布零散特点的乡镇污水项目，国内的通常做法即打包运作、“一厂一价”，如深圳龙岗10座污水处理厂打包转让项目、海南16座污水处理厂打成两个“项目包”委托运营项目、江阴4座污水处理厂打包招商项目等。

又如江西省工业园区污水打包BOT项目：2010年8月，江西省政府颁布了鄱阳湖生态经济区的规划，把工业园区污水处理设施建设列为十大节能减排工程之首，要求在2015年建成102个工业园区的污水处理项目；2011年5月，江西省政府与中国节能环保集团签署全面的战略合作框架（规划日处理量237万吨，总投资146亿），由江西省城投（出资20%）与中国节能环保集团（出资80%）组建的中国节能江西公司（项目公司），负责江西省102个工业园区的污水和固废处理、环保节能，工作范围包括投资建设、运营管理，特许期限30年，由政府来进行付费。

（3）进行管理或技术创新，降低运营成本

采用PPP不仅是为了解决政府部门的财政紧张，更重要的

是借助社会资本的专业和创新，来提高公共产品的供给效率。因此，社会资本为了拓展其盈利空间，应在特许经营过程中充分发挥其主动创新积极性，通过管理或技术创新不断降低其运营成本。

例如：在湖南省长沙市东部近郊的长沙县，牛角冲社区与长沙绿动循环再生资源有限公司合作推出“绿色循环积分计划”，居民们在长沙绿动循环再生资源有限公司注册后，将领取到各自的专属二维码，居民们将家中可回收垃圾打包后贴上二维码投放到社区的专用回收桶后，公司会将垃圾运往循环分拣中心通过扫描二维码确定居民信息，根据垃圾的种类数量换算成积分录入用户账户，居民的二维码垃圾积分达到一定数量后可兑换生活用品或抵用小区的物业费。集中回收后再由 PPP 项目社会资本进行垃圾分类是一项耗时、耗力的事，而对于形成并投放生活垃圾的居民而言，垃圾分类却是举手之劳、轻而易举的事，长沙绿动循环再生资源有限公司通过二维码社区垃圾回收模式这一管理创新，充分调动了广大居民的积极性，大幅压缩了其进行垃圾分类的成本，进而极大拓展了其盈利空间。

3. PPP 项目目标利润稳定获取

获取利润是企业价值增长的主要方式，因此，能否获取稳定、可持续的利润是企业进行投资的重要决策依据。有鉴于此，不但要让 PPP 项目社会资本“有钱可赚、有利可图”，还要确保其利润的相对稳定与可持续，降低社会资本在 PPP 项目中实现目标利润的风险，也是其重要的盈利模式设计思路之一。

（1）将盈亏状况不同的公共产品捆绑，提高目标利润的可持续性

基础设施和公用事业领域既有现金流入充裕的经营性公共项目，也有现金流入不足的非经营性公共项目，甚至是没有任何现金流入的非经营性公共项目。为了吸引社会资本进入更为广泛的基础设施和公用事业领域，同时确保 PPP 项目“盈利但不暴利”，可以将盈亏状况迥异的项目捆绑实施 PPP，实现“以丰养歉”：既

可以是同类公共产品中盈亏状况不同的项目捆绑，如捆绑交通流量不同的高速公路路段；也可是具有特定联系的异类公共产品中盈亏状况不同的项目捆绑，如海水淡化与发电捆绑。

代表性项目如：天津的国投北疆发电厂循环经济 PPP 项目由国家开发投资公司、天津市津能投资公司、天津长芦汉沽盐场有限责任公司按 64∶34∶2 的比例共同投资建设与运营管理，该工程由“发电工程、海水淡化、浓海水制盐、供热、土地整理、废物利用”六个分项工程组成，提供电力、热力、淡水、土地、盐化产品、建材等多种重要产品。其中，海水淡化工程是循环经济的关键环节，由于受生产成本及供水体制等约束而一直处于亏损状态，该项目就是将盈利性差的海水淡化工程与盈利性较好的发电工程捆绑，实行“以电养水”的政策，发电工程的盈利弥补海淡工程的亏损；鉴于天津的国投北疆发电厂循环经济 PPP 项目整体上看是盈利的，其二期工程规划的 2 台 100 万千瓦发电机组和 30 万吨 / 日海水淡化装置已于 2014 年 12 月 24 日获国家发改委核准。

（2）运营前期合理设定保底量，提高目标利润的稳定性

由于 PPP 合同的长期性，成本与需求的不确定即成为其显著特征。为了保证社会资本目标利润的稳定性，政府和社会资本双方通常会设定最小需求保证（minimum demand guarantee，MDG）或最小收益保证（minimum revenue guarantee，MRG），即我国 PPP 实践中所谓的保底量，这本质上是一种政府和社会资本双方风险共担策略或社会资本的风险缓解机制。由于我国经济与社会发展较快且 PPP 市场还不健全，运营前期设定保底量的做法在污水处理、垃圾处理、隧道、桥梁等具有流量特征的 PPP 项目，以及新能源汽车充电等市场不成熟的项目中普遍存在。

污水处理 PPP 项目通常会在运营期前 3~5 年，按设计处理规模的一定比例设定阶梯式增长的保底水量，剩余特许经营期内则以设计规模为保底水量，根据按月付费的惯例，若当月实际处理量达不到保底量则仍按保底量计付污水处理服务费（不考虑暂

停、罚款等特殊情况），从而使得投资人获得可预期的、稳定的现金流担保；该领域运作比较成功的如合肥市王小郢污水处理厂资产权益转让（TOT）项目。

与污水处理略有区别，垃圾处理项目保底量的设定，需要综合考虑实际垃圾供应量及预期增长速度、设计处理规模、垃圾含水率以及垃圾处理设备的实际负荷能力，如果为垃圾焚烧发电项目还需考虑焚烧率；此外，由于一年之中的垃圾供应量会因季节变化出现较大波动，因此，垃圾供应保底量不是按月执行，而是按年累计执行的，即只在开始付费日起每满一年时才计算年度累计实际垃圾处理量，若该累计量低于年垃圾保底量则按全年垃圾保底量计算全年应付垃圾处理费（不考虑暂停、罚款等特殊情况）；该领域运作比较成功的如荣成垃圾焚烧发电 BOT 项目。

总之，在 PPP 盈利模式设计过程中政府部门应广泛借鉴国内外成功案例的经验，主动地为 PPP 项目选用合法、适当的盈利模式，或客观地对待社会资本提出的盈利模式方案；而社会资本则应充分发挥其专业、竞争优势，向政府部门提供可行的盈利模式方案，在建设期或运营期通过技术或管理创新优化项目成本。

1.10 项目层面 PPP 模式与资本层面 PPP 模式

随着 PPP 模式在国内的发展，越来越多的创新 PPP 模式开始出现，这些创新 PPP 模式中的一个典型特点是 PPP 项目层面和资本层面开始深度融合。

项目层面的 PPP 模式是指，政府与社会资本（一般以企业为主）合作成立 PPP 项目公司，在某一具体 PPP 项目上开展合作，双方共同投资、开发与运营 PPP 项目。

资本层面的 PPP 模式是指，政府与社会资本（一般指金融机构）合作成立 PPP 产业基金，该基金再投资于 PPP 子基金或 PPP 项目公司或者 PPP 项目，通常以股权或者债权方式进行投资。

PPP 模式从国家开始大规模推广到现在已经有一段时间了，截至 2015 年 12 月，全国各地推出的 PPP 项目已经达到了 6650 个，计划投资额已达 8.7 万亿元人民币，但是目前的项目签约率并不高，大约在 10%~20%，造成签约率不高的原因是多方面的，但是其中一个不可回避的问题是 PPP 项目的融资难题。

传统的 PPP 项目融资通常有债权融资和股权融资两种主要方式。债权融资，指项目公司的股东通过信贷向公司外部获得资金。但项目发起人一般自有资金有限，很难达到商业贷款对贷款申请人资金的基本要求。过高的负债比例将增大企业的破产风险，若将项目负债反映到公司的资产负债表上将导致企业难以筹集新的资金。股权融资，指项目公司的股东通过出让公司股权或增发股票的方式以获得资金。但股权投资要求投资者对所投资公司和行业具备一定的专业判断能力，且其转让退出机制较债权融资更为复杂，限制了一般社会投资者的参与。在我国，由于银行往往要求项目母公司作为贷款主体或母公司提供担保与抵押，而很难以 PPP 项目的预期收益现金流作为质押取得贷款，故一般项目也很难实现真正意义上的项目融资。

我国的法律法规对企业投资固定资产项目有一定的资本金要求，虽然国务院在今年 9 月 14 日颁布政策降低了对相关项目资本金的要求（详见第六章 PPP 专栏 15:《国务院发布关于调整项目资本金比例的通知》），但由于 PPP 项目的投资额一般都比较大，即便是最低 20% 的资本金要求，这对社会资本方来说都是一个很大的负担。而由于项目资本金不能通过商业银行的贷款来出资，这就对社会资本提出了更高的要求，在一些 PPP 项目中，政府为降低社会资本的出资压力会投资入股项目公司（当然，地方政府也可以不出资）。同时，对于一些准经营性项目和非经营性项目中，为了给社会资本一个合理的回报，政府还需要给予社会资本一定的财政补贴和可行性缺口补助。而所有这些出资对本来就资金紧张的地方政府来说，都是一笔不小的财政负担，特别是在批量化实施 PPP 项目时，这种资金压力就会更大。为解决 PPP 项目的融资难题，2014 年 11 月 16 日国务院在发布的《关于创新重点领域投融资机制鼓励社会投资的指导意见》（国发〔2014〕60 号）中提出：“国家鼓励发展支持重点领域建设的投资基金，大力发展股权投资基金和创业投资基金，鼓励民间资本采取私募等方式发起设立主要投资于公共服务、生态环保、基础设施、区域开发、战略性新兴产业、先进制造业等领域的产业投资基金。地方政府可以使用包括中央预算内投资在内的财政性资金，通过认购基金份额等方式予以支持”。2015 年 5 月 19 日国务院又在发布的《关于在公共服务领域推广政府和社会资本合作模式指导意见的通知》（国办发〔2015〕42 号）中提出：“中央财政出资引导设立中国政府和社会资本合作融资支持基金，作为社会资本方参与项目，提高项目融资的可获得性。鼓励地方政府在承担有限损失的前提下，与具有投资管理经验的金融机构共同发起设立基金，并通过引入结构化设计，吸引更多社会资本参与。”由发改委、财政部等六部委联合制定并于 2015 年 6 月 1 日正式施行的《基础设施和公用事业特许经营管理办法》（25 号令）中提出：“国家鼓励通过设立产业基金等形式入股提供特许经营项目资本金，鼓励特许经营项目公司进行结构化融资，发行项目收益票据和资产支持票据等。国家鼓励特许经营项目采用成立私募基金，引入战略投资者，发行企业债券、项目收益债券、公司债券、非金融企业债务融资工具等方式拓宽投融资渠道。”值得注意的是，在这一文件中首次明确了产业基金可以入股项目资本金，这对 PPP 项目公司的融资问题指明了一条新的路径。

在这一系列政策的指导下，各地方政府纷纷响应建立 PPP 融资支持基金。

6 月，河南省财政厅发布《河南省 PPP 开发性基金设立方案》，宣布设立 50 亿元基金投资 PPP 项目。

7 月 20 日，山东省政府确定设立总规模 800 亿元的政府和社会资本合作 (PPP) 发展基金。

9 月 16 日，江苏省总额为 100 亿元的 PPP 融资支持基金正式落地运作。

9 月 17 日，四川省明确提出省政府部门将与社会资本共同发起设立政府与社会资本合作（PPP）投资引导基金，通过债权投资、股权投资、融资担保等多种方式参与 PPP 项目建设。

9 月 18 日，湖南省财政厅发文称，为解决项目资金缺口，降低项目融资成本，积极支持设立 PPP 融资基金，初步确定基金总规模为 100 亿元。

10 月 19 日新疆维吾尔自治区人民政府与招商银行、浦发银行签署自治区 PPP 政府引导基金成立协议。该基金首期规模 1000 亿元，其中新疆当地政府出资 100 亿元，招商银行、浦发银行分别出资 450 亿元。

以河南省为例，基金的具体操作方式是由省级政府层面出资成立引导基金，再以此吸引金融机构的资金，双方合作成立 PPP 产业基金母基金。各市县政府申报的项目经过金融机构审核后，由市县地方财政做劣后级，PPP 产业基金母基金和其他金融机构做优先级进行出资，杠杆比例为 1:4。在这个过程中市县级地方政府做劣后级合伙人承担主要风险，基金投资的项目需要通过省政府审核。

2014 年 12 月，河南省政府与建设银行、交通银行、浦发银行签署“河南省新型产业投资基金”战略合作协议，总规模将达到 3000 亿元，具体可细分为“建信豫资城镇化建设发展基金”“交银豫资产业投资基金”和“浦银豫资城市运营发展基金”。

以单只基金的总规模为 1000 亿元为例，母基金按照子基金 10% 的规模设计，金融机构与省财政分别出资 50%，省财政出资部分由河南省豫资公司代为履行出资人职责，即母基金规模 100 亿元，金融机构和省豫资公司各出资 50 亿元，按承诺分期同步到位。

功能类子基金的出资比例具体为母基金占比 10%、地方政府占比 20%、金融机构占比 70%。交通银行河南省分行在郑州航空港区项目的子基金中出资 19.98 亿元，全部用于产业园区的棚户区改造。

子基金设立前将由市县政府和省级投资公司进行项目推荐，随后交由金融机构和省豫资公司履行调查程序。一旦出现风险，将采取优先劣后的退出机制，保证金融机构的本金和收益。

PPP 专栏 3：省级政府 PPP 产业基金设立示例

山东省政府和社会资本合作（PPP）发展基金实施办法

为加快推广运用政府和社会资本合作（PPP）模式，促进我省基础设施和公共服务领域投融资机制创新，助推更多 PPP 项目落地，根据《国务院办公厅转发财政部 发展改革委 人民银行关于在公共服务领域推广政府和社会资本合作模式指导意见的通知》（国办发〔2015〕42号）、《山东省人民政府关于运用政府引导基金促进股权投资加快发展的意见》（鲁政发〔2014〕17号）、《山东省人民政府办公厅关于印发山东省省级股权投资引导基金管理暂行办法的通知》（鲁政办发〔2014〕44号）有关规定，设立山东省政府和社会资本合作（PPP）发展基金，并制定本实施办法。

1. 基金设立的目的

通过设立PPP发展基金，为基础设施和公共服务领域重点项目提供资金支持，增强社会资本投资信心，促进各地加快推广运用PPP模式，引导民间资本积极投向基础设施和公共服务领域，切实缓解基础设施投资缺口大、政府财力不足、债务负担较重等困难。同时，进一步推动政府投融资体制机制创新，有效发挥社会资本管理效率高、技术创新能力强的优势，加快形成多元化、可持续的PPP项目资金投入渠道，促进实现民生改善、发展动力增强等多重目标。

2. 基金的发起与设立

（1）基金名称：山东省政府和社会资本合作（PPP）发展基金（以下简称PPP发展基金）。

（2）基金规模：800亿元。

（3）基金期限：一般不超过10年，确需延长存续期时，须报省级股权投资引导基金决策委员会批准。

（4）基金出资人构成：

1）政府引导基金出资人：①省财政厅；②省经济开发投资公司；③部分市县财政局。

2）其他出资人：①银行机构；②保险、信托资金；③其他社会资本。

（5）基金募集：PPP发展基金分3年募集到位。政府引导基金出资80亿元，银行、保险、信托等其他出资人出资720亿元。根据投资进度，2015 年首批基金规模为 200 亿元，其中引导基金出资 20 亿元。

3. 基金的投资范围和运作模式

（1）基金的投资范围。PPP 发展基金的投资范围限于山东境内，投资重点为纳入省级 PPP 项目库且通过财政承受能力论证的 PPP 项目，其中对省级以上试点项目及参与引导基金出资市、县的适合项目，优先予以支持。

（2）基金的运作模式。山东省经济开发投资公司（以下简称省经投公司）根据授权作为政府出资人代表，组织发起设立 PPP 发展基金。基金实行母子基金两级架构，在突出激励引导、切实发挥财政资金杠杆放大作用的同时，坚持市场化专业运作，借助专业投资机构多元化投融资服务和项目管理经验，采取股权、债权或股权债权组合等多种灵活有效方式，提升投资效率。引导基金在运作模式上，重点采取与知名投资机构合作设立子基金的方式，通过与若干家实力雄厚且市场声誉良好的国家级、省级机构合作设立子基金，充分发挥专业投资机构的管理优势，在引资的同时吸引高端管理人才、先进管理模式进驻山东，以保证投资的质量和效果。同时，也可与有意向的市开展合作，制定专门管理办法，支持部分市在当地设立 PPP 子基金，调动市县政府的积极性，推动 PPP 管理模式在全省加快推广。对事关全省发展的重大项目，也可由省经投公司通过合法规范形式管理投资，以提高基金投资效率。

4. 基金的管理体制

（1）引导基金管理体制。主要参照鲁政办发〔2014〕44 号文件相关规定执行。省财政厅作为省级股权投资引导基金决策委员会办事机构，代表省政府履行引导基金出资人职责。省金融办作为省政府金融管理部门，负责指导监督引导基金管理公司的经营管理。引导基金投资重点、让利政策以及拟参股子基金等重大决策事项由省决策委员会确定。省财政厅及相关部门主要负责 PPP

项目储备库和项目信息平台建设，开展“物有所值”评估和财政承受能力论证，确保项目质量，优先选择价格调整机制灵活、市场化程度较高、投资规模较大、长期合同关系清楚、具有长期稳定需求的项目向子基金管理机构进行推介。

（2）子基金管理体制。主要采取所有权、管理权、托管权相分离的管理体制。省经投公司与社会投资人、基金管理机构签订出资人协议，确定各方的权利、义务、责任。优先级社会出资人按约定取得稳定合理回报，但不直接参与基金投资的项目决策。基金管理机构（GP）依据合伙协议或公司章程，按照市场规则负责子基金投资项目决策和投后管理。省经投公司根据授权代行引导基金出资人职责，按照出资协议对子基金运营进行监督。

5. 基金的投资回报和收益分配

（1）基金的收益来源。

1）所投资 PPP 项目的股权分红收益及股权转让增值收益；

2）对 PPP 项目债权投入产生的利息收入；

3）基金间隙资金用于稳健类金融产品产生的收入；

4）其他合法收入。

（2）基金的收益分配。

1）PPP 发展基金在收益分配上主要采取优先与劣后的结构，政府引导基金以及基金管理团队可作为劣后级，其他社会出资人根据其风险偏好可作为优先级。

2）子基金每年所得收益，首先用于分配与优先级出资人约定的固定收益；基金收益超过优先级出资人固定收益的剩余部分，在其他出资人之间进行分配，也可作为浮动收益在优先级、劣后级出资人之间进行分配，具体分配政策在基金合伙协议或章程中明确。基金投资期内，对参与出资市县的累计投资额度一般不低于其出资额的 3 倍。参与出资的市县如当年未获得基金投入，其出资部分可享受优先级出资人的固定收益。

6. 基金的监督管理和风险防控

（1）基金的监督管理。引导基金参股设立子基金实行全过程公开透明操作，接受社会监督。子基金管理机构及其管理费率、社会资本出资人出资额度以及出资条件的确定等，一般应采取公平、公开、竞争、择优的遴选机制。引导基金及其子基金的资金必须委托符合条件的金融机构进行托管。子基金的具体运作情况实行社会中介机构独立审计制度。

（2）基金的风险防控。省经投公司负责对子基金进行监管，密切跟踪其经营和财务状况，防范财务风险，定期向省财政厅报送引导基金及参股子基金的运行情况。当 PPP 发展基金的使用出现违法违规和偏离政策导向等情况时，省经投公司应及时向省财政厅、相关主管部门报告，并按协议采取终止合作等必要措施，最大限度防范化解风险。

（3）基金的绩效评价。省财政厅、相关主管部门按照有关规定，对引导基金建立有效的绩效考核制度，定期对引导基金政策目标、政策效果及 PPP 发展基金投资运行情况进行评估，并纳入公共财政考核评价体系。

7. 基金的退出机制

PPP 发展基金在退出机制安排上，实行股权投资的，到期优先由项目的社会资本方回购，社会资本方不回购的，可由市县政府方回购，并写入项目的 PPP 合作协议中；实行债权投入的，由借款主体项目公司按期归还。当子基金清算出现亏损时，首先由基金管理机构以其对基金的出资额为限承担亏损，其次由引导基金作为劣后级出资人以其出资额为限承担亏损，其余部分由其他出资人按出资比例承担。

除了省级政府层面主导跟金融机构合作成立 PPP 基金外，还有一种基金模式是由金融机构联合地方国企发起成立有限合伙基金，一般由金融机构做优先级有限合伙人，地方国企或平台公司做次级有限合伙人，金融机构指定的股权投资管理人做普通合伙人。这种模式下整个融资结构是以金融机构为主导的。

2015 年 2 月兴业基金管理有限公司与厦门市轨道交通集团签署了厦门城市发展产业基金合作框架协议，基金总规模达 100 亿元，将投资于厦门轨道交通工程等项目。该基金采用 PPP 模式，由兴业基金全资子公司兴业财富资产管理有限公司通过设立专项资管计划，与厦门市政府共同出资成立“兴业厦门城市产业发展投资基金”有限合伙企业。兴业财富和厦门轨道交通集团各出资 70% 和 30%，分别担任优先级有限合伙人和劣后级有限合伙人，厦门轨道交通集团按协议定期支付收益给优先级有限合伙人，并负责在基金到期时对优先级合伙人持有的权益进行回购，厦门市政府提供财政贴息保障。

PPP 基金的第三种模式是由具备建设运营能力的实业资本发起成立产业投资基金，该实业资本一般都具有建设运营的资质和能力，在与政府达成框架协议后，通过联合银行等金融机构成立有限合伙基金来对接项目。如：某建设开发公司与某银行系基金公司合资成立产业基金管理公司担任普通合伙人，某银行系基金公司作为有限合伙人优先级 A，地方政府指定的国企为有限合伙人优先级 B，该建设开发公司担任有限合伙人劣后级，三方成立有限合伙形式的产业投资基金，该基金以股权的形式投资项目公司。项目公司与业主方 (政府) 签订相应的财政补贴协议，对项目的回报模式进行约定，业主方（政府）根据协议约定支付相关款项。

这类有运营能力的社会资本发起成立产业投资基金，可以通过加杠杆的形式提高净资产收益率。全球范围看建筑业的毛利率是 3%，净利率是 1%~2%，而且对投入资本要求很高，通过成立产业投资基金参与基建项目，若企业出资 10%，可以放大 9 倍杠杆，除去付给优先级有限合伙人的成本后，这放杠杆的过程就会有很大一块利润，再加上建筑总包的利润，也能实现在营业收入一定的情况下提高净资产收益率。

以上所述的是政府和社会资本以产业基金的模式来进行的 PPP 模式创新，除此之外现实操作中还有一类 PPP 创新模式是在某一具体的 PPP 项目中，进行 PPP 资本层面和项目层面的融合设计。

PPP 专栏 4：项目层面与资本层面融合型 PPP 创新模式案例分析（北京地铁 16 号线）

北京地铁 16 号线（以下简称“16 号线”）项目是国务院首批推出的 80 个鼓励社会资本参与建设营运的示范项目之一。2015 年 2 月 8 日，北京市交通委员会代表北京市政府与北京京港地铁有限公司及其第三方股东草签了 16 号线项目《特许协议》，标志着 16 号线 PPP 项目招商工作已初步完成。项目招商工作由北京市基础设施投资有限公司（以下简称“京投公司”，北京市国有独资公司，承担北京市基础设施项目投融资、资本运营等职能）具体负责。

16 号线是北京市轨道交通线网规划中的中心城区南北向骨干线路，全长约 50 公里，项目已于 2013 年 3 月开工建设，计划于 2017 年 12 月底全线建成通车。

16 号线项目总投资约 474 亿元，继北京地铁 4 号线、14 号线采用 PPP 模式引入社会资本参与地铁投资建设运营后，16 号线再度采用 PPP 模式。与此前模式不同的是，16 号线采用复合型 PPP 模式，首次在轨道交通项目中引入保险股权投资，采用“股权融资 + 特许经营”的融资模式引入社会资本，合计引资 270 亿元，其中：股权融资规模 120 亿元，特许经营融资规模 150 亿元。该复合型 PPP 模式是一次全新尝试，融资模式和资金规模都开创国内之先。北京市政府有望仅仅使用少量资本金，撬动各类社会资本 270 亿元，债务融资约 200 亿元，极大缓解政府资金压力。

1. 复合型 PPP 模式

北京地铁 4 号线、14 号线项目均采用传统 PPP 模式，通过特许经营方式引入社会投资者，社会投资者负责部分项目的投资和一定期限的运营，通过财政补贴的方式收回投资并获得合理收益，在一定程度上缓解了政府当期出资压力，为保障轨道交通建设资金的及时供给发挥了重要作用。但是，传统 PPP 模式亟待创新，主要原因有：

（1）轨道交通投资额高，资金需求规模大，对社会资本的出资能力要求高；

（2）轨道交通运营专业性很强，潜在的社会投资者有限。

在强劲的融资需求下，复合型 PPP 模式应运而生，其是指在传统 PPP 模式的基础上加入股权融资、EPC 工程总承包、土地资源开发、成立专项投资基金等创新元素的 PPP 模式。

16 号线 PPP 项目正是在传统 PPP 模式的基础上加入保险资金股权融资方式，采用“股权融资 + 特许经营”的复合型 PPP 模式引入社会资本。城市轨道交通建设投资资金规模大，投资期限长，因有政府主导和支持，收益相对稳定；而保险资金开展股权融资，具有资金量大、长期性和稳定性的优势，以财务投资为主。轨道交通建设和保险股权无论从资金规模、投资期限还是收益需求等方面都高度匹配。16 号线项目采用复合型 PPP 模式引入保险股权投资，搭建了轨道交通建设和保险股权之间的桥梁，既缓解了轨道交通建设的融资压力，也契合了保险资金的投资需求。

2. 融资结构

16 号线 PPP 项目从资本层面将 16 号线总投资按一定原则和比例分为 A、B 两部分，A 部分通过股权融资方式引入中再资产管理股份有限公司（以下简称“中再资产”）约 120 亿元保险股权投资，B 部分通过特许经营方式引入北京京港地铁有限公司（以下简称“京港地铁”）150 亿元，合计吸引社会资本达 270 亿元。

（1）股权融资部分主要内容

16 号线 A 部分投资由 16 号线公司（京投公司下属全资子公司）负责，投资金额约为 324 亿元，其中项目资本金约为 130 亿元，由股权投资人通过保险股权投资计划或其他可行方式募集资金，参与 16 号线公司股权投资 120 亿元，其余资本金由京投公司投入。

股权投资人将所持有的股权全部委托京投公司管理，股权投资人不参与 16 号线公司经营管理，同时股权投资人不得向第三方转让其所持有的 16 号线公司股权。股权投资期不超过 20 年，期末，京投公司按原值回购股权投资人所持 16 号线公司股权；股权投资期间，股权投资人以股权权益让渡对价款或其他名义获取股权投资收益。

（2）特许经营部分主要内容

社会投资者京港地铁公司在建设期内负责 16 号线 B 部分工程的投资建设任务，并在 30 年的特许经营期内负责 16 号线的运营、管理以及全部设施（包括 A 和 B 两部分）的维护和除洞体外的资产更新改造和追加投资，在特许经营期结束后，京港地铁公司将项目设施完好、无偿移交给 16 号线公司或市政府指定部门。京港地铁公司通过特许经营期间的客运票款收入、授权范围内的非票务业务经营收入、政府补贴等 3 种方式实现投资回收并获得合理投资收益。

对于 16 号线公司负责投资建设的 A 部分项目，在其竣工验收后，由京港地铁公司与 16 号线公司签订资产租赁协议，取得其资产使用权。

3. 融资模式和机制创新

（1）针对性设计融资模式，吸引不同特性社会投资者。

由于不同社会投资者在利益诉求和风险承担意愿等方面具有不同特性，16 号线复合型 PPP 模式区分了投资者特性并针对性设计出相应融资模式。股权投资人倾向于获取稳定收益，不愿意参与建设、运营环节，不愿意过多承担风险，对投资回报率的要求较低；地铁运营商愿意参与建设、运营，愿意承担建设、运营风险，相应对投资回报率的要求较高。16 号线 PPP 项目采用“股权融资 + 特许经营”的复合型 PPP 模式引入社会资本：股权投资人将所持有的 16 号线公司股权全部委托京投公司管理，不参与 16 号线公司的经营管理。从股权结构看，股权投资人虽是 16 号线公司绝对大股东，但实质上仅为财务投资人，不承担建设和运营风险，投资回报率要求较低；而地铁运营商作为特许经营部分的社会投资者愿意参与建设、运营，愿意承担建设、运营风险，相应投资回报率要求高于股权投资人。16 号线复合型 PPP 模式的设计充分遵循了风险和收益相匹配的原则，有利于调动不同社会投资者的积极性，为顺利引入较大规模社会资本提供了基础。

（2）区分风险特征，设置合理、灵活的风险分担机制。

合理、灵活的风险分担机制是 PPP 融资模式创新的保障。对于 16 号线复合型 PPP 模式，京投公司在对风险进行识别和梳理，以及对风险特征进行区分的基础上，特研究提出以下风险分担原则：

1）风险由对其最有控制力的一方承担，降低风险发生概率和风险控制成本；2）承担的风险程度与所获得收益相匹配，有效调动风险承担方的积极性；

3）承担的风险要有上限，避免一方承担过多风险。相应风险处置方法于特许协议中落实。

（3）调整投资控制方法，确保资金足额到位。

地铁 4 号线以工程量为基础划分 B 部分投资，社会投资者完成了 B 部分的工程量即认定为完成了 46 亿元的工程投资。社会投资者在投资过程中可能出现节省投资的现象，相应提高收益水平。地铁 16 号线在吸收 4 号线经验的基础上，调整了投资控制的方法，以实际资金投资为基础划分 B 部分投资，由京投公司委托专业公司控制预算的执行，实际资金投资以最终的审计为准，多退少补。市政府授权京投公司组织实施 B 部分竣工审计，对特许经营者 B 部分 150 亿元投资构成进行审计和确认，通过上述机制的安排，确保引入 150 亿元社会资本足额投入到位。

（4）提前谋划 PPP 招商，促进建设和运营有效衔接。

16 号线复合型 PPP 模式招商工作开始时间较早，项目开始招商时，工程初步设计和设备招标尚未完成，社会投资者有机会介入前期工作，参与工程初步设计和设备招标工作，有利于建设和运营的有效衔接，有利于建设水平和运营水平的提高。

16 号线项目是国内首次采用“股权融资 + 特许经营”投融资模式融资建设的大型城市轨道交通项目，其复合型 PPP 投融资方式给我国基础设施投资建设提供了新的参考样本。

1.11 政府成功运作 PPP 模式的五大要素

政府要想成功运作 PPP 模式，需要重点关注以下几个方面：

1. 建立清晰、完善的政策法规制度

政府要想成功运作 PPP 模式，既要有政策法规引导，还要有立法保障，这样才能使社会资本对 PPP 投资建立良好的收益预期和收益保障。

建立一套清晰完善的政策、法规制度，是社会资本以 PPP 模式进入公共服务领域的必备条件。在法律上对政府部门与社会资本在 PPP 项目各阶段中需要承担的责任、义务、风险以及能够享受的权利进行明确的界定。这个问题解决了，项目操作层面的事都是小事，这个问题没解决，则不论项目合同签的再好，企业始终处于和政府的赌局之中。政府应该采取多种强有力的政策措施，营造良好的外部环境，开放投资领域，实施财政补贴、税收优惠、信贷优惠政策等，健全社会化服务体系，转变政府职能，建立清晰、完善的法律制度。

2. 建立完善的资本市场和健全的信用担保体系

在 PPP 模式下完善的资本市场和健全的信用担保体系，是社会资本进入基础设施项目的有力的资金保障。由于 PPP 项目一般投资巨大且有着较长的建设期和投资回收期，而社会资本个体的经济实力普遍不强，仅仅依靠社会资本的资信来安排融资是远远不够的，此时完善的资本市场、配套的银行服务体系支撑和健全的信用担保体系对 PPP 项目的融资至关重要。

3. 处理好“政府与市场”的关系

政府要做好 PPP 需要转变权力观念意识，转变政府职能，合理界定政府的职责定位。转变职能不仅意味着放下一些权力，失去一些各自利益，也意味着对政府的城市管理能力提出更高要求。政府要牢固树立平等意识及合作观念，集中力量做好政策制定、发展规划、市场监管和指导服务，从公共产品的直接“提供者”转变为社会资本的“合作者”以及 PPP 项目的“监管者”。做到不缺位、不越位。

4. 处理好“当前与长远”的关系

政府要做好 PPP，需要转变政绩观念，防止为短期政绩而牺牲长远利益。在 PPP 模式下特许经营期限少则 10 年多则 30 年甚至更长。对政府部门来说，运用 PPP 虽然可以缓解当期财政压力，但如果提供了过高的补贴承诺，就会增加未来支出压力，加大债务风险。同样，对社会资本来说，如果过度压低建造成本，那么后续的运营维护成本就会“拉高”，项目总成本反而上升，也会加大项目的失败风险，这对双方来说都是一种隐患。这就要求政府和社会资本两者作为一个利益共同体，作为合作伙伴要始终站在全局的高度来思考问题，从长远视角看待项目投入和产出。既要算好“眼前账”，也要算好“长远账”。

5. 做好能力建设，处理好项目关键环节

政府要做好 PPP 项目，需要做好项目的物有所值论证和财政承受能力论证。PPP 模式是建立在政府部门和社会资本之间合作和交流基础上的“共赢”，社会资本是以追求利润最大化为目标的，因此运用 PPP 模式的项目必须要有增值的条件，否则社会资本是不愿意进入的。因此在项目中应用 PPP 首先必须使其有可操作性，要有量化的经济指标可比较，即项目的产出可以被简单地定量评价，以此来衡量双方合作所产生的绩效。其次，PPP 模式在项目中的运用要物有所值。选择 PPP 项目时要考虑到在整个项目全寿命周期内，可以将项目的成本和收益折合成净现值后与传统的由政府部门提供的净现值进行比较，看 PPP 项目的运用是否物有所值，如果不能证明实施 PPP 模式能产生较高的价值，那么就仍采用传统的方式。所以，PPP 项目做好物有所值的论证就比较关键。

财政承受能力论证是指识别、测算 PPP 项目的各项财政支出责任，科学评估项目实施对当前及今后年度财政支出的影响，为 PPP 项目财政管理提供依据。开展 PPP 项目财政承受能力论证，是政府履行合同义务的重要保障，有利于规范 PPP 项目财政支出管理，有序推进项目实施，有效防范和控制财政风险，实现 PPP 可持续发展。对于需要政府付费或者可行性缺口补助的项目，每一年度全部 PPP 项目需要从预算中安排的支出责任，占一般公共预算的支出比例应当不超过 10%，通过此承受能力论证的项目，政府应当在编制年度预算和中期财政规划时，将项目财政支出责任纳入预算统筹安排。未通过此论证的项目，则不宜采用 PPP 模式。

1.12 企业成功运作 PPP 模式的四大要素

企业要想成功运作 PPP 模式，需要重点关注以下几个方面：

1. 建立有效的资源结构和组织管理机构

PPP 项目大部分属于大型项目，不论是在商业方面还是技术方面，其要求都较高，因此企业必须整合有效资源，加强自身的项目市场操作能力、工程技术能力、融资能力、运营管理能力等方能应对。PPP 模式的组织机构特点是政府部门和社会资本共同参与建设和运营，形成有效的组织管理机构，因此企业需要有相应的组织结构系统对接项目各相关方。

2. 具备复合型的专业人才

PPP 项目的融资作为金融市场上出现的一种新型的合作方式，在项目建设的资金筹措、合同谈判、项目建设、项目运营、风险分担、收益分配等方面都与其他融资方式不同，有着一套独特的运行规则和办法，这就需要企业具备既懂法律、技术又懂金融和财务的复合型的专业人才来具体操作。另外，PPP 项目主要都集中在基础设施和公共服务领域，企业需要对 PPP 政策法规、标准化的 PPP 项目运作程序，PPP 项目的风险分配模式有很好的把握能力，因此需要能够对项目的运作提供技术指导和相关政策支持的专业人才。

3. 与政府间建立合理的风险分配机制

PPP 模式双方在早期论证阶段就必须采取有效的风险方案，把项目融资、建设、运营等各阶段的风险进行合理分配，实现政府与社会资本利益共享、风险共担，把风险合理分配给最有能力的参与方承担，使两者之和的总风险成本降到最低。

4. 建立高效的风险管理机制

PPP 项目风险管理是通过对风险的识别、计量和控制，以最少的成本使风险所致的损失达到最低程度的管理方法。即项目的管理班子通过风险识别、估计及其评价，辅以多种合理的管理方法、技术手段等，对项目的风险实行有效的控制，以扩大风险事件的有利结果，妥善处理由其造成的不利后果，以最少的成本安全可靠地实现项目目标。

要想做好 PPP 项目的风险管理，企业需要建立一套标准的风险管理机制，主要做好以下几个方面：

（1）风险识别

风险识别是风险管理的第一步，是风险主体认识到自身面临的风险的过程。就工程项目而言，风险识别是对目标项目所面临的和潜在的风险加以判断、确认和归纳的过程。任何项目在其运作过程中，无一不受到多种风险的威胁，因此项目过程中的风险识别对一个项目的成功与否至关重要。

（2）风险估计

在风险识别和初步分类之后，下一步就是要对风险进行估计。风险估计就是估计风险的性质、估算风险事件发生的概率及其后果的大小，以减少项目计量的不确定性。风险估计的对象是项目的各个单个风险，非项目整体风险。风险估计应考虑两个方面：估算损失发生的概率；估算损失的程度。一般而言，风险的严重性排序主要是以损失程度为衡量的。

（3）风险评价

风险评价就是综合衡量风险对项目实现既定目标的影响程度。风险估计只对项目各阶段单个风险分别进行估计量化，而风险评价则考虑所有风险综合起来的整体风险以及项目对风险的承受能力。

（4）风险应对

风险应对是在风险发生时实施的已写入风险管理计划的预定措施，按其技术类型分为控制型和理财型两种。控制型是指在风险发生前，针对风险因素采取相应的控制措施，以达到风险最小化的目的。其具体措施有：风险规避、损失预防及抑制、风险单位分离（分割和储备）、控制型风险转移和风险利用。理财型是指风险发生前，通过财务安排达到减轻风险的目的。具体措施有：财务型风险转移(保险、非保险财务转移)和风险承担(风险自留、自我保险)等。

2. PPP 模式在国内外的应用

2.1 PPP 模式在国外的发展情况

2.1.1 全球 PPP 分布概览

PPP 模式最早发源于英国，并迅速在全球范围内得到了广泛的应用。根据 PWF 的数据，1985~2011 年，全球基础设施 PPP 名义价值为 7751 亿美元，其中，欧洲处于领先地位，大约占全球 PPP 名义价值的 45.6%，接下来是亚洲和澳大利亚，所占份额为 24.2%，墨西哥、拉丁美洲和加勒比海地区三者合计占 11.4%。美国和加拿大所占的份额分别是 8.8%、5.8%，非洲和中东地区 PPP 名义价值为 315 亿美元，占全球份额的 4.1%。

PPP 作为传统交付模式的一种补充，仅在能够更好地实现物有所值的情况下才得以使用，在公共投资中的比例只占一小部分。从下表可以看出，即便是 PPP 运用较为成熟的英国、澳大利亚等国家，PPP 投资占公共投资的比例也不超过 15%。澳大利亚有约 50% 的基础设施由社会资本部门交付，但只有 10%~15% 是通过 PPP 方式提供。

表 2.1　各国 PPP 投资占公共投资比例

国家	PPP 占公共投资的比例	国家	PPP 占公共投资的比例
澳大利亚	10%~15%	墨西哥	15%
英国	10%~13%	芬兰	10%~15%
韩国	5%~10%	卢森堡	5%~10%
德国	3%~5%	南非	3%~5%
挪威	3%~5%	西班牙	3%~5%
加拿大	1%~3%	意大利	1%~3%
新西兰	1%~3%	捷克	0%~1%

（资料来源：联合资信）

在国外 PPP 实践中，根据 PPP 模式市场成熟度由高到低划分为三个梯队，如下图所示：

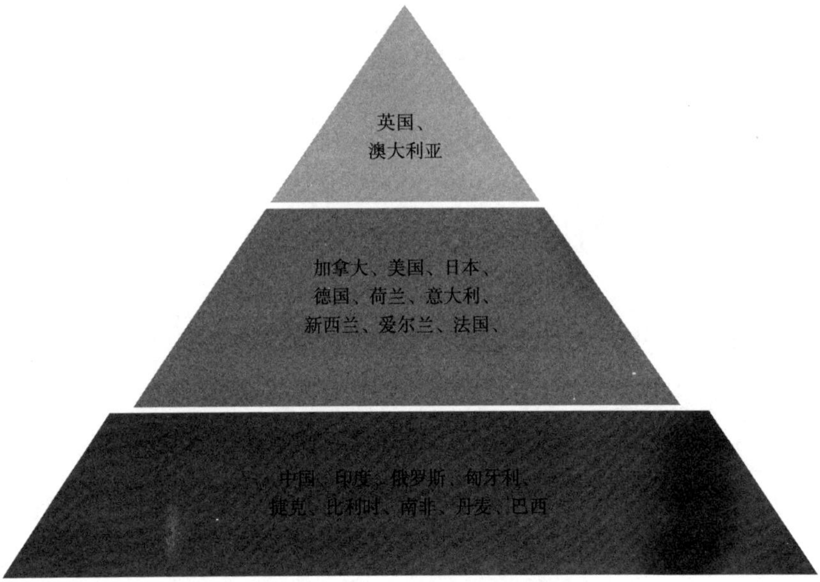

图 2.1　国外 PPP 模式市场成熟度划分

其中英国和澳大利亚是第一梯队，发展较成熟；加拿大属于第二梯队，也是 PPP 模式运用较好的国家。本部分将以这三个国家为例介绍国际

PPP 模式发展概况。

1. 英国 PPP

英国是较早采用 PPP 模式开展基础设施建设的国家，于 1992 年首次提出私人融资计划（PFI）。2012 年，英国财政部进一步推出新型私人融资(PF2)，两者最大的区别是政府在特殊目的公司（SPV，即项目公司）参股投入部分资本金以吸引长期投资者。政府资本的参与使得 PF2 模式下股本金比例从 10% 提高到 20%~25%，化解了在资金紧缺时的融资局限性，又有助于发挥社会资本的专业能动性。同时，在 PF2 合同中，公共部门将承担更多的管理风险，如因法律、场址污染、保险等不可预见的变化引发的费用增加的风险；PF2 的融资结构更有利于获得长期债务融资，特别是从资本市场融资。

法律顶层设计方面：到目前为止，英国对 PPP 没有专门的立法，是通过财政部不断颁发各种规范性文件进行管理。在 PFI 阶段，有 3 个政策性文件:《应对投资风险》(2003)、《强化长期伙伴关系》(2006）和《基础设施采购：实现长期价值》(2008)。在 PF2 阶段，有 1 个政策性文件:《PPP 的新方式》(2012)。

组织保障方面：2010 年前，英国负责 PPP 运行的机构有两个:（1）财政部的 PPP 工作组;（2）“英国合作伙伴关系”（Partnership UK），独立于财政部，按公司化运营，市场投资人占股 51%，财政部和苏格兰主管部门分别占 44% 和 5%，专项支持 PPP 工作组遴选的 PFI 项目。2011 年，财政部设立基础设施局（IUK，Infrastructure UK）工作组和“英国合作伙伴关系”的职能，统一管理实施 PF2 项目。

PPP 开展情况方面：根据 IUK 的统计数据，截至 2012 年 3 月 16 日，PFI 存量项目数量为 717 个，其中在运营的项目为 648 个（2011 年 3 月 16 日的数据分别为 698 个和 632 个），总投资额为 547 亿英镑（2011 年 3 月 16 日的总投资额为 529 亿英镑）。从项目运作模式看，717 个存量项目中，有 311 个项目成立了 SPV（项目公司）。2011~2012 年间，社会资本支付的资金为 18 亿英镑；2012 年 ~2013 年为 24 亿英镑，2013~2014 年预计为 13.58亿英镑。PFI融资方式已占到英国全部基础设施融资建设的10%~13%。

（由于英国 PF2 于 2012 年才推出，而 IUK 最新统计数据为截至 2012 年 3 月，因此统计数据中暂不含 PF2 相关数据。）

➢ 英国 PPP 模式特点：

（1）较少采用特许经营，多数情况下选择 PFI（2012 年后进一步改进为 PF2）。特许经营的项目需要使用者付费，而 PFI 项目则是政府付费的。由于英国的教育和医疗是全民免费，所以大多采用 PFI 模式。即便是交通（高速公路、铁路等）绝大多数也是采用 PFI 模式，整个英国目前只有一条使用者付费的公路。

（2）项目覆盖行业范围广，以教育、医疗、交通、废弃物处理为主。2012 年 3 月底，英国的 717 个存量 PFI 项目中甚至包括国内不常见的监狱、警察局、法院等。其中，教育、医疗、交通、废弃物处理等行业数量占比分别为 28.71%、18.97%、5.30% 和 5.30%，合计超过 50%；总投资额占比分别为 20.50%、22.06%、12.78% 和 7.95%，合计超过 60%。交通类项目投资额往往较大，虽然项目个数占比不到 6%，但是其投资额占比却超过 12%。

表 2.2　英国 PFI 项目行业分布

分类	项目数量（个）	项目个数占比	项目总投资额（亿英镑）	投资额占比
教育	213	29.71%	112.17	20.50%
医疗	136	18.97%	120.68	22.06%
其他	55	7.67%	87.64	16.02%
交通	38	5.30%	69.90	12.78%
废弃物处理	38	5.30%	43.51	7.95%
住房	34	4.74%	17.25	3.15%
道路照明	32	4.46%	14.27	2.61%
健康	29	4.04%	12.33	2.25%
办公用房	24	3.35%	35.34	6.46%
警察局	24	3.35%	4.75	0.87%
服务中心	24	3.35%	3.19	0.58%
消防	13	1.81%	3.95	0.72%

续表

分类	项目数量（个）	项目个数占比	项目总投资额（亿英镑）	投资额占比
教育培训	12	1.67%	7.98	1.46%
监狱	12	1.67%	6.37	1.16%
娱乐设施	12	1.67%	2.05	0.37%
法院	8	1.12%	1.95	0.36%
图书馆	7	0.98%	1.58	0.29%
安全教育中心	4	0.56%	0.68	0.12%
防洪	2	0.28%	1.55	0.28%
总计	717	100.00%	547.12	100.00%

（资料来源：IUK）

（3）运营期限整体较长。运营期限在 20~30 年之间的项目合计占比为 81.45%。也有少量项目运营期限在 5 年以内的项目（占 0.56%），主要为 IT 类项目和部分超过 40 年的项目（占 0.28%），主要为交通类项目（高速公路维护）和医疗项目。

表 2.3 英国 PFI 运营合同年限分布

运营期限	项目数量（个）	数量占比
5 年以内	4	0.56%
5~10 年（不含 5 年）	11	1.53%
10~15 年（不含 10 年）	26	3.63%
15~20 年（不含 15 年）	29	4.04%
20~25 年（不含 20 年）	317	44.21%
25~30 年（不含 25 年）	267	37.24%
30~35（不含 30 年）	52	7.25%
35~40（不含 35 年）	9	1.26%
40~50（不含 40 年）	2	0.28%
合计	717	100.00%

（资料来源：IUK）

2. 加拿大

加拿大是国际公认的 PPP 运用较好的国家之一。自 1991 至 2013 年，加拿大启动 PPP 项目 206 个，项目总价值超过 630 亿美元，涵盖全国 10 个省，涉及交通、医疗、司法、教育、文化、住房、环境和国防等行业。

法律顶层设计方面：加拿大各级政府积极制定基础设施规划，不断完善 PPP 项目采购流程。2003 年 5 月加拿大工业部出版的《对应公共部门成本——加拿大最佳实践指引》和《PPP 公共部门物有所值评估指引》是目前 PPP 项目的主要依据。

组织保障方面：2008 年，加拿大以皇家公司的形式建立了联邦级的 PPP 单位——PPP 加拿大（PPP Canada）。该机构由加拿大联邦政府所有，但按照商业模式运作，PPP 加拿大通过财政部向国会报告，公司具有独立的董事会。这种形式可以让社会资本通过董事会监测 PPP 单位的运作。PPP 加拿大设立了一个总额为 12 亿美元的“加拿大 P3 基金”（P3 Canada Fund），为 PPP 项目提供不超过投资额 25% 的资金支持。任何层级的地方政府都可以申请该基金，截至 2013 年一季度末，该基金已为加拿大 15 个 PPP 项目提供基金支持近 8 亿美元，撬动市场投资超过 33 亿美元。

PPP 开展情况方面：根据 PPP 加拿大发布的统计数据，自 1991 至 2013 年，加拿大启动 PPP 项目 206 个，项目总价值超过 630 亿美元，涵盖全国 10 个省，涉及交通、医疗、司法、教育、文化、住房、环境和国防等行业。2003~2012 年期间，加拿大共有 121 个 PPP 项目完成了融资方案，各项目在不同的行业分布情况如表 2.4。这 121 个 PPP 项目在建设过程中的资本投入共计 384 亿美元，其中医疗保健行业直接吸引了资本投入 178 亿美元，运营与维护投入共计 128 亿美元，医疗保健行业的运营维护投入 49 亿美元。

表 2.4　加拿大 PPP 行业分布

行业	项目数量	占比	行业	项目数量	占比
教育	7	5.79%	住房	2	1.65%
环境	5	4.13%	国防	1	0.83%
司法	14	11.57%	政府服务	2	1.65%

续表

行业	项目数量	占比	行业	项目数量	占比
交通	24	19.83%	文化	7	5.79%
医疗保健	59	48.76%			
合计				121	100%

（资料来源：PPP Canada）

3. 澳大利亚

澳大利亚在运用 PPP 模式实施大型基础设施项目方面处于世界领先地位。20 世纪 80 年代，为了解决加快基础设施建设而带来的资金不足问题，澳大利亚开始在基础设施建设领域运用 PPP 模式。澳大利亚的 PPP 模式通常采用成立 SPV（项目公司）的方式，由 SPV（项目公司）与政府就融资建设和运营签订项目协议，期限一般为 20~30 年。一旦 SPV（项目公司）出现不能履行合约的状况，政府可以随时跟进；合同到期时项目资产将无偿转交给政府。20 世纪 80 年代，澳大利亚 PPP 的运营取得了较好效益，90 年代开始，政府开始大量引入社会资本，同时将建设和运营风险更多地转嫁给社会资本，以致社会资本负担过重，资金难以为继。2000 年以来，澳大利亚汲取经验和教训，制定特别法律措施，充分发挥政府和社会资本的各自优势，以实现共赢。

法律顶层设计方面：澳大利亚对 PPP 没有专门立法，于 2008 年 11 月颁布一系列国家政策与指南对 PPP 进行规范，各州在此基础上再制定本地的指南。以维多利亚州为例，2000 年公布的《维多利亚州合作方法》、2003 年颁布的《合同管理方法》等是本地 PPP 项目开展的主要依据。组织保障方面：2008 年，澳大利亚创立全国层面的 PPP 管理机构，即澳大利亚基础设施局（Infrastructure Australia，简称 IAU），推广 PPP 是该机构的职能之一。其后，IAU 发布了一整套全国公私合作指南，将 PPP 项目的决策过程分为投资决策阶段与采购决策阶段，前者确定项目的经济合理性和财务可行性，后者回答公私合作在投资与运行费用、工期、服务质量、运营管理、效率、风险分担等方面是否优于传统采购。

PPP 开展情况方面：截至 2009 年底，澳大利亚的 PPP 市场达 920 亿美元，分布在国防、公路、铁路、卫生、教育、司法、娱乐等部门。澳大利亚 PPP 项目多集中在基础设施和公益事业领域，其特色在于建立严格的审计和绩效评价机制。

2.1.2 国外 PPP 融资模式

国际 PPP 项目的融资基本上采取“股权 + 债权”的模式。

从具体融资工具看，国际 PPP 项目可以通过股东提供股权融资，包括政府和社会资本出资，最新实践中 PPP 基金也逐步参与进来。PPP 项目具有高负债运营的特点，资本金比例一般在 10%~30%。PPP 基金的主要作用是通过撬动资源和运用专业技能寻找优质 PPP 项目，在培养市场过程中起到催化作用。从国际 PPP 基金的实际操作看，主要分为政府发起的 PPP 基金和市场发起的 PPP 基金两大类。政府发起的基金包括加拿大 P3 基金、印度基础设施建设金融有限公司（提供长期的商业贷款，最多可提供资本成本的 20% 贷款，还提供咨询服务和试点担保计划）、玛格丽特 2020 基金（为欧洲气候变化、能源安全等其他基础设施投资项目提供股本和准股本金），JISSICA 基金（为欧洲市政 PPP 项目提供贷款、股本和担保）等。市场发起的基金包括气候变化 PPP 基金（向亚行的发展成员国内气候与环境相关领域的项目提供股本、贷款及基金）、菲律宾基础设施投资联盟（为菲律宾核心基础设施融资提供股本和准股本）。

国际 PPP 项目也可以通过商业贷款（包括银团贷款）、资本市场、国家或区域性开发银行等方式获得债务融资。其中，资本市场的具体形式主要为地方政府债券、项目收益债券、公司债券以及资产证券化产品等。在最新的 PPP 项目实践中，为了隔离政府风险，政府一般不直接承担债券的偿还责任，但会通过提供政府补贴、帮助申请 PPP 基金等方式对 PPP 项目融资提供支持。

美国在运用收益证券方面是最好的国家之一。项目收益债是美国公共基础设施债务融资的主要渠道，是仅次于国债和公司债券的第三大债券市场。通常有政府拨款、地方税收收入或者租赁付款作担保，可以免缴美国联邦收入所得税（和一些地方税），直接降低融资成本达 2 个百分点。

在 PPP 项目的债券融资中，由于债券存续期较长，可能会采用通货膨胀指数化债券来规避通胀风险。通胀指数债券是指债券的本金或利息根据某种物价变量定期进行调整的债券工具。如澳大利亚皇家妇女医院项目中，债务融资为 2.93 亿美元（穆迪评级为 Aa2），其中就包括 1.45 亿美元的 28 年期指数化年金债券（Indexed Annuity Bonds，IABs，通胀指数化债券的一种）。

从资金来源看，目前国际 PPP 项目对银行渠道的资金来源依赖严重，银行资金大约占全部资金渠道的 70%~80%，甚至更高。各个国家都在研究探索降低对银行资金的依赖，包括通过债券融资提高资本市场的比重，以及推动股权投资者在股权投资领域发挥更重要的作用（如加拿大和澳大利亚的养老基金）。PPP 项目的利润率属于低利润率，因此追求高收益率的产业资金及高风险高回报的资金均不适合投资于 PPP 项目。而追求长期稳定回报的养老基金、保险资金则与 PPP 的收益回报特点具有高度的匹配性。以加拿大为例，加拿大养老基金是国内参与基础设施建设的重要力量，在 PPP 模式中也不乏养老基金的身影。养老基金的参与方式包括以股权形式参与 PPP 项目，或持有 PPP 相关债券等。

2.1.3 国外 PPP 项目案例分析

国外 PPP 案例较多，本部分从经营性项目、准经营性项目和公益性项目三个角度各选取成功和失败案例来进行分析。所谓经营性项目是指采用使用者付费方式获得投资回报，准公益性项目则是采用“政府购买 + 使用者付费”方式获得投资回报，而公益性项目主要是采用政府购买方式获得投资回报。

1. 经营性项目

（1）成功案例——英国赛文河第二大桥项目

赛文河位于英格兰与威尔士之间，阻断了两岸交通。1966 年，赛文河第一大桥建成通车，但随着交通流量的增长，到 20 世纪 80 年代中期，第一大桥已难以满足通行需求，需新建第二座大桥。英国政府决定采用 PPP 模式吸引社会资本完成第二座大桥的建设、运营和维护，同时接管第一大桥。该项目采用设计－建造－融资－运营－维护（DBFOM）特许经营模式。该项目的社会资本方为赛文河大桥公司，由约翰·莱恩有限公司和 GTM Entrepose 公司各持股 50%。建筑设计方为托马斯·伯西事务所；结构设计方为哈尔克罗事务所、SEEE 公司、吉福德事务所；建设方为 VINCI 公司、Cimolai Costruzioni Metalliche、弗雷西内有限责任公司；融资方为美国银行、巴克莱银行。

该项目于 1984 年启动前期准备工作，1986 年确定建设方案，1989 年赛文河大桥公司中标，1992 年项目建成通车。赛文河大桥公司的唯一收入来源是第一、二大桥产生的过桥费收入，收入主要用于完善、运营和维护两座大桥。定价机制根据 1989 年以来物价指数增长情况每年进行调整，以消除通货膨胀因素。项目建设总成本为 5.81 亿英镑，包括新建第二大桥及还清第一大桥剩余债务，以及特许经营期内两座大桥的运营和维护。

由于第一大桥存在严重老化，已对第二大桥构成潜在的交通、收入和成本风险，需要特许经营方进行维护。这种情况对特许经营方带来了额外的风险。经过谈判，特许经营方负责对第一大桥进行维护，但以下情况除外：桥梁初始设计或建设施工质量差；交通流量高于预期；恶劣的天气条件。从而排除了一些难以预期或无法控制的不利因素，减轻了特许经营方的运营压力。

项目最终融资安排包括：银行贷款 1.9 亿英镑、BEI 贷款 1.5 亿英镑、债券 1.31 英镑、政府债券 6000 万 英镑及特许权权益 5000 万英镑。为了降低债务成本，特许经营方分别在 1997 年和 2002 年对银行进行了重组再融资。

在该案例中，赛文河大桥公司通过对承担的第一大桥责任的限定而限定了风险范畴，排除了难以预期的因素；同时该项目采取了多种融资工具，包括银行贷款、发行债券、政府债券以及特许权权益等，为后续项目融资方式起到了示范作用。

（2）失败案例——加州 91 号快速路

加州 91 号公路位于美国加利福尼亚州南部，作为连接橙县的商业中心和河岸县的居民区的交通要道，20 世纪 80 年代末 90 年代初，由于当地快速的经济发展、人口膨胀和城市扩张，橙县境内的 91 号公路变得异常拥堵。加州政府采用了 PPP 模式建造加州 91 号快速路项目。

加州 91 号快速路项目是在现有 91 号公路两向车道的中间地带（修建时已经预留出来）增加双向共四条收费车道。加州交通部以及橙县交通局与社会资本合作方 CPTC（California Private Transportation Company）于 1990 年 12 月就“加州 91 号快速路”项目签订了特许经营合同。根据合同，CPTC 全权负责该项目的建设，包括设计、融资、建造以及运营和维护。同时，合同规定在项目建成投入使用之后 CPTC 将获得 35 年的运营权并独享该项目的全部收益。项目的最终造价是 1.3 亿美元，其中包括 2000 万 CPTC 的直接投资，其余的是 CPTC 的银行贷款。项目于 1995 年 12 月顺利完工并投入使用。

值得注意的是当时签订的特许经营合同中包含了一项非竞争条款（也称为排他性条款）：政府承诺在 2030 年之前不在该项目沿线两侧一英里半的范围之内新建具有竞争性的道路，或者升级、拓宽具有竞争性的现有道路。社会资本方 CPTC 称这一条款对保护项目的合理收益至关重要。而这在当时国际上的高速公路特许经营项目中也是一种常见的做法。加州 91 号快速路在投入使用后的最初几年极大地缓解了当地的交通拥堵，有效地提高了行车安全，同时社会资本方也获得了可观的经济收益。然而由于橙县在 20 世纪 90 年代末快速地发展，当地交通出行量节节攀升，91 号公路上的交通拥堵和安全问题又再一次地摆在了政府面前。

迫于当地民众的压力，加州交通部于 1999 年 1 月宣布将在 91 号公路上新建车道并连接到附近的另一条公路，以缓解交通压力。然而，社会资本方在 2 个月后直接把加州交通部告上了法院，加州交通部拓宽 91 号公路的计划违反了 PPP 合同中的非竞争条款，并要求其对此进行赔偿。此后经过多方尝试，加州交通部与橙县交通局最终于 2002 年以近 2.1 亿美元（比原来的项目造价多了 8000 万）的价格回购了“加州 91 号快速路”，才得以解决非竞争条款的限制。自 2003 年起，“加州 91 号快速路”作为一个政府收费公路项目由橙县交通局运营管理。

该案例中，PPP 项目最终以政府回购的方式提前终结。PPP 项目运营周期较长，期间的不确定因素太多，政府如何在设计合同条款时为将来的发展、变化以及不确定因素留下协商和调整的空间，更好地保护社会公共利益是值得深思的问题。

2. 准经营性项目

（1）成功案例——法国西班牙跨国铁路项目

1995 年，经过为期 3 年的谈判，欧盟各国最终达成协议，决定在欧洲 TEN-T 铁路联接网建设中引入 PPP 模式。在该协议推动下，法国政府和西班牙政府依据国际铁路联盟标准，建设了一条从法国配皮尼昂至西班牙菲格拉斯的跨国铁路。

项目总投资近 10 亿欧元，采用 BOT 模式，特许经营期为 50 年，项目合同文本由两国招标后共同确定。该项目由政府负责项目设计，社会资本方负责股权融资和商业银行贷款；社会资本方负责项目建设。建设过程中得到法国、西班牙和欧盟共 5.4 亿欧元的资金补助，这些补助分 10 次支付，每半年支付一次；特许经营期内，项目由社会资本方负责运营。在项目运营前 3 年内采用浮动费率并对收费的上限进行了规定。

融资方面，除 5.4 亿欧元补助外，项目还得到其他大量补贴，约占建设成本的 57%。社会资本方为项目提供了银行担保等支持。合同规定，若社会资本方运营不合格，政府将对其进行处罚并可随时终止合同。

该案例中，项目投资金额大，国家支持和政治承诺在推进项目招标和进行谈判过程中具有重要作用。同时，合同明确界定社会资本方的责任是建设、运营和维护，明确的责任划分对项目实施大有裨益。PPP 模式在铁路行业具有可行性，在准确预测需求量的情况下，可将大量风险转移给社会资本方。

（2）失败案例——伦敦地铁项目

伦敦市地铁线路建设时间大多在 20 世纪初，20 世纪 90 年代，由于地铁线路老化，加上英国财政用于交通方面的预算逐年下降，因此政府选择采用 PPP 模式对地铁进行升级改造。经过 4 年多的论证，分别于 2002 年 12 月和 2003 年 4 月签署了 3 份 PPP 合同，将 30 年的特许经营权分别转让给 SSL、BCV 和 JNP 公司。3 家公司分别负责不同类别的地铁的维护和修复，而运营和票务依然由伦敦地铁公司负责。项目前期，3 家公司为伦敦地铁支付了约 70 亿英镑的直接投入。作为基础设施投资回报，英国政府每年向 PPP 联合体支付 11 亿英镑。同时，每年约 10 亿英镑的票款收入用于维护伦敦地铁公司的日常开支。政府为项目贷款提供担保。

3 家公司分别由两大联合体控制，名为 Metronet 的联合体控制了 SSL 和 BCV 两家公司。其主要成员包括世界最大的地铁建造商庞巴迪公司、英国大型咨询公司阿特金斯、EDF 能源公司、泰晤士水务和英国最大的建筑公司保富比迪。另外名为 Tube Line 的联合体控制了 JNP。该联合体包括美国柏克德 (Bechtel) 工程公司和英国最大的公众服务提供商 Amey 公司。

然而伦敦地铁 PPP 项目最终以失败结束：2008 年 Metronet 联合体宣告破产；2010 年另一个 PPP 联合体 Tube Line 也宣布破产。Tube Line 最初希望政府为其更新的 Piccadilly 和北方线支付 68 亿英镑，但是政府的仲裁人只核定 44 亿英镑的费用，直接导致该公司破产。伦敦地铁管委会支付了大约 3.1 亿英镑回购了他们的股票。

伦敦地铁 PPP 项目失败有多方面的原因：

（1）政府监管不力：政府不直接参与项目运营，但却为债务提供担保。这种权利和义务的不对等使得政府对项目的监控显得十分无力。政府希望社会资本自行发现实际操作中的问题并解决，但实践中效果并不理想。虽然政府设立了审核仲裁人，却无法从联合体那里获得必需的信息和成本数据，因此无法监控成本的变化，也无法获知联合体的实际操作情况。由此可见政府履行监督职责对政府方的专业水平的要求是很高的。

（2）PPP 联合体构成过于复杂，管理混乱。联合体成员由于利益出发点不同而意见不同，且管理者更换频繁，对整个项目无法有效管理。

（3）公私部门矛盾严重。社会资本机构以利润最大化为目的，而公共部门以成本最低为目标，二者利益常有冲突。一旦联合体破产，5 家企业只需为他们的投入资本金买单，对于大型机构而言，并不是太大问题。并且他们已经在运营期间每年获得 10 亿英镑服务费收入，成本已大大降低，因此社会资本不会特别在意如何与公共部门保持长期合作关系。

3. 公益性项目

（1）成功案例——加拿大萨德博里市污泥处理项目

加拿大萨德博里市污泥处理项目是加拿大第一个污泥处理 PPP 项目。该项目采用 DBFOM（设计 – 建造 – 融资 – 运营 – 维护）模式，最终由 N–Viro 牵头（负责与污泥处理设施的 技术供应商协调），联合 PMX inc(负责项目管理)、Tribury Matheson 集团和 W.S. Nichols（负责污泥处理设施的建设和既有设施的升级改造）、Cole 工程集团（负责工程设计）组建成联合体 N–Viro Sudbury LP 负责执行项目。

项目建设成本约 6310 万美元，在竣工前全部由 N–Viro Sudbury LP 承担。项目竣工后，市政府将向 N–Viro Sudbury LP 支付 75% 的建设成本约 4730 万美元，其中加拿大 P3 基金资助 1100 万美元，其余部分由市政府发债进行融资。加拿大 P3 基金提供资助的前提是，市政府必须证明项目可为纳税人提供物有所值服务。剩余建设成本 1580 万美元，将由 N–Viro Sudbury LP 通过 20

年的项目运营收益逐步受偿，市政府每年向其支付 137.4 万美元。N-Viro 负责污泥处理设施的运营和维护工作，由市政府付费。合同第一年的运营成本为 280.2 万美元（实际成本将根据污泥处理量决定），之后将根据通货膨胀和实际污泥处理量进行调整。该项目同时约定，社会资本方应在运营结束前 4 年向政府提供移交保证款，确保设施达到预定移交标准。

市政府对该项目采取物有所值评价，即将政府传统提供模式下风险调整后的成本与 PPP 模式下社会资本方提交方案的成本进行比较。该评价体系创新了对 PPP 项目的评价方式，是目前较为流行的 PPP 项目评价标准。

在该案例中，政府对 PPP 项目的资金支持力度较大，一是通过加拿大 P3 基金提供资金支持，二是承诺在建设完成后回购 75% 的成本，最终社会资本只需筹集部分本金，从而大大降低了社会资本的资金风险。该案例的牵头人 N-Viro 系统加拿大联合多个专业公司组成联合体进行投标，使得联合体能最大程度的发挥专业优势，确保项目的顺利建设和运营。同时，该案例采用了较为流行的物有所值评价体系。

（2）失败案例——美国马萨诸塞州 3 号公路北段修缮扩建项目

3 号公路北段始建于 20 世纪 50 年代，是美国马萨诸塞州一条连接波士顿市北部郊区和新罕布什尔州的州际公路，20 世纪 90 年代后期，3 号公路北段因年久失修，急需修缮和拓宽。2000 年 8 月，3 号公路北段修缮扩建项目启动实施。项目总投资 3.85 亿美元，拟采用 DBOM（设计 – 建造 – 运营 – 维护）模式，州公路局作为政府方，负责项目监管、合同管理和质量保证；现代大陆工程公司为首的项目承包人团队作为社会资本方，负责融资、建设、设计、运营。

现代大陆团队组建了 3 号公路北段交通改善协会来为项目融资，这是一家非盈利机构，按照美国国税局相关规则可发行免税债券。3 号公路北段交通改善协会发行了为期 30 年的免税债券，用于支付项目施工阶段的设计、建造和维护费用。由州政府利用与年度支付计划关联的预算拨款进行偿付，由此形成了社会资本负责融资、政府负责实际出资的模式，这将有利于加快交付进度并控制项目成本。

融资方面，该项目所发行的债券由惠誉和标准普尔评为 AAA 级，从而降低了债券成本；由现代大陆公司担任项目风险的共同保险人；在州政府会计年度后期交付租金，以消除对流动性偿债准备金的需求；由所罗门美邦先期支付 900 万美元作为购买协议的预付资金。

项目原计划工期为 42 个月，但由于州公路局和现代大陆团队在项目范围、成本和进度上产生分歧，尤其是在协商合同具体条款时产生分歧又未能及时解决，导致项目被推迟了近 3 年。项目预算也由原来的 3.85 亿美元调整为 3.88 亿美元。由于项目延期，现代大陆团队向州政府支付违约金 380 万美元。考虑到上述因素，州公路局不打算将当前的 DB 合同扩展为一个全面的 DBOM 合同，作为 PPP 模式的一次尝试以失败告终。

该项目失败的主要原因在于，州公路局和现代大陆团队都没有管理这类具有灵活性、适应性和协作性的 PPP 合同的经验，现代大陆团队也从未对项目结果承担过如此重大的责任。此外，双方的不信任感难以调和，尤其是现代大陆团队希望在 DB 合同中进行成本和时间进度的调整时双方矛盾尤其突出。

2.2 PPP 模式在中国的发展

就广义的 PPP 模式而言，中国自 20 世纪 80 年代就开始探索利用外资在基础设施建设领域进行合作。从发展阶段来看，PPP 模式在中国发展大致经历了三个阶段：

探索试点阶段（2002 年之前）：在此期间，PPP 模式以外资参与的 BOT 模式为主。其中，1984 年香港合和电力（中国）有限公司和深圳特区电力开发公司（深圳市能源集团有限公司，即深能集团的前身）采取合作经营方式建设的沙角 B 电厂，为中国第一个实际意义上的 BOT 项目，该电厂于 1988 年试运营结束，进入商业运营；香港合和电力（中国）有限公司获取项目 10 年的特许经营权，该项目已于 1999 年 8 月移交给深能集团（持股 64.77%）。1995 年法国电力公司及阿尔斯通公司联合体获得广西来宾 B 电厂 18 年的特许经营权，为国家批准的首个 BOT 试点项目。期间 PPP 项目均为利用外资项目，由原对外贸易经济合作部（现“商务部”）主导。

快速发展阶段（2003~2008 年）：2002 年原建设部发布《关于加快市政公用行业市场化进程的意见》（建城〔2002〕272 号），鼓励社会资本、外国资本以多种形式参与市政公用设施的建设；2005 年“非公经济 36 条”提出“允许非公有资本进入公用事业和基础设施领域”。这在很大程度上推动了各地市政公用领域 PPP 模式的推进，期间外资和民营资本较大规模的参与了市政公共用基础设施的投资。该阶段期间，法国威立雅环境集团、香港中华煤气有限公司（中华煤气）、新奥燃气等境外资本以及其他社会资本以特许经营等 BOT 模式参与各地市政公用项目投资。其中，截至目前法国威立雅环境集团已在中国 23 个省份的 126 个城市投资以水务为主的市政项目。此外，社会资本也通过 PPP 模式参与到高速公路、地铁等交通基础设施项目以及大型体育场馆等项目中。期间的代表性项目有国家体育场、北京地铁 4 号线，以及威立雅水务公司、新奥燃气、港华燃气等在各地区投资的水务、燃气项目。

调整阶段（2009 年以来）：受金融危机影响，全球和中国经济增速下滑，中国中央政府推行积极的财政政策和刺激经济增长计划。该经济刺激计划的投资由政府主导，但鉴于地方政府无法以市场主体的身份参与投资，各地政府都充分利用所属融资平台进行投融资。2009 年以来城市基础设施等公共产品和服务的投融资职能主要由各地的融资平台公司承担，项目的运作方式以政府委托代建、BT 模式为主。因此，期间社会资本在公共产品和服务领域的参与度有所下降，PPP 模式的发展处于调整阶段。虽然 2010 年国务院发布《关于鼓励和引导民间投资健康发展的若干意见》（国发〔2010〕13 号）（即新“非公经济 36 条”），鼓励和引导民间资本进入基础产业和基础设施等领域，但各方反应一般。

总体看，自 20 世纪 80 年代首次引入以来，中国 PPP 模式以特许经营类的 BOT 模式为主，项目主要为有收益的基础设施项目，社会资本方以外资为主，民营资本进入较晚，且整体参与程度不高。政府准经营性项目和公益性项目投融资主要以政府投融资平台主导，采取委托代建、BT 等形式。

历年来中国政府出台多项鼓励和引导非公经济发展，促进政府部门和社会资本合作的政策文件，2013 年以来政策密集出台以及政府和社会资本合作（PPP）中心的成立将加速 PPP 模式在中国的发展。

为有效利用外资和民间资本，整合社会资源，提高市场活力，历年来中国出台了多项促进和鼓励社会资本投资的政策文件，这些文件为 PPP 模式的发展提供了政策支持和依据。

表 2.5　历年来中国推广 PPP 模式相关的政策文件

发布部门	文件名称 / 文号	观点摘要
对外贸易经济合作部（现“商务部”）	《关于以 BOT 方式吸收外商投资有关问题的通知》（1995 年）	以 BOT 投资方式吸引外资应符合国家关于基础设施领域利用外资的行业政策和有关法律。政府机构一般不应对项目做任何形式的担保或承诺（如外汇兑换担保、贷款担保等）。如项目确需担保，必须事先征得国家有关主管部门的同意，方可对外作出承诺。
国家发展计划委员会（现“国家发展和改革委员会”）	《关于印发促进和引导民间投资的若干意见的通知》（计投资〔2001〕2653 号）	鼓励和引导民间投资以独资、合作、联营、参股、特许经营等方式，参与经营性的基础设施和公益事业项目建设。近期要积极创造条件，尽快建立公共产品的合理价格、税收机制，在政府的宏观调控下，鼓励和引导民间投资参与供水、污水和垃圾处理、道路、桥梁等城市基础设施建设。
建设部（现“住房和城乡建设部”）	《关于印发关于加快市政公用行业市场化进程的意见的通知》（建城〔2001〕272 号）	鼓励社会资金、外国资本采取独资、合资、合作等多种形式，参与市政公用设施的建设，形成多元化的投资结构。对供水、供气、供热、污水处理、垃圾处理等经营性市政公用设施的建设，应公开向社会招标选择投资主体。
建设部（现“住房和城乡建设部”）	《市政公用事业特许经营管理办法》（建设部令第 126 号）（2004 年）	鼓励利用社会资金、境外资本，采取独资、合资、合作等形式建设市政公用设施，从事特许经营。政府投资建设的市政公用设施，所有权属于政府。特许经营者按照城市规划投资建设的市政公用设施，在特许经营期满或者终止后，无偿归政府所有。

续表

发布部门	文件名称 / 文号	观点摘要
国务院	《国务院关于鼓励支持和引导个体社会资本等非公有制经济发展的若干意见》（国发〔2005〕3 号）——“非公经济 36 条”	允许非公有资本进入公用事业和基础设施领域。加快完善政府特许经营制度，规范招投标行为，支持非公有资本积极参与城镇供水、供气、供热、公共交通、污水垃圾处理等市政公用事业和基础设施的投资、建设与运营。在规范转让行为的前提下，具备条件的公用事业和基础设施项目，可向非公有制企业转让产权或经营权。支持、引导和规范非公有资本投资教育、科研、卫生、文化、体育等社会事业的非营利性和营利性领域。
国务院	《国务院关于鼓励和引导民间投资健康发展的若干意见》(国发〔2010〕13 号)——新“非公经济 36 条”	对于可以实行市场化运作的基础设施、市政工程和其他公共服务领域，应鼓励和支持民间资本进入。鼓励和引导民间资本进入基础产业和基础设施领域；鼓励和引导民间资本进入市政公用事业和政策性住房建设领域；鼓励和引导民间资本进入社会事业领域。为民间投资创造良好环境。
国务院、国家发展和改革委员会	《国务院批转发展改革委关于 2013 年深化经济体制改革重点工作的意见的通知》（国发〔2013〕20 号）	抓紧清理有碍公平竞争的政策法规，推动民间资本有效进入金融、能源、铁路、电信等领域。
国务院	《国务院关于改革铁路投融资体制加快推进铁路建设的意见》（国发〔2013〕33 号）	向地方政府和社会资本放开城际铁路、市域（郊）铁路、资源开发性铁路和支线铁路的所有权、经营权，鼓励社会资本投资建设铁路。研究设立铁路发展基金，以中央财政性资金为引导，吸引社会法人投入。
国务院	《国务院关于加强城市基础设施建设的意见》（国发〔2013〕36 号）	建立政府与市场合理分工的城市基础设施投融资体制。政府应集中财力建设非经营性基础设施项目，要通过特许经营、投资补助、政府购买服务等多种形式，吸引包括民间资本在内的社会资金，参与投资、建设和运营有合理回报或一定投资回收能力的可经营性城市基础设施项目，在市场准入和扶持政策方面对各类投资主体同等对待。
中国共产党第十八届中央委员会	《中共中央关于全面深化改革若干重大问题的决定》（2013 年 11 月）	允许更多国有经济和其他所有制经济发展成为混合所有制经济。国有资本投资项目允许非国有资本参股。允许社会资本通过特许经营等方式参与城市基础设施投资和运营，研究建立城市基础设施、住宅政策性金融机构。
国务院	《国务院关于加强地方政府性债务管理的意见》（国发〔2014〕43 号）	推广使用政府与社会资本合作模式。鼓励社会资本通过特许经营等方式，参与城市基础设施等有一定收益的公益性事业投资和运营。对在建项目确实没有其他建设资金来源的，应主要通过政府与社会资本合作模式和地方政府债券解决后续融资。

续表

发布部门	文件名称 / 文号	观点摘要
国务院	《国务院关于创新重点领域投融资机制鼓励社会投资的指导意见》（国发〔2014〕60 号）	鼓励社会资本投资运营农业和水利工程。积极推动社会资本参与市政基础设施建设运营。通过特许经营、投资补助、政府购买服务等多种方式，鼓励社会资本投资城镇供水、供热、燃气、污水垃圾处理、建筑垃圾资源化利用和处理、城市综合管廊、公园配套服务、公共交通、停车设施等市政基础设施项目，政府依法选择符合要求的经营者。
财政部	《关于推广运用政府和社会资本合作模式有关问题的通知》（财金〔2014〕76 号）	尽快形成有利于促进政府和社会资本合作模式（Public-Private Partnership, PPP）发展的制度体系。
财政部	《关于印发政府和社会资本合作模式操作指南（试行）的通知》（财金〔2014〕113 号）	印发《政府和社会资本合作模式操作指南（试行）》
国家发展和改革委员会	《国家发展改革委关于开展政府和社会资本合作的指导意见》（发改投资〔2014〕2724 号）	合理确定政府和社会资本合作的项目范围及模式；建立健全政府和社会资本合作的工作机制；加强政府和社会资本合作项目的规范管理；强化政府和社会资本合作的政策保障。
财政部	《关于印发政府和社会资本合作项目政府采购管理办法的通知》（财库〔2014〕215 号）	颁布《政府和社会资本合作项目政府采购管理办法》
财政部	《关于运用政府与社会资本合作模式推进公共租赁住房投资建设和运营管理的通知》（财综〔2015〕15 号）	通过运用政府和社会资本合作模式，发挥政府与社会资本各自优势，把政府的政策意图、住房保障目标和社会资本的运营效率结合起来，逐步建立“企业建房、居民租房、政府补贴、社会管理”的新型公共租赁住房投资建设和运营管理模式，有效提高公共租赁住房服务质量和管理效率。
财政部	《关于推进水污染防治领域政府和社会资本合作的实施意见》（财建〔2015〕90 号）	在水污染防治领域推广运用 PPP 模式，以费价机制透明合理、现金流支撑能力相对较强的存量项目为主。经充分论证的新建项目可采取 PPP 模式。坚持物有所值原则转化存量项目、遴选新建项目。鼓励结合项目自然条件和技术特点，创新融资模式，盘活存量资产，形成改进项目运营管理的有效途径，构建社会资本全程参与、全面责任、全生命周期管理的规范化 PPP 模式。
财政部	《关于在收费公路领域推广运用政府和社会资本合作模式的实施意见》（财建〔2015〕111 号）	鼓励社会资本通过政府和社会资本合作（PPP）模式，参与收费公路投资、建设、运营和维护，与政府共同参与项目全周期管理，发挥政府和社会资本各自优势，提高收费公路服务供给的质量和效率。
国务院	《关于在公共服务领域推广政府和社会资本合作模式指导意见的通知》（国办发〔2015〕42 号）	广泛采用政府和社会资本合作模式提供公共服务。在能源、交通运输、水利、环境保护、农业、林业、科技、保障性安居工程、医疗、卫生、养老、教育、文化等公共服务领域，鼓励采用政府和社会资本合作模式，吸引社会资本参与。

续表

发布部门	文件名称 / 文号	观点摘要
发改委、财政部、国土资源部、银监会、国家铁路局	《五部委关于进一步鼓励和扩大社会资本投资建设铁路的实施意见》（发改基础〔2015〕1610 号）	积极鼓励社会资本全面进入铁路领域，列入中长期铁路网规划、国家批准的专项规划和区域规划的各类铁路项目，除法律法规明确禁止的外，均向社会资本开放。重点鼓励社会资本投资建设和运营城际铁路、市域（郊）铁路、资源开发性铁路以及支线铁路，鼓励社会资本参与投资铁路客货运输服务业务和铁路“走出去”项目。支持有实力的企业按照国家相关规定投资建设和运营干线铁路。推广政府和社会资本合作（PPP）模式，运用特许经营、股权合作等方式，通过运输收益、相关开发收益等方式获取合理收益。
发改委、财政部、水利部	《三部委关于鼓励和引导社会资本参与重大水利工程建设运营的实施意见》（发改农经〔2015〕488 号）	盘活现有重大水利工程国有资产，选择一批工程通过股权出让、委托运营、整合改制等方式，吸引社会资本参与，筹得的资金用于新工程建设。对新建项目，要建立健全政府和社会资本合作（PPP）机制，鼓励社会资本以特许经营、参股控股等多种形式参与重大水利工程建设运营。
发改委、财政部、住房城乡建设部、交通运输部、水利部、人民银行	六部委《基础设施和公用事业特许经营管理办法》（2015 25 号令）	国家鼓励通过设立产业基金等形式入股提供特许经营项目资本金。鼓励特许经营项目公司进行结构化融资，发行项目收益票据和资产支持票据等。国家鼓励特许经营项目采用成立私募基金，引入战略投资者，发行企业债券、项目收益债券、公司债券、非金融企业债务融资工具等方式拓宽投融资渠道。

2009 年以来，地方政府大规模利用融资平台公司推动地方基础设施建设投资，导致地方政府债务规模快速增长。依据审计署审计结果公告（2011 年第 35 号），截至 2010 年底，全国地方政府性债务余额为 10.72 万亿元，其中：政府负有偿还责任的债务 6.71 万亿元，占 62.62%；政府性债务中融资平台公司、地方政府部门和机构的债务余额（三类债务合计）占比为 69.69%。该审计结果的发布引发了中央政府和社会各界对政府债务问题的高度重视。依据审计署全国政府性债务审计公告（2013 年第 32 号 – 总第 174 号），截至 2013 年 6 月底，中央和地方政府负有偿还责任的债务余额为 20.70 万亿元，较 2010 年底大幅增长。在此背景下，2013 年国务院连续发文鼓励和引导社会资本参与公共产品和服务领域投资，党的十八届三中全会提出“允许更多国有经济和其他所有制经济发展成为混合所有制经济”。为加快政府职能转变，发挥市场在资源配置中的决定性作用，推动混合所有制改革，并控制地方政府债务规模、防控政府债务风险，财政部在 2014 年中央和地方财政预算中提出“推广运用政府与社会资本合作模式（PPP），鼓励社会资本通过特许经营等方式参与城市基础设施等的投资和运营”。这是

中国官方首次提出 PPP 概念。之后财政部在中国清洁发展机制基金管理中心的基础上成立政府和社会资本合作中心（简称“PPP 中心”），具体负责政府与社会资本合作相关事项。

2014 年下半年，国务院、财政部、发改委分别发布了《关于创新重点领域投融资机制鼓励社会投资的指导意见》（国发〔2014〕60 号）、《关于印发政府和社会资本合作模式操作指南（试行）的通知》（财金〔2014〕113 号）和《关于开展政府和社会资本合作的指导意见》（发改投资〔2014〕2724 号），大力推广 PPP，并对 PPP 模式的推广和实践进行了较为明确的规范；同时，财政部还公布了首批 30 个、第二批 206 个政府和社会资本合作示范项目供各地进行参考和借鉴。安徽、福建、河南、江苏、河北、山东、湖南和四川等省份也相继出台了推广 PPP 模式政策文件。PPP 模式的推广有利于划清政府和企业界限，防范地方政府债务风险，并能激发民间资本活力，拓宽城镇化建设渠道，分担政府投资压力。中央及各部委文件加上各省的 PPP 政策文件为社会资本参与政府项目提供了操作指导和制度保障，加快了政府部门和社会资本 PPP 项目的推进节奏。

2.3 正确理解新形势下推广 PPP 模式的意义

党的十八届三中全会通过的《中共中央关于全面深化改革若干重大问题的决定》中明确提出，推广政府购买服务，凡属事务性管理事务原则上都要引入竞争机制，通过合同、委托等方式向社会进行购买；允许社会资本通过特许经营等方式参与基础设施投资与运营。这是 PPP 模式首次出现在中央层面的文件表述中，之后，财政部发布《关于推广运用政府和社会资本合作模式有关问题的通知》（财金〔2014〕76 号）；国务院发布《关于创新重点领域投融资机制鼓励社会投资的指导意见》（国发〔2014〕60 号），发改委发布《关于开展政府和社会资本合作的指导意见》（发改投资〔2014〕2724 号），国务院及两部委在短时间内密集出台政策力推 PPP，标志着 PPP 模式进入国家级大规模推广阶段，因此，2014 年也被称作 PPP 元年。之后全国各地方政府积极响应大力推广 PPP 模式，并向社会纷纷推出了 PPP 项目库，据初步统计，截至 2015 年 12 月，各地汇总的 PPP 项目总数已经达到 6650 个，计划投资额 8.7 万亿的规模，PPP 模式已进入了白热化发展阶段。

如何正确理解 PPP 模式在新形势下的地位和价值？目前很多人对 PPP 模式的理解还存在很多片面的认识，很多人对 PPP 的理解还停留在它是一种融资模式的层面上，其实这是一种非常狭隘的理解，是不全面的。对此，我们必须站在更高的层面、用全面、系统化的眼光来看待当前形势下国家大力推广 PPP 模式的意义。只有在对 PPP 模式有正确认识的基础上，我们在实际的操作中才不会出现战略性判断失误。

从我国现实情况看，在当前社会各领域积极贯彻十八届三中全会“全面深化改革”精神的关键时期，推广 PPP 是适应“转变政府职能、优化资源配置、深化改革开放、激活社会资本潜力”要求的一次宏观层面的体制机制变革。

首先，推广 PPP 模式是适应“国家治理现代化”要求的一次变革。十八届三中全会提出，要推进国家治理体系和治理能力现代化。与以往采用的“国家管理”相比，一字之差，反映的内涵和实质却很深远。现代国家治理更加注重契约精神、市场观念，更加注重公平参与、平等协商、绩效评估和结果导向。运用 PPP 模式，其必要条件就是政府和企业“按照合同办事”、平等参与、公开透明，这恰恰是现代国家治理关注的重点。

其次，推广 PPP 模式是适应“市场起决定性作用”要求的一次变革。使市场在资源配置中起决定性作用，是十八届三中全会的一大理论创新，即使在传统理论认为市场难以发挥作用的公共领域，也要尽量依靠市场力量来做。因此，十八届三中全会明确提出推进公共资源配置市场化。鼓励非公有制企业进入公共服务等特许经营领域。而运用 PPP 模式，正是政府通过授予特许经营权等方式引入社会资本，不但可以发挥优胜劣汰的市场竞争作用，激发非公有制经济的活力，而且有助于破除各种行政垄断，消除各种隐性壁垒，推进公共产品和服务的市场化配置，与“市场起决定性作用”要求相吻合。

第三，推广 PPP 模式是适应“加快转变政府职能”要求的一次变革。按照国务院进一步简政放权的要求，政府职能要更多地转向宏观战略、公共服务、市场监管、社会管理，切实减少对微观事务的管理和干预。通过 PPP 模式，政府将真正实现“职能转变”，由“管理者”转变为“监督者、合作者”，能够把更多的精力放到制定发展战略上，把更多的注意力放到加强监管上，既可以降低行政管理成本，又可以减少权力寻租空间。

第四，推广 PPP 模式是适应“建立现代财政制度”要求的一次变革。十八届三中全会要求，要建立跨年度预算平衡机制，建立权责发生制的政府综合财务报告制度。PPP 模式强调将一部分政府性债务剥离出去，并提高效率，有助于减轻政府债务压力，又有助于创新财政管理理念，从以往单一年度的“预算收支管理”，逐步转向强化中长期财政规划和“资产负债管理”。通过中长期规划，公开收费或补贴的调整机制，并同年度预算安排相结合，切实做好 PPP 项目“全生命周期”的“预算管理”。这本来就是建立现代财政制度科学化、透明化的应有之义。

第五，推广 PPP 模式是适应“推动城镇化健康发展”要求的一次变革。以人为核心的城镇化不仅是城镇数量与规模的扩张，也是城镇设施和服务的升级，需要数十万亿的巨额资金投入，需要创新的投融资机制作为支撑，需要政府、企业、个人共同发挥作用。为此，十八届三中全会提出，要建立透明规范的城市建设投融资机制，允许社会资本通过特许经营等方式，参与城市建设项目投资和运营。PPP 模式正是这样一种“基于特许经营权”的投融资机制。其运作机理就是盘活社会存量资本，激发民间投资潜力，创新基础设施投融资模式。

第六，推广 PPP 模式是解决地方政府融资难题的途径之一。

2014 年底，《国务院关于加强地方政府性债务管理的意见》（国发〔2014〕43 号）发布，根据意见，中央对地方政府的融资政策是修明渠、堵暗道，赋予地方政府依法适度举债融资权限，建立规范的地方政府举债融资机制，坚决制止地方政府违法违规举债。根据政策，以后地方政府融资路径一是靠发行政府债券，其次就是推广使用 PPP 模式来解决。在此过程中，PPP 模式被寄予厚望。

因此，通过对 PPP 模式的梳理可以看出，从传统的“政府包揽式”公共服务向 PPP 模式转变，不仅是简单的、技术层面的“操作方式更新”，更是涉及转变政府职能、创新预算管理、整合社会资源、消除隐性壁垒的一次“体制机制变革”。

3. PPP 模式风险管理

3.1 PPP 项目风险管理的主要内容

项目风险管理是通过对风险的识别、计量和控制，以最少的成本使风险所致的损失达到最低程度的管理方法。即项目的管理班子通过风险识别、估计及其评价，辅以多种合理的管理方法、技术手段等，对项目的风险实行有效的控制，以扩大风险事件的有利结果，妥善处理由其造成的不利后果，以最少的成本安全可靠地实现项目目标。

PPP 项目风险管理的主要内容包括：风险识别、风险估计、风险评价及风险应对四个部分。

1. 风险识别

风险识别是风险管理的第一步，是风险主体认识到自身面临的风险的过程。就工程项目而言，风险识别是对目标项目所面临的和潜在的风险加以判断、确认和归纳的过程。任何项目在其运作过程中，无一不受到多种风险的威胁，因此项目过程中的风险识别对一个项目的成功与否至关重要。

2. 风险估计

在风险识别和初步分类之后，下一步就是要对风险进行估计。风险估计就是估计风险的性质、估算风险事件发生的概率及其后果的大小，以减少项目计量的不确定性。风险估计的对象是项目的各个单个风险，非项目整体风险。风险估计应考虑两个方面：估算损失发生的概率；估算损失的程度。一般而言，风险的严重性排序主要是以损失程度为衡量的。

3. 风险评价

风险评价就是综合衡量风险对项目实现既定目标的影响程度。风险估计只对项目各阶段单个风险分别进行估计量化，而风险评价则考虑所有风险综合起来的整体风险以及项目对风险的承受能力。

4. 风险应对

风险应对是在风险发生时实施的已写入风险管理计划的预定措施，按其技术类型分为控制型和理财型两种。一是控制型：在风险发生前，针对风险因素采取相应的控制措施，以达到风险最小化的目的。其具体措施有：风险规避、损失预防及抑制、风险单位分离(分割和储备)、控制型风险转移和风险利用。二是理财型：风险发生前，通过财务安排达到减轻风险的目的。具体措施：财务型风险转移(保险、非保险财务转移)和风险承担(风险自留、自我保险)。

3.2 PPP 项目风险的特点

风险是指人们对未来行为的决策及客观条件的不确定性而导致的与人们利益相关的可能结果与预期目标发生多种偏离的综合。这种偏离有大小、程度以及正负之分，即风险的可能性、后果的严重程度和损失或收益。这种偏离通常由两类参数描述：一是偏离的方向与大小；二是各种偏离的可能程度。可能的结果与目标发生的偏离是多种多样的，重要程度也不同。风险的存在不仅会带来损失，是灾难的象征，在许多情况下，风险中也蕴藏着某种机遇和利益。传统的风险研究强调负偏离或损失，但实际上偏离方向有正有负，由于正偏离是人们的渴求，它能激励人们勇于承担和驾驭风险，获取风险报酬，因而属于风险收益的范畴，因此在风险分析和决策研究中也应给予充分的重视。

PPP 项目风险具有一般风险特征的同时又呈现出其特殊性，即其阶段性及复杂性。

1.PPP 项目风险的阶段性

绝大多数 PPP 项目运作包括项目建设、运营及维护、移交在内的三个阶段，各阶段的运作目标有其区别于其他阶段的特殊性，因此各种风险对项目的影响程度也将具有阶段性特征。这种阶段性特点表现为：项目在不同运作阶段具有不同的主要风险集。例如，在 PPP 项目动工建设之后，大量的资金用于购买工程用地、购买工程设备、支付施工费用，贷款的利息也由于项目还未产生任何收入而计入资本成本。这一阶段，随着资金的不断投入，项目的风险也随之增加，并在项目建设完工时，风险达到或接近最高点。这时，如果因为任何不可控制或不可预见的因素造成项目无法完成，或者出现工期延误、质量不合要求、工程费用超支等问题，项目公司将蒙受巨大损失。项目在建成投产后的试运营初期，风险仍然很高。此时，项目若不能按照原定成本计划生产出符合质量的产品或提供符合要求的服务，则项目的实际可能现金流量与预先的分析和预测将产生负偏差，项目可能无法产生足够的现金流量以支付生产费用、偿还债务。

简言之，项目在建设阶段面临的主要风险是完工风险，而项目在运营阶段的损失可能是由于产品质量、市场环境、项目管理水平等问题造成的。

2.PPP 项目风险的多样性

PPP 项目的特点决定了其风险因素的多样性：PPP 项目是多个不同利益主体，基于一系列的合同、协议共同参与运作的大型特许经营项目。项目中涉及的多种经济活动，以及政治、经济、自然等外部环境的影响导致了 PPP 项目潜在风险因素的广泛性和多样性。同时由于项目各参与方的期望收益及其表现形式、衡量方式各异，因此相同风险对不同参与方的作用形式和影响方式也具有多样性的特点。

3.PPP 项目风险的层次性

由于投资者、项目公司、政府部门、消费者、协作企业所处的层次不同，政府和社会资本合作项目中人们对公共项目的需求不同。由于各方所处的角度不同、利益不同，对公共项目的关注程度不同，承担风险的层次和范围也不同。

4.PPP 项目风险管理主体的可变性

PPP 项目实施时间长，风险因实施项目的技术经济环境影响而变化，政治经济风险会变化，项目风险有其动态性，有关参与主体利益可能发生重大变化，因此参与主体可能会随着时间和条件发生变化。

5.PPP 项目风险边界的模糊性

由于环境的不确定性，对合作双方风险责任边界划分比较困难。因此政府和社会资本合作项目中一部分风险各自独立承担，另一部分风险边界比较模糊则作为共同风险共同承担。

3.3 PPP 项目风险的识别方法

风险因素的识别是所有风险管理工作的起点和基础，其任务是通过一定的方法和手段，尽可能地找出潜在显著影响项目成功的风险因素。风险的识别有很多成熟的方法。常用的方法可以分成两大类，即分析方法和专家调查方法。

分析方法类似于系统分析中的结构分解方法，即根据事物本身的规律和个人的历史经验将项目风险进行分解。常用方法有故障树、核对表法、幕景分析方法 (Scenarios Analysis)、工作分解结构等；专家调查方法是以专家为获取信息的重要对象，主要利用各领域专家的专业理论和丰富的实践经验，找出各种潜在的风险并对后果做出分析和估计。常用的有专家个人判断法、智暴法 (Brainstorming)、德尔菲法 (Delphi)。

1. 专家调查法

专家调查法有 10 余种方法。其中专家个人判断法、智暴法 (头脑风暴法) 和德尔菲法是用途较广、具有代表性的方法。其优点是在缺乏足够统计数据和原始资料的情况下，可以做出定量的估计。缺点主要表现在易受专家心理因素的影响。

（1）专家个人判断法

征求专家个人意见的优点是不受外界影响，没有心理压力，可以最大限度地发挥个人的创造能力。但是仅仅依靠个人判断，容易受到专家知识面、知识深度和占有资料以及对所调查的问题是否感兴趣所左右，难免带有片面性。

（2）德尔菲法

德尔菲法起源于 20 世纪 40 年代末，最初由美国兰德公司首先使用。其做法是：首先选定与该项目有关的专家，并与这些适当数量的专家建立直接的函询关系，通过函询收集专家意见，然后加以综合整理，再反馈给各位专家，再次征询意见，再集中，再反馈，这样反复多次，逐步使专家的意见趋于一致，作为最后识别的根据。

德尔菲法是系统分析方法在意见和判断领域的一种有限延伸，应用领域很广，一般用该方法得出的结果也较好。

（3）智暴法 (头脑风暴法)

智暴法是一种刺激创造性、产生新思想的技术。它的主要规则是不进行讨论和判断性评论。智暴法更注重想出风险的数量，而不是质量。通过专家之间的信息交流和相互启发，从而诱发专家们产生“思维共振”，以达到互相补充并产生“组合效应”，获取更多的未来信息，使预测和识别的结果更准确。

智暴法作为一种创造性的思维方法在风险识别中得到广泛的应用。它适用于探讨的问题比较单纯，目标比较明确、单一的情况。

2. 分析方法

（1）核对表法

对同类已完工项目的环境与实施过程进行归纳总结后，可以建立该类项目的基本风险结构体系，并以表格形式按照风险来源排列，该表称为风险识别核对表。核对表中除了罗列项目常见风险事件及来源外，还可包含很多内容，例如项目成败的原因、项目各个方面 (范围、成本、质量、进度、采购与合同) 的规划、项目产品或服务的说明书、项目成员的技能以及项目可用的资源等等。

（2）故障树分析法 (FTA 法)

该方法是利用图解的形式，将大的故障分解成各种小的故障，或对各种引起故障的原因进行分析。故障树分析实际上是借用可靠性工程中的失效树形式对引起风险的各种因素进行分层次的识别。图的形式像树枝一样，越分越多，故称故障树。

故障树分析法多被广泛用于大型工程项目风险分析识别系统之中，这种方法经常用于直接经验较少的风险识别。

（3）工作分解结构法

用工作分解结构识别风险，可根据工程项目一般的分解方法，将其分解为单项工程、单位工程、分部工程、分项工程，甚至具体到工序。然后，从工程项目的最小单元开始逐步识别风险。它可以减少项目结构的不确定性，弄清项目的组成、各个组成部分的性质、它们之间的联系以及项目同环境之间的关系等等。

在风险识别中利用此方法并不会给项目管理增加额外的工作量。但是它面对大的工程项目时，会造成分解过于复杂、繁琐。

（4）幕景分析法

幕景分析法是一种能够分析引起风险的关键因素及其影响程度的方法。它可以采用图表或曲线等形式来描述当影响项目的某种因素作各种变化时，整个项目情况的变化及其后果，供人们进行比较研究。

当各种目标相互冲突排斥时，幕景分析就显得特别有用。它可以被看作是扩展决策者的视野，增强他们确切分析未来能力的一种思维程序。不过因为所有幕景分析都是围绕着分析者目前的考虑，所以很容易看不到全面情况。

风险的识别不仅取决于风险分类方法的恰当与否、小组采用何种类型，还更大程度上取决于小组的具体运作方式。风险识别技术的采用，在很大程度上取决于小组行为方式的合理与否。高效率的风险识别需要小组领导者适时地采用最合理的手段和技术，以确保关于项目的各种信息得到充分的利用。

3.4 PPP 项目风险因素的分类及表现形式

PPP 项目的组织结构和实施过程的特点，决定了它比一般的工程项目存在更多的风险，有些风险是在施工前期，有些风险是在建设施工阶段，有些风险是在运行维护阶段；有些风险是可以控制的，有一些风险却是不能控制的。在对这些风险进行进一步归纳总结之前，首先要能够全面地将 PPP 项目所面临的风险确定出来。

通过结合多种工程项目风险核对表以及国内外部分 PPP 项目的案例，分析 PPP 项目的整个运作过程可能面临的风险如下：

1. 政治风险

政治风险是指那些由于战争、国际关系变幻、政权更迭、政策变化而导致 PPP 项目的资产和未来现金流量受到损害的风险。具体来说这类风险主要有；主权风险即政治环境是否稳定的风险、政策风险、税收风险、政府没收风险。

（1）国家主权风险

国际、国内政变、政权变革、领导人变动、战争等政治事件，可能导致项目终止或毁约，建设现场遭受破坏，施工被迫终止，工期拖延，运营的设施遭受破坏，致使项目受到严重的伤害。

（2）政策风险

政策风险是项目在实施过程中由于政府政策变化而导致的风险，政府政策的科学性、连续性、公开性、透明性决定风险的大小，若地方政策可变性大、管理制度不健全，PPP 项目面临的风险将会加大。

2. 市场风险

项目投产后的效益取决于其产品在市场上的销售量和其他表现，产品在市场上的销售量和其他情况的变化为项目带来了巨大的市场风险。市场风险主要有价格风险、需求风险、市场竞争风险和市场预测风险。这几种风险之间相互联系，相互影响。

（1）需求风险

PPP 项目的市场需求可能非常不确定，这和不同种类的 PPP 项目有关，并且消费者的需求会受各种不确定性因素的影响。价格因素、消费者收入水平及收入分配的差异程度、消费者预期、人口数量与结构的变动以及政府消费政策等。因而项目的产品或服务将不同程度的面临需求风险。

（2）市场竞争风险

对 PPP 项目来说其产品和服务仍受现有竞争者、潜在竞争者以及替代品带来的威胁。现有同业者越多企业间越容易进行价格竞争，企业获利困难，竞争加剧；为了防范潜在竞争者进入市场，现有企业将会最大化其生产能力，即当企业全力生产时市场无利可图，以给潜在竞争者以可信威胁，但这无疑会增添企业的沉没成本。产品或服务的替代品往往会使其竞争力减弱或使产品和服务完全退出市场，因此项目产品或服务的替代品往往会使项目蒙受损失。

（3）市场预测风险

市场预测往往是项目前期决策的出发点和主要依据，对于市场的不准确预测而带来的经营困难，也是可能造成项目失败的原因之一，因此在前期决策过程中应尽可能地对市场进行准确的预测。但是，市场预测是一个世界性难题，即便是世界知名公司有时可能也难以准确预测，这个时候，为了规避这种预测不准的风险，需要双方在合同谈判和签订过程中，通过制定一定的利益分配机制来进行合理规避，通过规则的制定来保证社会资本盈利但不暴利。

3. 供应风险

原材料或能源、资源涨价或交通、通讯以及服务于项目的各种配套设施的供应短缺、供应不及时这些都给项目带来损失。通常 PPP 项目对于能源及原材料的价格及供应的稳定性依赖较大。如果没有能源、原材料的适当安排，项目基本是不可行的。因此，在项目开工前确保得到可靠的能源、动力供应对项目来说至关重要。

4. 项目建设及完工风险

完工风险是指项目无法按时完工、延期完工或者完工后无法达到预期标准的风险。项目完工风险的主要表现形式有：（1）项目竣工延期；（2）项目建设成本超支；（3）项目达不到“设计”规定的技术经济指标；（4）在特殊情况下，项目完全停工放弃。项目延期完工主要与资金是否及时到位、工程技术力量、后勤支持以及自然环境等多方面因素有关。完工风险对项目公司而言意味着利息支出的增加、贷款偿还期限的延长和市场机会的错过。

在项目建设方面，当项目所处的位置越偏僻，项目在建设方面的风险越高。即使项目所处的位置不至于很偏僻，但由于当地的劳工技术水平不能满足要求，项目的建设可能达不到设计要求，投资者仍会面临较高的项目建设风险。

另外一种建设风险是双方的配合风险，对于一些大型的 PPP 项目，可能是分成两部分，分别由政府方和社会资本方进行建设。这时候双方彼此的配合就很关键，如果一方按时完工，另一方未能按时完工，那么整个项目实际上是没法真正投入运营的，这种风险需要引起我们的重视。

5. 费用超支风险

费用超支将导致项目利润下降、现金流不足，继而向银行高息临时贷款等，给项目带来经济损失。如融资方案完成后，由于社会各方面的压力，需要重新更改设计，增添新的设备，或者是发现工程设计方面的错误，必须更改等。资本投资上的超支会对 PPP 项目产生较为严重的影响。由于收费有限，项目扣除经营成本后用于偿还债务的利润差小，而收入波动却很大。

6. 技术风险

PPP 项目采用的技术对其本身的影响体现在技术的先进性、可靠性、适用性、稳定性以及技术难度等几个方面。以上这些因素对项目的可操作性影响极大。对所有参与者来说，最大的风险出现在 PPP 项目的建设和初步运行阶段。这期间技术障碍是一个主要的问题。

对于 PPP 项目的技术论证，应考察以下内容：

（1）采用的工艺、技术设备是否先进、适用，价格是否合理，是否符合国家的产业政策；

（2）引进的技术和设备是否符合国情，引进技术后有无消化吸收的能力；

（3）技术引进和设备进口是否属于重复引进；

（4）资源利用是否高效、节约，是否符合国家的能源政策；

（5）人员培训是否充分、到位。

7. 经营管理风险

在项目的建设、运营及维护过程中，由于组织和管理问题而引起的各种风险及损失。包括：监理风险、质量风险、财务风险、组织风险、违约风险、项目运作过程中发生的重大事故以及项目运作过程中由于各参与方之间缺乏良好的沟通协商机制而造成的不必要的损失。除此之外，管理者的能力（管理能力和工作能力），管理者以往的管理及专业经验也是评价和规避管理风险时应予以考虑的重要因素。

8. 金融风险

项目的金融风险，是指银团贷款是否能够顺利完成；由于利率变化、汇率变动、通货膨胀以及就某些方面而言资金是否能及时到位等，一些项目发起人所不能控制的金融市场的可能变化对项目产生负面影响。

（1）融资风险

是指项目贷款方或其他出资方不能按照合同规定足额按时的提供资金，造成项目延误或停止的风险。

（2）利率风险

利率风险是指在项目的经营过程中，由于利率变动直接或间接地造成项目的投资增加和收益受到损失的风险。如果投资方利用浮动利率融资，一旦利率上升，项目生产运营成本就会攀升；而如果采用固定利率融资，一旦市场利率下降则会造成机会成本的提高。

9. 不可抗力风险

PPP 项目也会面临不可抗力风险。这些风险包括地震、台风、洪水、火山爆发以及意外事故等造成的风险。这类风险是项目公司无法控制的，一旦发生，对项目建设会造成不可估量的损失，并且无法防范，只能通过保险公司对其损失予以一定的赔付。

3.5 PPP 模式的风险分配原则

PPP 模式一般按照如下原则进行风险分配：

1. 按风险承担的能力进行分配

谁最有能力控制风险或处于风险控制的有利地位，就承担该类风险的主要部分。如：社会资本擅长控制建造、运营、技术风险，政府擅长分担政治、法律、政策风险。通过最优风险配置，可以有效降低整个项目的整体风险。

2. 按风险控制的能力进行分配

一方对某一风险最有控制力意味着他处在最有利的位置，能减少风险发生的概率和风险发生时的损失，从而保证了控制风险的一方用于控制风险所花费的成本是最小的，同时由于风险在某一方的控制力之内，使其有动力为管理风险而努力。如由社会资本控制技术风险不但可以促进技术革新，同时也增加了双方的收益；而政府部门对征地拆迁风险的控制能力较强，此部分风险就由政府承担。

3. 承担的风险程度与所得回报相匹配

PPP 项目中存在一些双方都不具有控制力的风险，如不可抗力风险，对于双方都不具有控制力的风险，分配时则应综合考虑风险发生的可能性、政府自留风险时的成本，政府减少风险发生后所导致的损失和社会资本承担风险的意愿，如果社会资本要求的补偿超过了政府自己承担风险时支付的成本，则政府是不会接受的，因此双方承担的风险程度与所得回报应相匹配。

4. 承担的风险要有上限

在实际项目中还存在常常易被忽略的情况：在合同的实施阶段，项目的某些风险可能会出现双方意料之外的变化或风险带来的损害比之前估计的要大的多。出现这种情况时，不能让某一方单独承担这些接近于无限大的风险，否则必将影响这些大风险的承担者管理项目的积极性，因此，应该遵从承担的风险要有上限的原则。

3.6 PPP 项目风险应对策略

PPP 项目风险的应对策略包括风险回避、风险自留、风险控制、风险转移四个方面。

1. 风险回避

风险回避是指在完成项目风险分析与评价后，如果发现项目风险发生的概率很高，而且可能的损失也很大，又没有其他有效的对策来降低风险时，应采取放弃项目、放弃原有计划或改变目标等方法，使其不发生或不再发展，从而避免可能发生的潜在损失。比如，某 PPP 项目的可行性研究报告表明，虽然从净现值、内部收益率指标看是可行的，但敏感性分析的结果是对投资、产品价格、经营成本均很敏感，这意味着该项目的风险很大，因而决定不投资建造该工程。在面临灾难性风险时，采取回避风险的方式处置风险是比较有效的。但是同时，放弃承担风险也就意味着放弃某些机会。因此，某些情况下的风险回避是一种消极的风险处理方式。

2. 风险自留

风险自留是指项目风险保留在风险管理主体内部，通过采取内部控制措施来化解风险或者对这些保留下来的项目风险不采取任何措施。风险自留与其他风险对策的根本区别在于：它不改变项目风险的客观性质，也就是既不改变项目风险的发生概率，也不改变项目潜在损失的严重性。

风险自留可分为非计划风险自留和计划性风险自留两种：

（1）非计划风险自留是由于风险管理人员没有意识到项目某些风险的存在，或者不曾有意识地采取有效措施，以致风险发生后只好保留在风险管理主体内部。这样的风险是被动风险。导致非计划风险自留的主要原因是：缺乏风险意识、风险识别失误、风险分析与评价失误、风险决策失误、风险决策实施失误等。事实上，对于大型、复杂的 PPP 项目而言，风险管理人员几乎不可能识别出所有的项目风险。从这个意义上讲，非计划风险自留有时是在所难免的，因而也是一种适用的风险处理策略。但是，风险管理人员应当尽量减少风险识别和风险评价的失误，要及时制定并实施风险应对策略，从而避免被迫承担重大和较大的项目风险；（2）计划性风险自留是主动的、有意识的、有计划的选择，是风险管理人员在经过正确的风险识别和评价后制定的风险应对策略。风险自留绝不可能单独使用，而应与其他风险对策结合使用。在实行风险自留时，应保证重大和较大的风险已经进行了工程保险或实施了损失控制计划。计划性风险自留的计划性主要体现在风险自留水平和损失支付方式两方面。所谓风险自留水平，是指选择哪些风险事件作为风险自留的对象。确定风险自留水平可以从风险损失期望值大小的角度考虑，一般应选择风险损失期望值小或较小的风险事件作为自留的对象。计划性风险自留还应从费用、期望损失、机会成本、服务质量和税收等方面与工程保险比较后才能得出结论。

3. 风险控制

风险控制是一种主动、积极的风险对策。风险控制工作可分为预防损失和减少损失两个方面，预防损失措施的主要作用在于降低或消除（通常只能做到降低）损失发生的概率，而减少损失措施的作用在于降低损失的严重性和遏制损失的进一步发展，使损失最小化。一般来说，风险控制方案都应当是预防损失措施和减少损失措施的有机结合。

在采取风险控制措施时，所制定的风险控制措施应当形成一个周密的、完整的损失控制计划系统。该计划系统一般应由预防计划、灾难计划和应急计划三部分组成。

（1）预防计划。预防计划的目的在于有针对性地预防损失的发生，其主要作用是降低损失发生的概率，在许多情况下也能在一定程度上降低损失的严重性。在损失控制计划系统中，预防计划的内容最为广泛，具体措施最多，包括组织措施、经济措施、合同措施、技术措施。PPP 项目的风险控制在合同措施中体现的比较充分，体现“伙伴关系”理念的合同范本在国内外也相继推出。英国土木工程学会（ICE）在 1995 年 11 月出版的“新工程合同”（NEC）第二版“设计与施工合同”（ECC）就是一个体现合作伙伴关系模式的合同。此合同包括如下内容：

1）核心条款规定：工作原则是合同参与各方在工作中相互信任、相互合作；

2）风险由合同双方合理分担，并鼓励双方以共同预测的方式来降低风险的发生率；

3）在工作程序中引入了“早期预警程序”，用以防范风险。合同明确了业主的风险、承包商的风险以及可以补偿事件的处理方法。当任何一方觉察到有影响工期、成本和质量的问题时，均有权要求参加“早期预警”会议，以提出建议、采取措施，共同努力来避免或减少损失。

（2）灾难计划。灾难计划是一组事先编制好的、目的明确的工作程序和具体措施，为现场人员提供明确的行动指南，使其在灾难性的风险事件发生后，不至于惊慌失措，也不需要临时讨论研究应对措施，可以做到从容不迫、及时妥善地处理风险事故，从而减少人员伤亡以及财产和经济损失。灾难计划是针对灾难性风险事件制定的，其内容应满足以下要求：安全撤离现场人员；援救及处理伤亡人员；控制事故的进一步发展，最大限度地减少资产和环境损害；保证受影响区域的安全，尽快恢复正常。灾难计划在灾难性风险事件发生或即将发生时付诸实施。

（3）应急计划。应急计划就是事先准备好若干种替代计划方案，当遇到某些风险事件时，能够根据应急预案对项目原有计划的范围和内容做出及时的调整，使中断的项目能够尽快全面恢复，并减少进一步的损失，使其影响程度减到最小。应急计划不仅要制定所要采取的相应措施，而且要规定不同工作部门相应的职责，应急计划包括的内容有：调整整个项目的实施进度计划、材料与设备的采购计划、供应计划；全面审查可使用的资金情况；准备保险索赔依据；确定保险索赔的额度；起草保险索赔报告；必要时需调整筹资计划等。

4. 风险转移

风险转移是进行风险管理的一个十分重要的手段，当有些风险无法回避，必须直接面对，而以自身的承受能力又无法有效地承担时，风险转移就是一种十分有效的选择。应注意的是，风险转移是通过某种方式将某些风险的后果连同应对的权利和责任转移给他人。转移的本身并不能消除风险，只是将风险管理的责任和可能从该风险管理中所能获得的利益移交给了他人，项目管理者不再直接面对被转移的风险。

3.7 PPP 项目风险管理失败案例分析

从 PPP 模式在我国的正式推广开始，国内已经实施了很多成功的 PPP 项目，但是也不可否认，由于 PPP 是一种新生事物，PPP 项目实施双方普遍缺乏经验，PPP 在我国的应用也遇到了诸多实际问题，有许多项目遇到了较大问题甚至失败。PPP 项目操作成功的经验固然重要，但从失败中得到教训更能使我们进步。本节将通过对过去中国 PPP 项目中失败或出现问题（下文简称为失败）的 16 个典型案例进行重点分析，找出导致他们失败的主要风险因素，对其产生的原因和内在规律进行深入分析，并就风险规避和管理提出建议。

1. 案例的选取

本节选取了在中国实施的 PPP 项目中 16 个失败的案例，这些项目主要涉及高速公路、桥梁、隧道、供水、污水处理和电厂等领域，基本涵盖了我国实行 PPP 模式的主流领域。

表 3.1 PPP 失败案例情况

案例编号	项目名称	出现的问题
1	江苏某污水处理厂	2002~2003 年出现谈判延误、融资失败
2	长春汇津污水处理	2005 年政府回购
3	上海大场水厂	2004 年政府回购
4	北京第十水厂	Anglian 从北京第十水厂项目中撤出
5	湖南某电厂	没收保函，项目彻底失败
6	天津双港垃圾焚烧发电厂	政府所承诺补贴数量没有明确定义
7	青岛威立雅污水处理项目	重新谈判
8	杭州湾跨海大桥	出现竞争性项目
9	鑫远闽江四桥	2004 年走上仲裁
10	山东中华发电项目	2002 年开始收费降低，收益减少
11	廉江中法供水厂	1999 年开始闲置至今，谈判无果
12	福建泉州刺桐大桥	出现竞争性项目，运营困难
13	汤逊湖污水处理厂	2004 年整体移交
14	延安东路隧道	2002 年政府回购
15	沈阳第九水厂	2000 年变更合同
16	北京京通公路	运营初期收益不足

2. 项目失败的主要风险

通过对 16 个案例失败原因的汇总分析，可以发现中国 PPP 项目的失败主要是由以下风险造成的：

（1）法律变更风险

主要是指由于采纳、颁布、修订、重新诠释法律或规定而导致项目的合法性、市场需求、产品 / 服务收费、合同协议的有效性等元素发生变化，从而对项目的正常建设和运营带来损害，甚至直接导致项目的中止和失败的风险。PPP 项目涉及的法律法规比较多，加之我国 PPP 项目还处在起步阶段，相应的法律法规不够健全，很容易出现这方面的风险。例如江苏某污水处理厂采用 BOT 融资模式，原先计划于 2002 年开工，但由于 2002 年 9 月《国务院办公厅关于妥善处理现有保证外方投资固定回报项目有关问题的通知》的颁布，项目公司被迫与政府重新就投资回报率进行谈判。上海的大场水厂和延安东路隧道也遇到了同样的问题，均被政府回购。

（2）审批延误风险

主要指由于项目的审批程序过于复杂，花费时间过长和成本过高，且批准之后，对项目的性质和规模进行必要商业调整非常困难，给项目正常运作带来威胁。比如某些行业里一直存在成本价格倒挂现象，当市场化引入外资或民营资本后，都需要通过提价来实现预期收益。而根据我国《价格法》和《政府价格决策听证办法》规定，公用事业价格等政府指导价、政府定价，应当建立听证会制度，征求消费者、经营者和有关方面的意见，论证其必要性、可行性，这一复杂的过程很容易造成审批延误的问题。以城市水业为例，水价低于成本的状况表明水价上涨势在必行，但是各地的水价改革均遭到不同程度的公众阻力和审批延误问题。例如，2003 年的南京水价上涨方案在听证会上未获通过，上海人大代表也提出反对水价上涨的提案，造成上海水价改革措施迟迟无法落实实施，因此出现了外国水务公司从中国市场撤出的现象。比较引人注目的是，泰晤士水务出售了其大场水厂的股份，Anglian 从北京第十水厂项目中撤出。

（3）政治决策失误及决策冗长风险

是指由于政府的决策程序不规范、官僚作风、缺乏 PPP 的运作经验和能力、前期准备不足和信息不对称等造成项目决策失误和过程冗长。例如青岛威立雅污水处理项目由于当地政府对 PPP 的理解和认识有限，政府对项目态度的频繁转变导致项目合同谈判时间很长，而且污水处理价格是在政府对市场价格和相关结构不了解的情况下签订，价格较高，后来政府了解以后又重新要求谈判降低价格。此项目中项目公司利用政府知识缺陷和错误决策签订不平等协议，从而引起后续谈判拖延，面临政府决策冗长的困境。像类似的在大场水厂、北京第十水厂和廉江中法供水厂项目中也存在同样问题。

（4）公众反对风险

主要是指由于各种原因导致公众利益得不到保护或受损，从而引起政治甚至公众反对项目建设所造成的风险。例如大场水厂和北京第十水厂的水价问题，由于关系到公众利益，而遭到来自公众的阻力，政府为了维护社会安定和公众利益也反对涨价。

（5）政府信用风险

是指政府不履行或拒绝履行合同约定的责任和义务而给项目带来直接或间接的危害。例如在长春汇津污水处理厂项目中，汇津公司与长春市排水公司于 2000 年 3 月签署《合作企业合同》，设立长春汇津污水处理有限公司，同年长春市政府制定《长春汇津污水处理专营管理办法》。2000 年底，项目投产后合作运行正常。然而，从 2002 年年中开始，排水公司开始拖欠合作公司污水处理费，长春市政府于2003年2月28日废止了《管理办法》，2003 年 3 月起，排水公司开始停止向合作企业支付任何污水处理费。经过近两年的法律纠纷，2005 年 8 月最终以长春市政府回购而结束。再比如在廉江中法供水厂项目中，双方签订的《合作经营廉江中法供水有限公司合同》，履行合同期为 30 年。合同有几个关键的不合理问题：问题一，水量问题。合同约定廉江自来水公司在水厂投产的第一年每日购水量不得少于 6 万立方米，且不断递增。而当年廉江市的消耗量约为 2 万立方米，巨大的量差使得合同履行失去了现实的可能性；问题二，水价问题。合同规定起始水价为 1.25 元人民币，水价随物价指数、银行汇率的提高而递增。而廉江市每立方米水均价为 1.20 元，此价格自 1999 年 5 月 1 日起执行至今未变。脱离实际的合同使得廉江市政府和自来水公司不可能履行合同义务，该水厂被迫闲置，谈判结果至今未有定论 。除此之外，遇到政府信用风险的还有江苏某污水处理厂、长春汇津污水处理和湖南某电厂等项目。

（6）不可抗力风险

是指合同一方无法控制，在签订合同前无法合理防范，情况发生时，又无法回避或克服的事件或情况，如自然灾害或事故、战争、禁运等。例如湖南某电厂于 20 世纪 90 年代中期由原国家计委批准立项，西方某跨国能源投资公司为中标人，项目所在地省政府与该公司签订了特许权协议，项目前期进展良好。但此时某些西方大国 (包括中标公司所在国) 轰炸我驻南斯拉夫大使馆，对中国主权形成了严重的实质上的侵犯。国际政治形势的突变，使得投标人在国际上或中国的融资都变得不可能。项目公司因此最终没能在延长的融资期限内完成融资任务，省政府按照特许权协议规定收回了项目并没收了中标人的投标保函，之后也没有再重新招标，从而导致了外商在本项目的彻底失败。在江苏某污水处理厂项目关于投资回报率的重新谈判中，也因遇到非典中断了项目公司和政府的谈判。

（7）融资风险

是指由于融资结构不合理、金融市场不健全、融资的可行性等因素引起的风险，其中最主要的表现形式是资金筹措困难。PPP 项目的一个特点就是在招标阶段选定中标者之后，政府与中标者先草签特许权协议，中标者要凭草签的特许权协议在规定的融资期限内完成融资，特许权协议才可正式生效。如果在给定的融资期内发展商未能完成融资，将会被取消资格并没收投标保证金。在湖南某电厂的项目中，发展商就因没能完成融资而被没收了投标保函。

（8）市场收益不足风险

是指项目运营后的收益不能满足收回投资或达到预定的收益。例如天津双港垃圾焚烧发电厂项目中，天津市政府提供了许多激励措施，如果由于部分规定原因导致项目收益不足，天津市政府承诺提供补贴。但是政府所承诺补贴数量没有明确定义，项目公司就承担了市场收益不足的风险。另外京通高速公路建成之初，由于相邻的辅路不收费，致使较长一段时间京通高速车流量不足，也出现了项目收益不足的风险。在杭州湾跨海大桥和福建泉州刺桐大桥的项目中也有类似问题。

（9）项目唯一性风险

是指政府或其他投资人新建或改建其他项目，导致对该项目形成实质性的商业竞争而产生的风险。项目唯一性风险出现后往往会带来市场需求变化风险、市场收益风险、信用风险等一系列的后续风险，对项目的影响是非常大的。如杭州湾跨海大桥项目开工未满两年，在相隔 50 公里左右的绍兴市上虞沽渚的绍兴杭州湾大桥已在加紧准备当中，其中一个原因可能是因为当地政府对桥的高资金回报率不满，致使项目面临唯一性风险和收益不足风险。鑫远闽江四桥也有类似的遭遇，福州市政府曾承诺，保证在 9 年之内从南面进出福州市的车辆全部通过收费站，如果因特殊情况不能保证收费，政府出资偿还外商的投资，同时保证每年 18% 的补偿。但是 2004 年 5 月 16 日，福州市二环路三期正式通车，大批车辆绕过闽江四桥收费站，公司收入急剧下降，投资收回无望，而政府又不予兑现回购经营权的承诺，只得走上仲裁庭。该项目中，投资者遭遇了项目唯一性风险及其后续的市场收益不足风险和政府信用风险。福建泉州刺桐大桥项目和京通高速公路的情况也与此类似，都出现了项目唯一性风险，并导致了市场收益不足。

（10）配套设备服务提供风险

指项目相关的基础设施不到位引发的风险。在这方面，汤逊湖污水处理厂项目是一个典型案例。2001 年凯迪公司以 BOT 方式承建汤逊湖污水处理厂项目，建设期两年，经营期 20 年，经营期满后无偿移交给武汉高科（代表市国资委持有国有资产的产权）。但一期工程建成后，配套管网建设、排污费收取等问题迟迟未能解决，导致工厂一直闲置，最终该厂整体移交武汉市水务集团 。

（11）市场需求变化风险

是指排除唯一性风险以外，由于宏观经济、社会环境、人口变化、法律法规调整等其他因素使市场需求变化，导致市场预测与实际需求之间出现差异而产生的风险。例如山东中华发电项目，项目公司于 1997 年成立，计划于 2004 年最终建成。建成后运营较为成功，然而山东电力市场的变化，国内电力体制改革对运营购电协议产生了重大影响。第一是电价问题，1998 年根据原国家计委曾签署的谅解备忘录，中华发电在已建成的石横一期、二期电厂获准了 0.41 元 / 度这一较高的上网电价；而在 2002 年 10 月，菏泽电厂新机组投入运营时，山东省物价局批复的价格是 0.32 元 / 度。这一电价不能满足项目的正常运营；第二是合同中规定的“最低购电量”也受到威胁，2003 年开始，山东省计委将以往中华发电与山东电力集团间的最低购电量 5500 小时减为 5100 小时。由于合同约束，山东电力集团仍须以“计划内电价”购买 5500 小时的电量，价差由山东电力集团自己掏钱填补，这无疑打击了山东电力集团公司购电的积极性 。在杭州湾跨海大桥、闽江四桥、刺桐大桥和京通高速等项目中也存在这一风险。

（12）收费变更风险

是指由于 PPP 产品或服务收费价格过高、过低或者收费调整不弹性、不自由导致项目公司的运营收入不如预期而产生的风险。例如，由于电力体制改革和市场需求变化，山东中华发电项目的电价收费从项目之初的 0.41 元 / 度变更到了 0.32 元 / 度，使项目公司的收益受到严重威胁 。

（13）腐败风险

主要指政府官员或代表采用不合法的影响力要求或索取不合法的财物，

而直接导致项目公司在关系维持方面的成本增加，同时也加大了政府在将来的违约风险。例如由香港汇津公司投资兴建的沈阳第九水厂 BOT 项目，约定的投资回报率为：第 2~4 年，18.50%；第 5~14 年，21%；第 15~20 年，11%。如此高的回报率使得沈阳自来水总公司支付给第九水厂的水价是 2.50 元 / 吨，而沈阳市 1996 年的平均供水价格是 1.40 元 / 吨。到 2000 年，沈阳市自来水总公司亏损高达 2 亿多元。这个亏损额本来应由政府财政填平，但沈阳市已经多年不向自来水公司给予财政补贴了。沈阳市自来水总公司要求更改合同。经过数轮艰苦的谈判，2000 年底，双方将合同变动如下：由沈阳市自来水总公司买回汇津公司在第九水厂所占股权的 50%，投资回报率也降至 14%。这样变动后沈阳自来水厂将来可以少付两个多亿。其实对外商承诺的高回报率在很大程度上与地方官员的腐败联系在一起，在业内，由外商在沈阳投资建设的八个水厂被誉为“沈阳水务黑幕”。

以上为从 16 个案例中总结而来的导致 PPP 项目失败的主要风险，从对这些风险和案例的描述中也可以看出，一个项目的失败往往不是单一风险作用的结果，而是表现为多个风险的组合作用。

表 3.2　导致我国 PPP 项目失败的主要风险因素

风险 \ 案例编号	1	2	3	4	5	6	7	8	9	10	11	12	13	14	15	16
法律变更	√		√											√		
审批延误				√												
政治决策失误 / 冗长				√			√				√					
政治反对				√												
政府信用	√	√			√	√	√		√	√	√				√	
不可抗力	√				√											
融资					√											
市场收益不足						√		√				√				√
项目唯一性								√	√			√				√
配套设备服务提供													√			
市场需求变化								√	√	√		√				√
收费变更										√						
腐败															√	

3. 风险分析

PPP 项目的风险管理非常复杂，通过对前面所归纳风险的深入分析，可以看到导致中国 PPP 项目失败的风险存在以下规律和特点：

（1）导致 PPP 项目失败的风险因素虽然复杂多样，但是这些风险之间具有关联性，有些风险是起因，可以导致后续一系列的风险，例如腐败导致过高承诺，最终产生政府信用风险，项目唯一性、市场需求变化等风险会导致市场收益不足等等。

（2）政府信用风险是出现频率较高的一类风险因素，这并不代表我国政府缺乏信用，而是由多方面的原因造成的。

第一，由于政府信用风险是一种结果性风险，多种风险均会导致政府信用风险的产生。如图 3.1 所示。

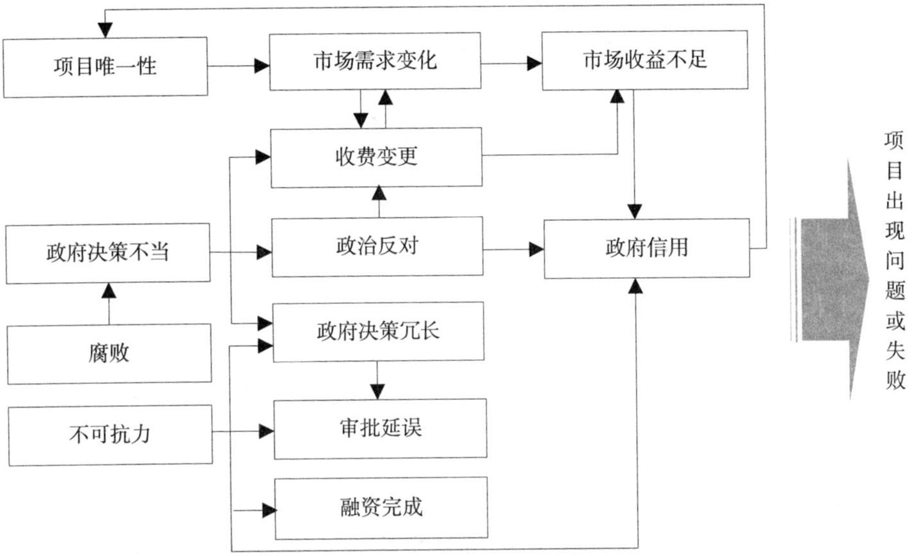

图 3.1

第二，由于 PPP 项目大多都是基础设施项目，这些项目与公众利益、国计民生密切相关，特别是收费、环保等敏感问题备受关注，合同中如果有触动公众利益的地方，定会导致公众反对，政府迫于压力也无法兑现原有的承诺，产生政府信用风险。

第三，某些地方政府官员为了提升政绩，在短期利益的驱使下，做出与整体利益和长远利益不相符的决策，一旦中央政府发现或者地方政府换届，项目就会被清理，面临信用风险。

第四，国际形势的变化以及战争、灾害等不可抗力因素也会导致政府信用风险的产生，例如湖南某电厂项目中遇到的情况，这一类的信用风险是政府无法控制和承担的。

第五，政府信用风险是与我国 PPP 项目的发展过程直接相关的。在采用 PPP 模式初期，政府和相关部门对 PPP 项目的理解和认识有限，处在摸索和学习的阶段，而经验丰富的国外发展商出于投机心理利用了我国政府急于招商引资的弱点，在签订的合同中存在大量不平等的内容，例如过高的固定投资回报率，过高的收费标准，过长的特许经营期等等。过高的风险超过了我国公共机构的承受能力，最终产生信用风险。

值得注意的是，随着 PPP 项目在我国的发展，政府信用风险已不是主要风险。我国从 20 世纪 80 年代开始实行 BOT 项目，刚开始由于种种原因，产生了一些信用风险。但是随着几十年的实践，我国政府对 PPP/BOT 的了解越来越深入，并表示出鼓励支持和引导民营资本参与基础设施建设的积极态度，政府信用风险在中国的严重性排名大幅下降，而且标准普尔公司也在逐年上调对中国政府的信用评级，这也可以作为中国政府信用风险逐渐减弱的另一个有力证据。

4. 建议：

在今后的 PPP 项目中，政府及社会资本可采取以下措施来应对前面所提到的风险：

（1）政府与社会资本都要进行充分的市场调查，做好市场预测工作。社会资本不要将政府的承诺作为市场的实际需求，如果政府承诺偏离实际市场需求将会产生守信风险。政府也要独立地进行市场的调查工作，不要盲目接受社会资本的市场预测，应掌握准确的决策信息。

（2）政府应加强对 PPP 知识的学习，做好有关 PPP 项目的法律规制与政策支持工作，创造良好的投融资环境和稳定的政治环境。并且建立完善科学的决策机制，必要时聘请专业的咨询机构提供决策支持，弥补对专业知识的欠缺。政府部门可采用建立收费调价机制、退出接管机制以及持有股份等手段来保证公共服务的质量和特殊情况下对基础设施的控制权；对于与公众利益密切相关的问题应进行公示，使公众享有知情权和参与决策的权力；另外在合同签订中应特别注意不能提供固定投资回报率之类的承诺或担保。

（3）社会资本不要抱有投机心理，试图利用政府部门缺乏专业知识的弱点签订不平等的合同，显失公平的合同在以后的执行过程中很容易造成政府出现信用风险。另外更不可利用极少数官员的腐败，采用贿赂手段牟取暴利，当这些领导换届或受到法律制裁之后，项目也会面临失败的风险。社会资本应维持与政府的良好关系，保持项目与企业的良好形象，获得公众的认可，或者采用与政府公司合作、寻求担保或投保政治险等方法来应对政治风险。

（4）在风险的分担方面，应建立公平合理的风险分担机制。对于政治风险、法律变更和配套设施服务方面的风险，政府部门的控制力强于社会资本，应由政府部门承担。融资风险、市场风险等，项目公司更有控制力，而且与其收益相关，应由项目公司承担。不可抗力风险由于各方均没有控制能力，所以应由各利益相关方通过设计有关机制（如调价、可变特许期、缓冲基金等）共同共担。

4. PPP 物有所值评价研究

4.1 物有所值概念

物有所值的英文是 Value for Money，缩写为 VFM，VFM 是在满足公共需求条件下，全生命周期成本、风险、期限和质量的最优集合，也是决定采购是否选用 PPP 模式的重要考虑因素，对公共部门来说非常重要。它包括定性和定量评价，涵盖采购计划中的所有方面。

英国政府采购中“物有所值”的定义是为了使每一镑的花销都获得最好的结果，不仅关注于最低成本，而是对每一次采购的成本和收益进行评估分析。即指在进行项目采购时，不仅要基于采购时的原始价格分析，而且关注采购产品的整个生命周期，即要求产品从“摇篮到坟墓”的综合成本最低。例如需要考虑其替代成本、维护成本、培训费用、知识产权费用、运输成本、管理成本、处置成本和环保成本等等，只有这样才称得上物有所值。

在英国 PPP 实践中，VFM 评估主要用于可选方案之间的比较和最佳方案的选择，基于以往相似项目的经验数据和信息，比较提供特定公共服务采用的不同模式所获取的潜在收益，选择能够提供最大的 VFM 的方案作为最终方案。 一个公共项目是应该采用 PPP 模式，还是采用传统经营方式，需要有一个可信的依据，一个相对客观的分析。在决策新建或改扩建基础设施或公共设施的经营模式之前，因为不能评判 PPP 模式提供的公共产品或服务是最佳的，是不能确定是否用 PPP 模式的。“物有所值”理念和评价方法是解决这一问题的重要环节。

英国审计署把物有所值定义为“最优化利用可用资源以获取想要的结果”，它包含三个方面，即节约 (Economy)、效率 (Efficiency) 和效果 (Effectiveness)，“节约”是指谨慎地利用资源，从而节省费用、时间和精力，即所需资源的成本最小化，是从成本角度对投入进行度量；“效率”是指使用较少的成本、时间和精力而提供相同的服务，是生产率的度量，即度量从投入中获得多少产出；“效果”是指使用相同的费用、时间和精力而提供更好的服务或获取更好的回报，是结果的定性和度量，表明项目可否有效地实现预期目标。因而，物有所值即用来衡量投入的资金所获得的效果。多数项目评估方法主要聚焦在效率 (即如何将投入转化为产出) 和效果 (即产出是否足以实现预期的成果)，而物有所值除了强调效率和效果外，还强调投入的成本与效果的关系，判断物有所值的主要标准是相对于成本的效果，即物有所值是投入的成本与获得的效果之间的关系。对于提供产品和服务而言，投入的成本不只是包括在设施建设期所投入的成本，还包括在设施运营维护期所投入的成本；效果不只是产品和服务的数量，还包括产品和服务的质量，如适用性、及时性和便利性等。

PPP 范畴下的物有所值主要是一个相对概念，需要将 PPP 模式与政府传统采购模式进行比较。假设两种采购模式的效果相同，则比较投入的多少就可以判断哪种模式更能实现物有所值；如果假设两种采购模式的投入相同，则比较所获效果的好坏就可以判断哪种模式更物有所值。

4.2 物有所值评价框架

在各国和地区的物有所值定义中，一般都包含定量因素，可以用货币量化，如成本、价格等；多数定义还包含定性因素，难以用货币衡量，如质量、资源利用、适用性、及时性、便利性、创新、竞争等。对这些因素进行评估，需要一定程度的判断和定性、定量分析。因此，物有所值评价包括定性评价和定量评价。澳大利亚基础设施中心在《国家 PPP 指南概述》中认为，一个完整的物有所值评价在定量评价的同时需要考虑定性因素。

鉴于物有所值评价是政府进行 PPP 决策的有力工具，谨慎和全面准备物有所值非常重要。为了保持其有效性，物有所值评价启动后就应首先制定详细的产出说明，明确产出和服务交付的规格要求，并定义一个由政府采用传统采购模式实施、所提供服务符合产出说明规格要求的参照项目。然后，进行物有所值定性评价和定量评价。无论是定性还是定量评价，都应包含项目风险评价。

物有所值定性评价通常着眼于难以用货币衡量的因素，理性检查一个项目是否适合采用 PPP。国际上普遍认为物有所值定性评价很重要，但目前没有统一的标准的评价框架和程序，一般是通过分析和回答一系列问题来定性判断。

物有所值定量评价主要是通过对 PPP 项目全生命周期内政府支出成本的现值与公共部门比较值进行比较，确定一个明确的物有所值量值。定量评价的主要步骤如下：

（1）制定公共部门比较值（PSC）；

（2）制定影子报价（PPPs），用来表示 PPP 项目全生命周期内政府支出成本的现值；

（3）计算公共部门比较值与影子报价之差，如果影子报价低于公共部门比较值，则物有所值，说明拟采用 PPP 的项目通过了物有所值定量评价。

物有所值定量评价还可以在项目采购和执行等阶段开展。在采购阶段，将公共部门比较值（PSC）与社会资本的实际报价和政府的自留风险承担成本之和（PPPa）进行比较。如果各个社会资本的实际报价和政府的自留风险承担成本之和均高于公共部门比较值，那么可能需要终止 PPP 采购，转为采用政府传统采购模式。在项目执行阶段，定量评价就是持续对公共部门比较值与 PPP 项目实际成本进行比较。物有所值的框架图，如图 4.1 所示。

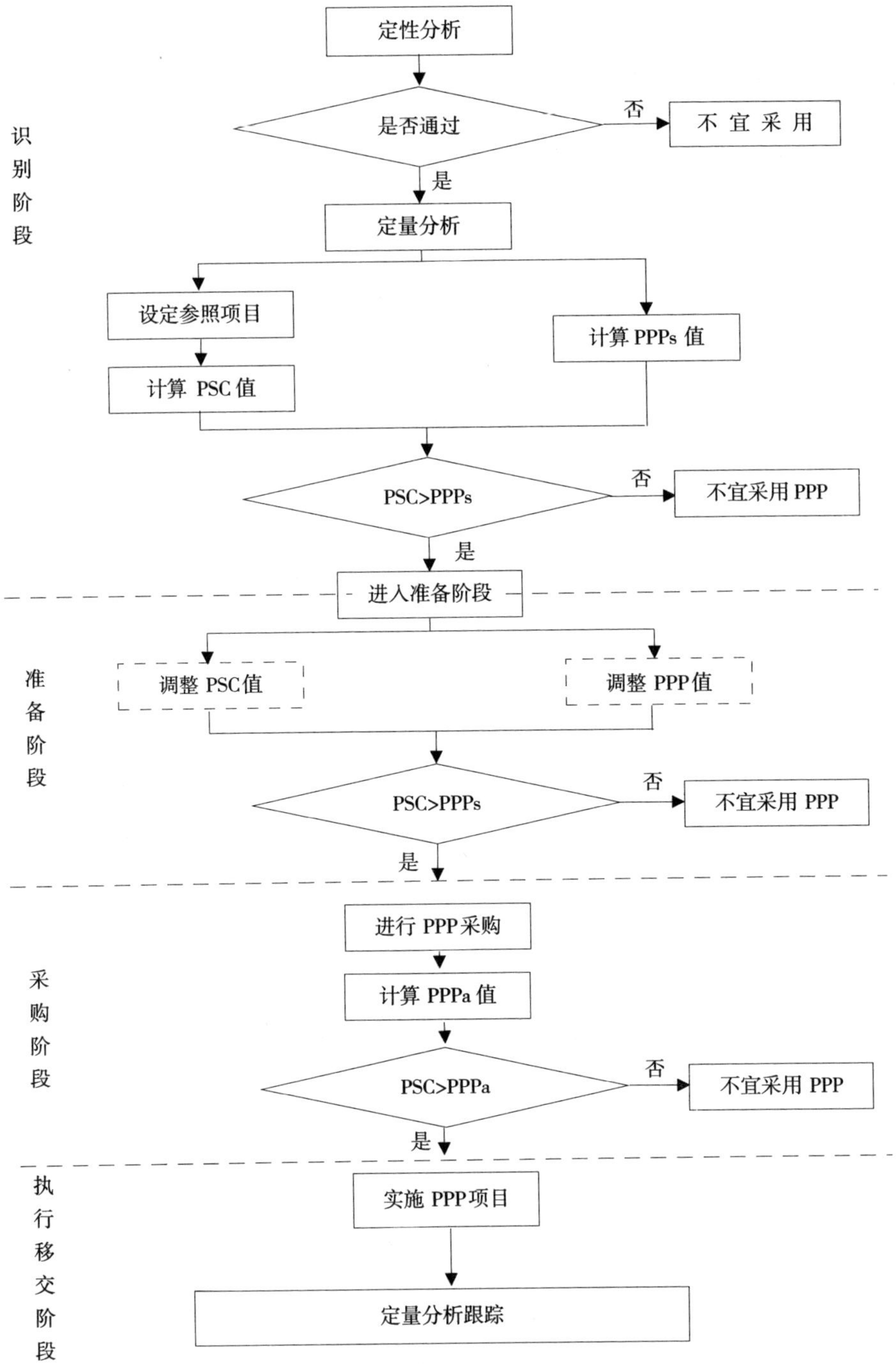

图 4.1　物有所值评价基本框架

4.3 物有所值评价的局限性

4.3.1 运用 PPP 的其他动机

亚洲开发银行在《PPP 手册》中认为，政府部门在基础设施建设中采用 PPP 模式的主要动机包括：一是吸引社会资本投资，通常是为了补充公共资源或将公共资源用于满足其他公共需求；二是提高效率，更有效地利用现有资源；三是通过职能、风险和责任的再分配，推动相关行业的改革。

狭义物有所值评价是对 PPP 模式与政府传统采购模式进行比较，其前提条件是，无论采用哪种模式，项目都会及时实施。假如政府缺乏资金，那么项目采用传统模式要若干年之后才能实施，而采用 PPP 可以立即实施，项目越早投入运营公众就会越早享受其带来的社会效益，获得社会效益的时间价值。可以设想这样一个情景：虽然政府采用传统采购模式比采用 PPP 效率更高，成本更低，但是政府当期缺乏资金，无力实施经济社会发展急需的项目。那么，采用 PPP 模式，引入社会资本，尽早实施项目带来的效益本身将足以超过因采用 PPP 所增加的投入，因而也实现了物有所值。实践中，许多发展中国家因为缺少资金就采用 PPP，并没有进行物有所值评价。

世界银行政府和社会资本合作基础设施咨询基金的资料表明，另一种情况是，最初决定采用 PPP，是项目实施机构（在 PPP 中心的支持下）进行的经验判断，往往不基于任何特定方法，尽管这一决定可能受随后的物有所值验证的影响，但经验丰富的从业者“知道什么构成一个好的 PPP 项目”。例如，在智利，在采购过程的较晚阶段才由财政部进行物有所值评价，以作为 PPP 或政府传统采购模式的财务成本评估，并视之为对项目实施机构早前决定项目采用 PPP 模式的一种“敏感检查”。

4.3.2 定性定量两阶段评价的缺陷

无论是定性还是定量，事前的物有所值评价总是基于预期，因为关于项目实施效果的信息只能在事后获得。因此，在一个 PPP 项目的开发过程中物有所值评价经常会出现折中情况：在早期阶段，信息的可用性与准确性之间存在折中；在过程的后期，分析结果有时“难以改变采购路径”，进而也会出现折中。许多国家进行迭代分析：通常在过程的早期进行定性评价，后期进行定量评价。例如，美国弗吉尼亚州运输局的 PPP 机构对所有拟采用 PPP 的项目进行先定性后定量的两阶段评价。然而，这种两阶段做法也存在一个潜在的问题：在筛选的后期进行定量评价时，由于此时改变采购方法将会成本高昂，因此产生了利用定量评价“提供正确结果”的推力，这样，定量评价可能变成合理化先前决定的工具，而不再是实际决策的工具。

4.4 物有所值定性评价方法

国外实践中，物有所值定性评价主要有两种做法。一种是以英国为代表，制定定性评价问题清单，通过先逐项分析、后综合判断的方式评价项目是否适合采用 PPP；另一种是以加拿大为代表，对照制定的定性标准和计分方法，评估和比较不同采购模式。

根据我国国内的实际情况，对于拟采用 PPP 模式实施的项目，应在项目识别或准备阶段开展物有所值评价。其中，在定性评价方面，具体做法一般会采取专家打分的方式来进行。主要包括确定定性分析指标、组成专家小组、召开专家小组会议和做出定性分析结论等。

4.4.1 确定定性分析指标

六项基本评价指标包括全生命周期整合程度、风险识别与分配、绩效导向与鼓励创新、潜在竞争程度、政府机构能力、可融资性等。

全生命周期整合程度指标主要考核在项目全生命周期内，项目设计、投融资、建造、运营和维护等环节能否实现长期、充分整合。

风险识别与分配指标主要考核在项目全生命周期内，各风险因素是否得到充分识别并在政府和社会资本之间进行合理分配。

绩效导向与鼓励创新指标主要考核是否建立以基础设施及公共服务供给数量、质量和效率为导向的绩效标准和监管机制，是否落实节能环保、支持本国产业等政府采购政策，能否鼓励社会资本创新。

潜在竞争程度指标主要考核项目内容对社会资本参与竞争的吸引力。

政府机构能力指标主要考核政府转变职能、优化服务、依法履约、行政监管和项目执行管理等能力。

可融资性指标主要考核项目的市场融资能力。

补充评价指标主要是六项基本评价指标未涵盖的其他影响因素，包括项目规模大小、预期使用寿命长短、主要固定资产种类、全生命周期成本测算准确性、运营收入增长潜力、行业示范性等。

在各项评价指标中，六项基本评价指标权重为 80%，其中任一指标权重一般不超过 20%；补充评价指标权重为 20%，其中任一指标权重一般不超过 10%。

每项指标评分分为五个等级，即有利、较有利、一般、较不利、不利，对应分值分别为 100~81、80~61、60~41、40~21、20~0 分。

4.4.2 组成专家小组

项目实施机构选取相关领域专家，组成专家小组，并确定组长。专家小组应包括财政、资产评估、会计、金融等经济方面专家，以及行业、工程技术、项目管理和法律方面专家等。

4.4.3 召开专家小组会议

项目实施机构组织召开专家小组会议。专家小组会议基本程序如下：

第一，专家在充分讨论项目情况后，对照评分参考标准，按指标对项目进行评分，填入专家评分表并签名；

第二，针对每个指标求专家评分的总分，然后计算每个指标对应的平均分，再对平均分按照指标权重计算加权分，得到评分结果；

第三，形成专家小组意见。

4.4.4 做出定性分析结论

项目实施机构根据评分结果和专家小组意见，做出定性分析结论。原则上，评分结果在 60 分（含）以上的，项目通过物有所值定性分析；否则，项目不宜采用 PPP 模式。

表 4.1　PPP 项目物有所值定性分析专家评分表

指标		权重	评分
基本指标	①全生命周期整合程度		
	②风险识别与分配		
	③绩效导向与鼓励创新		
	④潜在竞争程度		
	⑤政府机构能力		
	⑥可融资性		
	基本指标小计	80%	——
补充评价指标			
	补充评价指标小计	20%	——
合计		100%	——
专家签字： 年　月　日			

表 4.2　PPP 项目物有所值定性分析评分参考标准

编号	指标	评分参考标准
1	全生命周期整合潜力	● 81~100 项目资料表明，设计、融资、建造和全部运营、维护到将整合到一个合同中；对于存量项目采用 PPP 模式，至少有融资和全部运营、维护整合到一个合同中。 ● 61~80 项目资料表明，设计、融资和建造以及核心服务或大部分非核心服务的运营、维护将整合到一个合同中；对于存量项目采用 PPP 模式，至少有融资和核心服务到大部分非核心服务的运营、维护将整合到一个合同中。 ● 41~60 项目资料表明，设计、融资、建造和维护等将整合到一个合同中，但不包括运营；或融资、建造、运营和维护等将整合到一个合同中，但不包括设计；对于存量项目采用 PPP 模式，仅运营和维护将整合到一个合同中。 ● 21~40 项目资料表明，融资、建造和维护等将整合到一个合同中，但不包括设计和运营。 ● 0~20 项目资料表明，设计、融资、建造等三个或其中更少的环节将整合到一个合同中。
2	风险识别与分配	● 81~100 项目资料表明，已进行较为深入的风险识别工作，预计其中的绝大部分风险或全部主要风险将在政府与社会资本合作方之间明确和合理分配。 ● 61~80 项目资料表明，已进行较为深入的风险识别工作，预计其中的大部分主要风险可以在政府与社会资本合作方之间明确和合理分配。 ● 41~60 项目资料表明，已进行初步的风险识别工作，预计这些风险可以在政府与社会资本合作方之间明确和合理分配。 ● 21~40 项目资料表明，已进行初步的风险识别工作，预计这些风险难以在政府与社会资本合作方之间明确和合理分配。 ● 0~20 项目资料表明，尚未开展风险识别工作，或没有清晰识别风险。
3	绩效导向与鼓励创新	● 81~100 绝大部分绩效指标符合项目具体情况，全面合理，清晰明确。项目产出说明提出了较为全面、清晰和可测量的产出规格要求，没有对如何交付提出要求。 ● 61~80 大部分绩效指标符合项目具体情况，全面合理，清晰明确。项目的产出规格要求较为全面、清晰和可测量，并对如何交付提出了少量要求。 ● 41~60 绩效指标比较符合项目具体情况，但不够全面和清晰明确，缺乏部分关键绩效指标。项目的产出规格要求不够全面、清晰和可测量，并对如何交付提出了少量要求。 ● 21~40 已设置的绩效指标比较符合项目具体情况和明确，但主要关键绩效指标为设置。项目的产出规格要求不够全面、清晰和可测量，并对如何交付提出了较多要求。 ● 0~20 未设置绩效指标或绩效指标不符合项目具体情况，不合理、不明确。项目的产出说明基本上没有明确产出规格要求，或主要对如何交付进行了要求。

续表

编号	指标	评分参考标准
4	潜在竞争程度	● 81~100 项目将引起社会资本（或其联合体）之间竞争的潜力大且已存在明显的证据或迹象，例如参与项目推介会的行业领先的国内外企业数量较多。 ● 61~80 项目将引起社会资本（或其联合体）之间竞争的潜力较大，预期后续通过采取措施可进一步提高竞争程度。 ● 41~60 项目将引起社会资本（或其联合体）之间竞争的潜力一般，预期后续通过采取措施可提高竞争程度。 ● 21~40 项目将引起社会资本（或其联合体）之间竞争的潜力较小，预期后续通过采取措施有可能提高竞争程度。 ● 0~20 项目将引起社会资本（或其联合体）之间竞争的潜力小，预期后续不大可能提高竞争程度。
5	政府机构能力	● 81~100 政府具备较为全面、清晰的 PPP 理念，且本项目相关政府部门及机构具有较强的 PPP 能力。 ● 61~80 政府的 PPP 理念一般，但本项目相关政府部门及机构具有较强的 PPP 能力。 ● 41~60 政府的 PPP 理念一般，且本项目相关政府部门及机构的 PPP 能力一般。 ● 21~40 政府的 PPP 理念较欠缺，且本项目相关政府部门及机构的 PPP 能力较欠缺且不易较快获得。 ● 0~20 政府的 PPP 理念欠缺，且本项目相关政府部门及机构的 PPP 能力欠缺且难以获得。
6	可融资性	● 81~100 预计项目对金融机构的吸引力很高，或已有具备强劲实力的金融机构明确表达了对项目的兴趣。 ● 61~80 预计项目对金融机构的吸引力较高。 ● 41~60 预计项目对金融机构的吸引力一般，通过后续进一步准备，可提高吸引力。 ● 21~40 预计项目对金融机构的吸引力较差，通过后续进一步准备，可提高吸引力。 ● 0~20 预计项目对金融机构的吸引力很差。
7	项目规模大小	● 81~100 新建项目的投资或存量项目的资产公允价值在 10 亿元以上。 ● 61~80 新建项目的投资或存量项目的资产公允价值介于 2 亿到 10 亿元之间。 ● 41~60 新建项目的投资或存量项目的资产公允价值介于 1 亿到 2 亿元之间。 ● 21~40 新建项目的投资或存量项目的资产公允价值介于 5000 万元到 1 亿元之间。 ● 0~20 新建项目的投资或存量项目的资产公允价值小于 5000 万元。 （注：可根据具体项目的类型、所在地区等因素重新设定金额大小。）

续表

8	项目预期使用寿命	● 81~100 资产的预期使用寿命大于 40 年。 ● 61~80 资产的预期使用寿命为 31~40 年。 ● 41~60 资产的预期使用寿命为 21~30 年。 ● 21~40 资产的预期使用寿命为 11~20 年。 ● 0~20 资产的预期使用寿命小于 10 年。
9	项目固定资产种类	● 81~100 项目的资产种类在三个以上。 ● 61~80 项目是两类较复杂或技术要求较高资产的组合。 ● 41~60 项目是两类中等复杂程度资产的组合，或者是若干个同类资产打包项目。 ● 21~40 项目是两类复杂程度较低资产的组合，或者项目是一个较为复杂的资产。 ● 0~20 项目只包括一个较为简单的资产。
10	全生命周期成本测算准确性	● 81~100 项目相关信息表明，项目的全生命周期成本已被很好的理解和认识，并且被准确预估的可能性很大。 ● 61~80 项目相关信息表明，项目的全生命周期成本已被较好的理解和认识，并且被准确预估的可能性较大。 ● 41~60 项目相关信息表明，项目的全生命周期成本已被较好的理解和认识，但尚无法确定能否被准确预估。 ● 21~40 项目相关信息表明，项目的全生命周期成本理解和认识还不够全面清晰。 ● 0~20 项目相关信息表明，项目的全生命周期成本基本上没有得到理解和认识。
11	资产利用及收益	● 81~100 预计社会资本在满足公共需求的前提下，非常有可能充分利用资产增加额外收入。 ● 61~80 预计社会资本在满足公共需求的前提下，较有可能充分利用资产增加额外收入。 ● 41~60 预计社会资本在满足公共需求的前提下，利用项目资产增加额外收入的可能性一般。 ● 21~40 预计社会资本利用项目资产获得额外收入的可能性较小。 ● 0~20 预计社会资本利用项目资产获得额外收入的可能性非常小。

表 4.3　PPP 项目物有所值定性分析评分结果计算表

指标		权重 A	总分 B	平均分 E=B ÷ 专家数	加权分 F=E × A
基本指标	①全生命周期整合程度				
	②风险识别与分配				
	③绩效导向与鼓励创新				
	④潜在竞争程度				
	⑤政府机构能力				
	⑥可融资性				
	基本指标小计	80%	——	——	——

续表

指标		权重 A	总分 B	平均分 E=B ÷ 专家数	加权分 F=E × A
补充评价指标					
	补充评价指标小计	20%	——	——	——
评分结果		100%	——	——	

表 4.4 PPP 项目物有所值定性分析专家意见表

项目名称				
委托单位				
评分结果				
专家小组意见： 组长签名： 年 月 日				
	姓名	单位	专业领域	签名
组长				
专家				
专家				
专家				
专家				
专家				
专家				

4.5 物有所值定量评价方法

4.5.1 物有所值定量分析方法在国外的应用

随着 PPP 项目在世界范围内应用和不断推广，越来越多的国家开始研究应用 PPP 定量分析评价方法。在这些国家所使用的评价体系中，按照是否使用 PSC（公共部门比较值）评价基准分类，可分为设立 PSC 的评价体系和不设立 PSC 的评价体系。目前采用 PSC 的评价体系的国家或地区有英国、加拿大、德国、澳大利亚、日本、荷兰、中国香港和南非等；不采用以 PSC 为基准的评价体系的国家和地区有美国、罗马尼亚、奥地利、比利时、新加坡等。

下面分别以英国、德国和新加坡的定量评价体系为例，对两种评价方法进行分析。

(1)英国

英国是最早在 PFI/PPP 模式下采用 VFM 评价方法国家，也是 VFM 评价体系使用最广泛的国家。1999 年，英国财政部颁布了《VFM 评估指南》来规范 VFM 评价的操作方法，总结如表 4.5 所示。

表 4.5　英国 VFM 评价程序

阶段划分	阶段内容
投资评价	针对整个投资计划，判断在该项目中 PFI 模式是否能够提供最佳的 VFM。
项目评价	在 PFI/PPP 模式下，项目所有可能发生的风险及 PSC 指标设置；如果采用 PFI/PPP 提供的标价大于 PSC，则进入进行采购评价
采购评价	针对项目计划和实施初期的市场信息进行考察并反馈，如投标过程中的交易成本和投标者的融资能力。之后评估风险转移增加的 VFM 和引入竞争所产生的费用。调整后，如果通过采用 PFI/PPP 模式无法提供最佳的 VFM，则应该推迟项目开始时间或返回项目评价阶段重新进行评价。

(2)德国

德国在过去的数十年内一直就是否推行 PPP 模式进行讨论，政府推行的意愿不是很强。2004 年，德国的公共住房机构提交了一份关于 PPP 模式的研究报告，这份报告加强了政府决定成立联邦资质管理委员会（Federal Competence Centre）的决心。第二年，该委员会成立，并大大推动了 PPP 模式在德国的发展和进步。

德国的 PPP 项目流程一般分为四个阶段，分别为项目的初始阶段、前期阶段、招标阶段和执行阶段。如图 4.2 所示，其中，与建立 PSC 有关的是前三阶段，图中用步骤一、二、三标出。

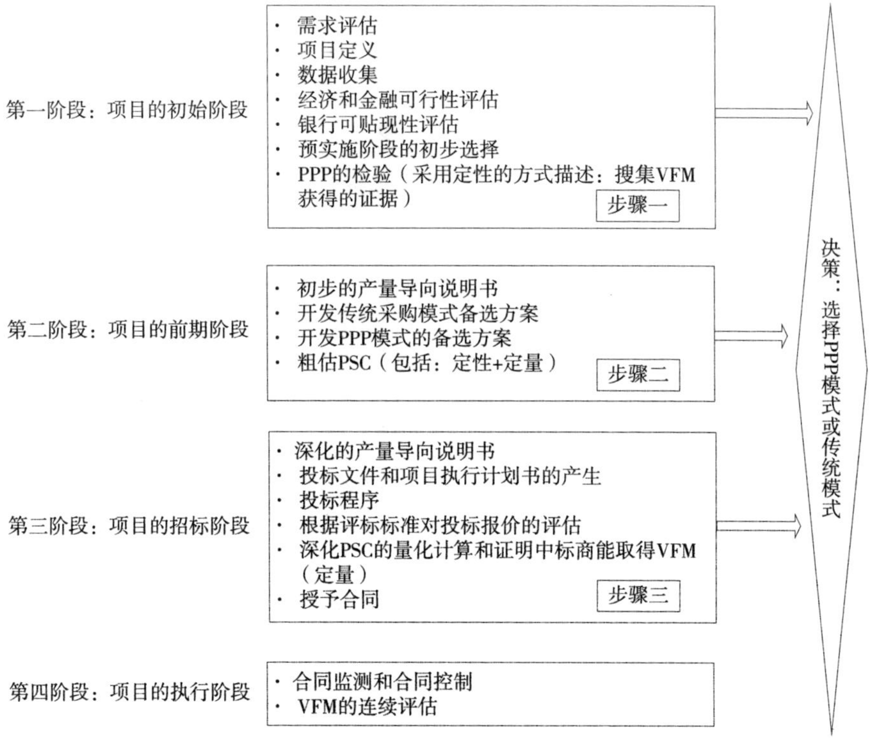

图 4.2　德国 PPP 项目流程

步骤一：PPP 的定性描述，为 VFM 评价提供信息和基础资料；

步骤二：PSC 综合性描述，定量与定性相结合；并且粗略估计 PSC 值；

步骤三：PSC 的精确定量描述和计算，对比中标者的投标报价，分析 VFM 是否可得。

在三个步骤中，每一步都需要对是否应用 PPP 模式进行决策。在任何一步无法得到 VFM，则选择传统经营模式。

（3）新加坡

新加坡几乎所有的市政基础设施项目都是采用 PPP 模式经营的。基于社会资本要比公共部门提供服务更有效率的假设，新加坡一直采用的竞争性谈判方式来获得 VFM。新加坡政府相信，在招投标过程中，社会资本相互之间的竞争会使得报价处于合理水平，因此不设定 PSC 评价体系。PPP 项目采购流程详见图 4.3。

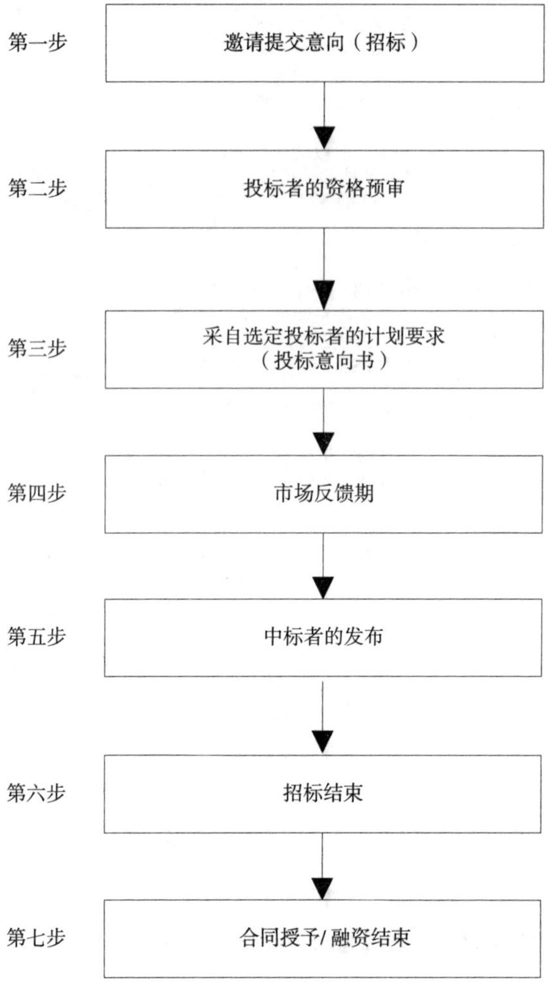

图 4.3　PPP 项目采购流程

新加坡的 VFM 评价方法不仅分析投标价格，而且要求包括非定量的要求。如：美观性、服务质量、社会资本的能力要求和资金周转情况。新加坡的 PPP 项目需要定期审查，来跟踪评价 VFM。审查内容有：PPP 协议是否能够满足政府部门的服务或产出目标，合同能否实现 VFM，合作协议运行情况是否良好，是否存在影响合同实施和 VFM 预期收益的变更的，所有上述因素都要求进行实地考察，并提交报告。

4.5.2 两种定量评价的方法的对比分析

1. 英国和德国以 PSC 为核心的 VFM 评价方法

在英国使用 PSC 近 10 年，该方法受到了不少质疑。如，计算缺乏真实准确的数据，在投资、折现率、风险分担方面假设的过度乐观等。因此，一些国家在引入 PPP 模式时，对英国的 VFM 评价体系做了一定的改进，德国就是其中之一。

在德国的 VFM 评价方法中，对 PSC 的测算是一个由粗到细的过程。允许谈判结果记入 PSC，使 PSC 逐步精细化、准确化。并且在步骤三会根据中标人的情况进行动态调整。而英国在第三阶段，即采购评价阶段，不会对 PSC 做改进和调整，而是把采购发生的费用和风险转移带来的收益直接计入 VFM 中。尽管德国和英国的做法有所区别，但是其核心理念是没有差异的。面对 PSC 评价体系，无论是德国和英国，都不可避免的面对这样的质疑。选择使用 PPP 模式还是传统经营模式是一个复杂的问题，不只应该考虑经济效率，还有很多其他需要考量的因素，如果仅用 PSC 与投标价格的大小来判断项目是否物有所值，评价内容过于单一。

2. 新加坡的竞争性投标方式

竞争性投标方式相比于 PSC 评价体系，其优势在于不需要估算 PSC 而节省了成本。PSC 中的数据，如投资额、风险定量、折现率等很多都带有不确定性，并且存在争议。抛开 PSC 体系可以避免主观因素对项目的决策带来影响，因此一些国家采用竞争性投标方式来提高项目的 VFM。新加坡的 PPP 项目采购流程中，实现 VFM 最重要的时段是市场反馈期。在这一阶段中，投标者们分别与公共部门进行沟通和谈判，不断提出修改初始投标文件的要求和反馈，以提高项目的 VFM。这些信息主要以澄清、建议和备选方案等形式出现。公共部门这段期间也需要根据新的信息修改招标文件，并随时公开发布。最终通过竞争性谈判来决定中标者，而中标者最终的投标文件和之后签订的合作协议也会包含谈判期间修改的部分内容。

尽管该方式具有一定的优势，但是仍无法掩盖存在的缺陷。经过近几年的实践证明，竞争性投标方式由于在决策期间无法公开透明，而且 PPP

项目的谈判期较长，招标人与投标人、投标人之间、招标代理机构和投标人之间的关系很复杂，存在贪污腐败、串标、围标等种种问题，造成整个社会交易成本较高，从而降低了竞争作用在报价上的优势。

4.5.3 物有所值定量分析的主要步骤

物有所值定量分析的主要步骤包括：

（1）根据参照项目计算 PSC 值；

（2）计算 PPP 值；

（3）比较 PSC 值和 PPP 值，计算物有所值量值或指数，得出定量分析结论。

根据我国实际现状，定量分析可使用于项目识别或项目准备阶段。

4.5.4 PSC 的计算

1. PSC 定义和特点

PSC（Public Sector Comparator）可翻译为公共部门比较值，它的主要作用是作为 PPP 项目可否实行的评价依据。PSC 值是指政府采用传统采购模式提供与 PPP 项目产出说明要求相同的基础设施及公共服务的全生命周期成本的净现值。

PSC 值是 PPP 项目物有所值定量分析的比较基准，假设前提是采用政府传统采购模式与 PPP 模式的产出绩效相同。计算 PSC 主要考虑以下因素：一是项目全生命周期内的建设、运营等成本；二是现金流的时间价值；三是竞争性中立调整、风险承担成本等。

PSC 是公共部门根据以往项目的成本数据通过一套完整的计算方法和评估体系获取的数据。它的计算是在一系列的假设条件下产生的。假设包括以下五点：

（1）项目由政府部门融资、拥有和运营；

（2）政府能够使用最有效率的管理和运营手段向公众提供服务或产品；

（3）项目全生命周期的现金流可以准确预测；

（4）项目全生命周期的风险可以准确预测；

（5）计算过程中用到的折现率能准确反映政府在该项目的资金使用成本。

PSC 是通过模拟政府运营项目产生的现金流入、流出情况，使用适当的折现率计算出来的净现值（NPV）。英国 PSC 技术说明中，提出 PSC 具有以下特点：

（1）为了充分发挥其对比作用，PSC 方案能够提供与相应 PPP 方案相同的产品或服务；

（2）PSC 假设公共部门采用传统融资方式，并按照传统的方式持有和经营项目，因此 PSC 的计算是基于公共部门的成本历史数据；

（3）PSC 假设公共部门使用最有效率的方式提供产品或服务，因此在成本和收入数据选取时，要充分考虑效率；

（4）PSC 衡量的生命周期应与 PPP 标书提出的特许权期限一致，否则无法进行比较和评价；

（5）PSC 需要考虑全生命周期的风险成本和收益；

（6）PSC 作为定量评价指标，其中的各种影响因素都通过定量方法计算在内，构成现金流模型，并进行计算。

2.PSC 的组成

PSC 由四部分组成，分别是初始 PSC、竞争中立调整、自留风险和转移风险，如图 4.4 所示。

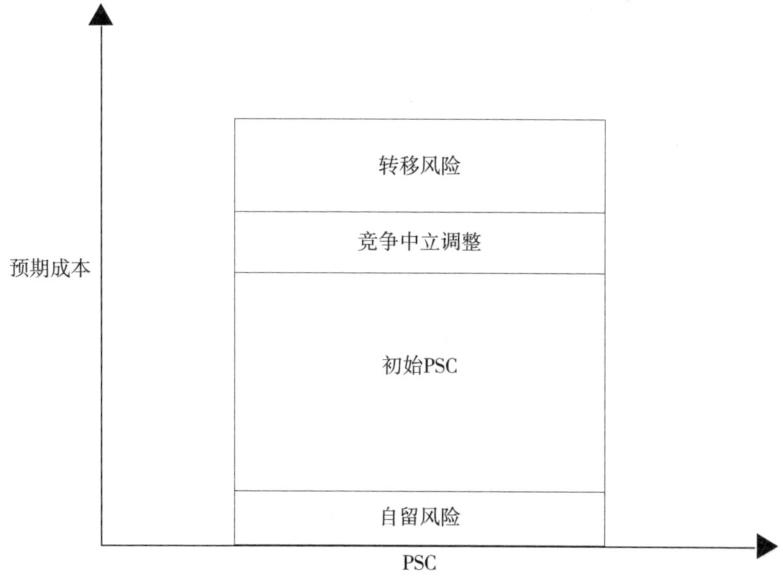

图 4.4　PSC 组成

PSC 是 PPP 项目在提供满足政府要求的产品和服务时全寿命周期成本的加和。其计算公式如下：

PSC= 初始 PSC+ 竞争中立调整 + 转移风险 + 自留风险

初始 PSC 是在政府采购模式下项目的基本造价。包括项目的设计、建设、运营维护和其他一切相关费用。一般来说，初始 PSC 可分为三部分：直接成本、间接成本和第三方收入。

竞争中立调整（Competitive neutrality adjustment）是单纯由于政府运营服务而产生的利或弊，针对这些利弊对成本进行增加或减少的调整。

转移风险是在 PPP 模式下转移给社会资本的风险。这部分风险的成本应该包含在 PSC 之中。在衡量风险是否转移给社会资本的时候，关键要考虑社会资本是否是最合适的风险管理者，能否以最低的成本管理风险。当政府相关部门管理风险的成本高于把风险转移给社会资本需要支付的成本时，这些风险就会转移给社会资本。当风险转移给社会资本的时候，社会资本必然会采取最有效的方法来控制风险带来的成本，从而提高风险管理效率，实现物有所值。

自留风险主要是不宜转移给社会资本的风险，由政府自行承担。尽管无论采用 PPP 还是政府采购模式，这部分费用政府都需要支付，但在各国的 PSC 导则中自留风险所产生的成本都计入 PSC 中。

3. PSC 目的、范围和作用

PSC 的目的是为政府提供一种量化的评价 VFM 的方法，它是基于比较社会资本和政府部门提供的服务水平而产生的。它是政府判断项目是否物有所值的重要工具，其重要性与计量方法的系统性和复杂性有关。

PSC 提供给政府的是一种近似估计方法，评价的基础是假设政府提供的产品或服务与社会资本提供的差异不大，水平相当。为了保证 PSC 的有效性，要求：

（1）在判断 PPP 项目安排的潜在资金价值时采用定量方法；

（2）运用敏感性分析和情景分析来判断基本假设的稳定性和这些因素对 PSC 结果的影响；

（3）为保证评标过程的公正性，PSC 作为比较基准应有充分的灵活来根据新的信息进行调整。PSC 的建立和使用是 PPP 项目前期一个完整的体系。一般在项目初步评估时建立和细化 PSC 系统，它应用于项目市场化前期，早于项目招标书的发布。

应用 PSC 有以下作用：

（1）促进采购过程前期确定项目总成本；

（2）关注于服务标准、风险分担和项目成本综合计算的方法，是前期决策中的关键管理工具，协助采购团队和主管部门管理采购过程；

（3）提供可靠的方法证明采购物有所值；

（4）提供明确的标准和评价工具；

（5）鼓励企业凭借自身对资金精确和谨慎的评估，参与投标竞争。

（6）引导企业评估，提高行业对风险的认识水平和管理水平。

4.PSC 的编制步骤

PSC 作为公共部门比较基准，编制的第一步是要确定项目提供的产品标准或服务标准，之后按照 PSC 的四大组成部分，按初始 PSC、竞争中立调整、转移风险和自留风险的顺序进行识别和计算。其中值得注意的是，不要为了编制的速度而把 PSC 分成几部分分别编制，因为 PSC 的每一部分都是基于上一部分的信息来确定的。例如，在确定初始 PSC 的时候，项目团队需要尽可能准确的估计直接成本和间接成本。如果同时进行风险的识别，因为风险的影响和定量计算都是基于初始 PSC 中的各项成本的，所以在成本没有确定下来的时候，无法确定风险的范围，对风险成本的估算也不会准确。

5. 参考项目（Reference Project）界定

PSC 是对 PPP 项目全寿命周期成本的评估。参考项目意味着在一定产出标准下最有效的交付方式。产出标准描述了即将提供服务的范围和产品性能的要求。

参考项目应该：

（1）假设项目按照传统的政府融资模式运行，反应在相关部门都满意的情况下最可能实现的采购方式。

（2）预期与投标人提供相同水平和质量的服务。

参考项目不需要假设项目范围内的所有工作都由政府部门来做。政府部门交付产品或服务的过程中常常使用服务外包手段完成。例如，很多建设项目政府常常采用交钥匙合同来实现设计和建设过程，还有房屋的清洁、设备的运营维护等其他要求的服务。参考项目应该与 PPP 项目包含的范围一致，尤其是一些核心服务由政府提供的公共服务类项目，以医院为例，在医院 PPP 项目中，医院的核心医疗服务都是由公共部门提供，因此，参考项目应该只包括由社会资本根据 PPP 合同提供的服务。这不意味着核心服务的交付成本被忽视了。在物有所值（VFM）评估中是包括评价投标方案对核心服务交付成本的影响。定义参考项目和建立 PSC 应该基于具体的财务模型，而不是书面演算。相关专家的参与是保证 PSC 准确的重要前提。大多数项目都需要一些技术方面的专家，像建筑师、结构工程师等。这些技术专家同样也会被要求协助确定投标要求中的交付技术标准设定，并参与评标。他们需要了解的不仅仅是相关的专业知识，还需要了解 PPP 项目的特点和交付技术标准的需求，而不是需要投入的资源。在确定了需要的专家范围后，需要尽早地邀请专家参与前期过程。参考项目应该是基于公共部门提供的真实数据的有效评估。参考项目应该有非常全面的说明文件。在公开招标之前，该机构必须完善所有关于交付的细节，其中包括，合同外包的部分；合同类型；内部完成的部分和完成的方式方法。

1）初始 PSC

初始 PSC 代表了政府生产和交付参考项目的基本成本。PSC 是基于现金流的计算，其中考虑到通货膨胀和其他相关的影响因素，进行合理的指数化预测。

图 4.5 提供了计算初始 PSC 的计算步骤。初始 PSC 的计算是一个复杂而严谨的过程，需要对所有成本进行界定和分类，预计可能发生的时间和数额，再进行全面的整理和归纳，最后实现净现值的计算。

初始 PSC 包括直接成本、间接成本和第三方收益。在 PSC 报告中采用的初始 PSC 现金流量表见表 4.5。

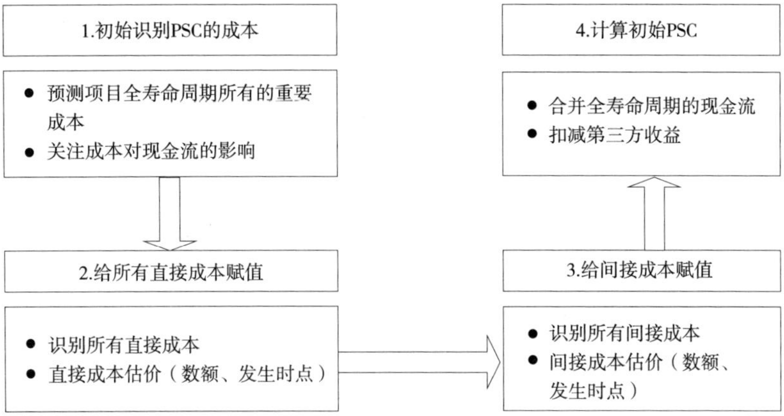

图 4.5　初始 PSC 的计算步骤

表 4.5　初始 PSC 现金流量表

序号	项目		净现值	名义值	0 1 2 … n
1	资本成本				
1.1	直接成本				
1.1.1	项目设计费				
1.1.2	土地转让和开发				
1.1.3	设计、建造合同总价				
1.1.4	咨询费				
1.1.5	厂房和设备获取成本				
1.1.6	现有设施改进				
1.1.7	资产翻新				
1.2	间接成本				
1.2.1	施工管理费				
2					
2.1	维护费用				
2.2	直接运营成本				
2.2.1	材料费				
2.2.2	工资和奖金				
2.2.3	员工福利				

续表

序号	项目		净现值	名义值	0 1 2 … n
2.2.4	水、电费等				
2.2.5	直接管理成本				
2.2.6	保险				
2.3	间接运营成本				
2.3.1	运营管理费				
2.3.2	行政管理费				
2.3.3	间接的资产租赁费				
2.4	第三方收益				

2）直接成本

PSC 中直接成本是指采用政府传统经营模式下最佳方案的直接成本费用，它取决于项目要求服务的种类和交付的方式，一般分为直接资本成本和直接运营维护成本。

直接资本成本是用于公共基础设施项目建设投入的成本。例如，基础设施的建设、购入现有资产等，典型的直接资本成本包括：设计成本、原材料成本、支付给供应商的费用、政府采购程序费用、与项目建设过程相关的咨询公司和专家的费用、厂房和设备费用。

直接资本成本不是投资成本，其最主要的区别在于资产残值的处理和计算。在计算初始 PSC 时，当参考项目中包括了资产处置，则资产处置收益减去处置费用部分需要从初始 PSC 中扣减。如果该资产的所有权属于政府，而且资产使用寿命超过特许经营期后政府可以处置或者保留，则在 PSC 中，资产在特许经营期内没有摊销完的残值部分，应该计入 PSC 中。残值的计算应该根据资产的特性、类似资产的残值估价、市场预期和资产带来的货币收益来确定。直接运营维护费用是维持公共设施在一定水平上正常运转所需要的成本费用。在估算过程中，需要考虑项目全寿命周期的情况，如服务的数量和质量变动所产生的运营成本。直接运营成本一般包括：原材料和燃料动力成本、员工工资福利、设备更新和维护费用、租赁成本、直接管理费用和保险等。

3）间接成本

间接成本是与提供公共服务不直接相关的费用，它包括运营费用中的企业管理需要用到的设施经营成本，如电力、清洁、文具等；电脑设备等；管理费用中行政管理员工工资福利、设施管理费、全项目管理费；资本成本中部分的厂房和设备租赁费、部分的行政办公楼使用费。

4)第三方收入

第三方收入是第三方购买产品或者接受服务所支付的费用，通常指的是基础设施的服务对象。它可以减少政府部门的净成本，在计算初始 PSC 是要从经营成本中扣除。第三方收入是在一定条件下产生的，它要求第三方对资产或服务具有需求、项目达到了政府要求的服务能力、政府允许第三方使用参考项目的资产或者服务。

第三方收入根据项目的类型变化有所不同。例如，高速公路项目大部分可通过收取过路费获得收益，而住房项目实现收益的机会较少。第三方收入必须通过充分的分析和对现实情况的假设，进行深入分析后才能被包括到 PSC 中。

第三方收入 = 单一用户支付费用 × 预计用户数量

无论是费用额还是用户数量都是基于市场预期的，可参考行业平均水平。在收取费用时所产生的收集和管理第三方收入相关的所有费用都会包括在 PSC 中。

5)竞争中立调整

通过竞争中立调整可以排除由于政府部门通过公共关系可以得到的相对社会资本的竞争优势。竞争中立调整可以使得 PSC 与 PPP 报价更加公平的比较，如果不做这样的调整，无法反映政府部门运作项目的真实成本，可能导致错误的采购决策。

竞争中立调整对于不同的项目其包含的内容也不尽相同。应该根据项目的具体情况进行分析。其根本目的是保证 PSC 与 PPP 报价的可比性和一致性，使得物有所值评价更加精确。

竞争中立调整主要体现的是社会资本不具备的政府采购优势，不包括政府与企业成本管理水平不同带来的绩效和效率的差异。公共部门的竞争优势主要体现在税收上，公共部门与社会资本竞争也存在劣势，例如政府传统采购审查力度会加大，公开报告的要求也会提高。

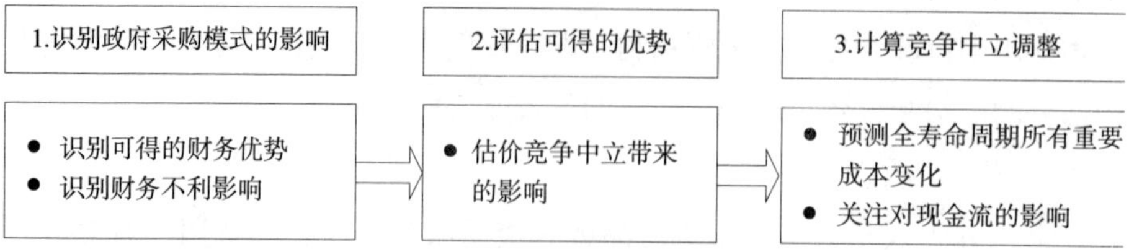

图 4.6 竞争中立调整计算步骤

图 4.6 提供了竞争中立调整的计算步骤。竞争中立调整的第一步是根据相关文件，确定所有需要调整的项目，并根据政策文件和工程的实际情况，确定每项的金额及缴纳时间。

由于初始 PSC 是一个现金流模型，而最终的 PSC 也要求一个现金流模型及折现结果，所以竞争中立调整同样需要采用现金流的模型，即同初始 PSC 的计算一样，确定每个调整项现金流的大小和发生时间，再分别计算每期的现金流量，建立现金流模型，选择折现率，折现得到竞争中立调整的净现值（NPV）。折现率通常参考资本加权平均成本，资本资产定价或无风险利率等确定。 注意区别现金流计算和按照权责发生制的区别，避免混淆。一些对于现金流没有影响的事项，例如资产折旧，不应包括其中。

在 PSC 计算中，表 4.6 列出的政府面临的潜在成本优势与劣势可能会给 PSC 带来调整。

通过上表的细分，竞争中立调整主要有两部分，一部分是由于公有制造成的国家税收义务上的区别，一部分是公有制带来的国家监管成本的差异。 国家税收对于投标者来说是成本增加项，因为政府运作参考项目可能不需要纳税，所以，等价的成本应该被计入 PSC 体系。与 PPP 项目相关的税收主要有土地税、地方政府税金、工资税、印花税。其中产生的成本数额和种类对 PSC 具有重大的影响。国家的法律法规对 PPP 项目的要求与对政府采购项目的要求不同也是竞争中立调整重要的一项。如果参考项目因某种原因免除了法律法规、管理制度或其他重要的要求，竞争中立调整可能会增加。在实际情况中，政府往往面临更多的监督和管理，因此，在考虑该项时往往是从 PSC 中扣减。

表 4.6　政府潜在的优势 / 劣势和 PSC 的调整

潜在优势	成本处理
无需承担资本成本	选择适当的资金成本（折现率）对一定时期的现金流折现
地租免除	判断参考项目所占用的土地是否需要投标人缴纳地租 量化私营部门需要交纳的土地使用税数额 如果所有成本的计算中包括商业租金，则不需要进行调整
地方政府费用免除部分	判断参考项目需要的厂房设施是否需要向地方政府缴纳费用 量化可能发生的地方政府费用的数额 分析交付费用的时间及其对现金流的影响 如果所有成本的计算中包括这部分的商业租金，则不需要进行调整
印花税免除	判断参考项目是否需要缴纳印花税 识别参考项目应纳税的交易以及政府的免税事项 计算参考项目相关的政府免税事项的数额
工资税免除	量化政府预期参考项目投标人应该缴纳的工资税数额和发生时点
企业管理费	计算政府不需要承担的企业管理费，包括人力资源部门、办公场地费、销售和计算机服务

6）风险调整

在 PSC 中，风险反映了在初始 PSC 中假设的基本情况下有额外增加成本或者得到收入的可能性。因此，在 PSC 的构成中，一个全面的、实际的、对所有可量化和物质性的风险的定价是非常必要的。PSC 作为定量的评价体系，是基于现金流模型的计算。因此在风险调整上大量的定性风险无法计入其中。在香港特别行政区 PSC 导则文件中说明，为了得到确定的估价值，PSC 只包含重要风险之中可量化的部分，但是在量化的同时尽量识别并记录与项目相关的所有风险也是需要的。而且一定数量的有关联的小风险集合起来也可能成为重大的风险。在 PSC 的计算过程中，应该将不可量化的风险从 PSC 中剔除，但剔除的原因应当留有相应的记录，PSC 的风险价值是度量公共部门承担所有风险预期所产生的成本。通过风险识别和风险量化的方法，会对 PSC 的结果进行相应调整。风险识别需要在相关专家和有经验的人员协助下实现。参考过去相似项目的资料和数据，对政府传统采购模式建设的项目可能遇到的风险进行识别和复制，从而量化风险。风险调整的计算步骤见图 4.7。

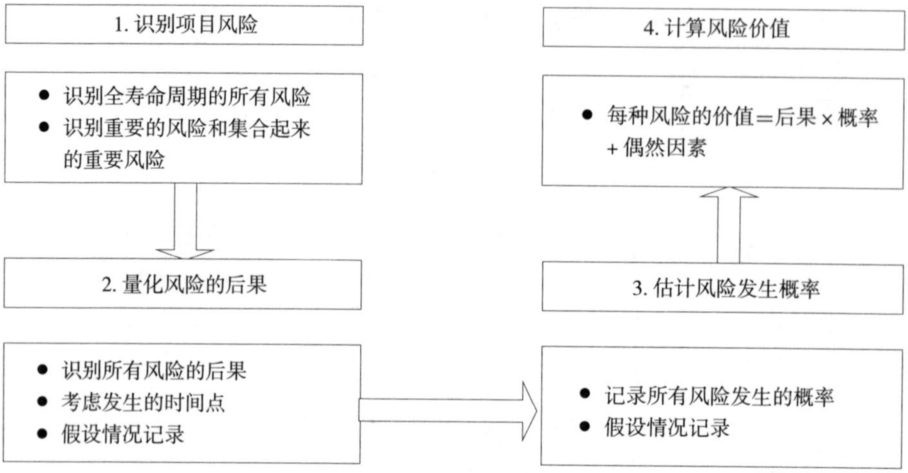

图 4.7　风险调整计算步骤

在对全部的风险进行识别并赋值之后，根据风险的承担主体不同可以将风险分为转移风险和自留风险。

转移风险是在 PPP 模式下准备转移给社会资本的风险，这部分的风险是包括在 PSC 中的。对于政府是否把风险转移给社会资本，评价标准应该以社会资本是否是最有能力控制管理风险的一方，社会资本是否是管理风险成本最低、最有效率的一方来确定风险的转移。当风险转移给社会资本时，社会资本必然会采取最有效、最合理的方式来控制风险带来的成本，从而实现高效管理，实现 PPP 项目的物有所值最大化。

自留风险一般是不合适转移给社会资本的风险，需要由政府自行承担。自留风险应该与转移风险一样列入 PSC 体系，其原因在于，首先计算自留风险的过程也是政府分析自身面临风险的过程，可以更好地帮助政府识别和管理风险。其次，在分析是否采用 PPP 模式时，以往的政府传统采购模式都会面临这部分风险，把自留风险包括进去使 PSC 更加完整。把自留风险计入 PSC，意味着 PSC 不仅仅是招标文件的一个数字，还有了相应的含义，即政府传统采购模式需要支付的所有项目成本。

具体在计算风险承担成本时可结合项目实施方案中的风险分配框架，来识别项目风险，可选用概率法、比例法等方法对风险承担成本进行量化。

a）概率法

概率法通过设定有利、基本、不利、较差、最坏等不同情景下的风险后果值，对每种情景的发生概率进行测算，加权得出风险承担成本。

计算公式如下：

风险承担成本 = Σ（某情景风险后果值 × 某情景发生概率）

概率法情景设定参考示例见表 4.7：

表 4.7　概率法情景设定值

情景假设	风险后果	发生概率
有利	成本节约 5% 以上	5%
基本	成本节约 5%~ 成本超支 5% 以上	10%
不利	成本超支 5~15%	50%
较差	成本超支 15%~25%	25%
最坏	成本超支 25% 以上	10%

根据项目实施方案的风险分配框架评估政府与社会资本的风险分担比例，测算可转移风险承担成本和自留风险承担成本。可转移风险承担成本占项目风险承担成本的比例一般为 70%~85%。

b）比例法

比例法主要是按照项目建设运营成本的一定比例确定风险承担成本，适用于风险后果值和风险概率难以测算的情形。

风险承担成本 = 项目建设运营成本 × 风险承担成本比例

通常风险承担成本不超过项目建设运营成本的 20%。可转移风险承担成本占项目全部风险承担成本的比例一般为 70%~85%。

4.5.5 PPP 值的计算

PPP 值是指政府实施 PPP 项目所承担的全生命周期成本的净现值，主要包括股权投资、运营补贴、风险承担、配套投入等。

股权投资支出责任是指在政府与社会资本共同组建项目公司的情况下，政府承担的股权投资支出责任。如果社会资本单独组建项目公司，政府不承担股权投资支出责任。

股权投资支出应当依据项目资本金要求以及项目公司股权结构合理确定。股权投资支出责任中的土地等实物投入或无形资产投入，应依法进行评估，合理确定价值。计算公式为：

股权投资支出 = 项目资本金 × 政府占项目公司股权比例

运营补贴支出责任是指在项目运营期间，政府承担的直接付费责任。不同付费模式下，政府承担的运营补贴支出责任不同。政府付费模式下，政府承担全部运营补贴支出责任；可行性缺口补助模式下，政府承担部分运营补贴支出责任；使用者付费模式下，政府不承担运营补贴支出责任。

运营补贴支出应当根据项目建设成本、运营成本及利润水平合理确定，并按照不同付费模式分别测算。对政府付费模式的项目，在项目运营补贴期间，政府承担全部直接付费责任。政府每年直接付费数额包括：社会资本方承担的年均建设成本（折算成各年度现值）、年度运营成本和合理利润。计算公式为：

$$\text{当年运营补贴支出数额}=\frac{\text{项目全部建设成本}\times(1+\text{合理利润率})\times(1+\text{年度折现率})n}{\text{财政运营补贴周期（年）}}+\text{年度运营成本}\times(1+\text{合理利润率})$$

对可行性缺口补助模式的项目，在项目运营补贴期间，政府承担部分直接付费责任。政府每年直接付费数额包括：社会资本方承担的年均建设成本（折算成各年度现值）、年度运营成本和合理利润，再减去每年使用者付费的数额。计算公式为：

$$\text{当年运营补贴支出数额}=\frac{\text{项目全部建设成本}\times(1+\text{合理利润率})\times(1+\text{年度折现率})n}{\text{财政运营补贴周期（年）}}+\text{年度运营成本}\times(1+\text{合理利润率})-\text{当年使用者付费数额}$$

n 代表折现年数。财政运营补贴周期指财政提供运营补贴的年数。

年度折现率应考虑财政补贴支出发生年份，并参照同期地方政府债券收益率合理确定。合理利润率应以商业银行中长期贷款利率水平为基准，充分考虑可用性付费、使用量付费、绩效付费的不同情景，结合风险等因素确定。在计算运营补贴支出时，应当充分考虑合理利润率变化对运营补贴支出的影响。PPP 项目实施方案中的定价和调价机制通常与消费物价指数、劳动力市场指数等因素挂钩，会影响运营补贴支出责任。在可行性缺口补助模式下，运营补贴支出责任受到使用者付费数额的影响，而使用者付费的多少因定价和调价机制而变化。在计算运营补贴支出数额时，应当充分考虑定价和调价机制的影响。

风险承担支出责任是指项目实施方案中政府承担风险带来的财政或有支出责任。通常由政府承担的法律风险、政策风险、最低需求风险以及因政府方原因导致项目合同终止等突发情况，会产生财政或有支出责任。

风险承担支出应充分考虑各类风险出现的概率和带来的支出责任，可采用比例法、情景分析法及概率法进行测算。如果 PPP 合同约定保险赔款的第一受益人为政府，则风险承担支出应为扣除该等风险赔款金额的净额。

（1）比例法。在各类风险支出数额和概率难以进行准确测算的情况下，可以按照项目的全部建设成本和一定时期内的运营成本的一定比例确定风险承担支出。

（2）情景分析法。在各类风险支出数额可以进行测算、但出现概率难以确定的情况下，可针对影响风险的各类事件和变量进行“基本”、“不利”及“最坏”等情景假设，测算各类风险发生带来的风险承担支出。计算公式为：

风险承担支出数额 = 基本情景下财政支出数额 × 基本情景出现的概率 + 不利情景下财政支出数额 × 不利情景出现的概率 + 最坏情境下财政支出数额 × 最坏情景出现的概率

（3）概率法。在各类风险支出数额和发生概率均可进行测算的情况下，可将所有可变风险参数作为变量，根据概率分布函数，计算各种风险发生带来的风险承担支出。

配套投入支出责任是指政府提供的项目配套工程等其他投入责任，通常包括土地征收和整理、建设部分项目配套措施、完成项目与现有相关基础设施和公用事业的对接、投资补助、贷款贴息等。配套投入支出应依据项目实施方案合理确定。

配套投入支出责任应综合考虑政府将提供的其他配套投入总成本和社会资本方为此支付的费用。配套投入支出责任中的土地等实物投入或无形资产投入，应依法进行评估，合理确定价值。计算公式为：

配套投入支出数额 = 政府拟提供的其他投入总成本 − 社会资本方支付

的费用。

4.5.6 物有所值量值和指数计算

物有所值定量分析的结果通常以物有所值量值或物有所值指数的形式表示。

物有所值量值 =PSC 值 –PPP 值

物有所值指数 =（PSC 值 –PPP 值）÷PSC 值 ×100%

物有所值量值和指数为正的，说明项目适宜采用 PPP 模式，否则不宜采用 PPP 模式。物有所值量值和指数越大，说明 PPP 模式替代传统采购模式实现的价值越大。

4.5.7 北京地铁 4 号线物有所值定量分析

1. 项目概述

北京地铁 4 号线是贯穿城区南北的一条轨道交通主干线。该线路全长 28.2 公里，共设车站 24 座，是北京轨道交通路网中的主干道之一。2009 年 9 月 28 日，地铁 4 号线通车试运营。它的运营大大缓解了城区西部南北向的交通压力，轨道交通的网络效应得到了充分的显现。根据特许权协议规定，按照投资建设责任主体分类，北京地铁 4 号线的全部建设内容可划分为 A、B 两部分。具体合作框架详见图 4.8。A 部分包括洞体、车站等土建工程的投资建设，投资额约为 107 亿元人民币，占项目总投资的 70% 左右，由北京地铁 4 号线投资有限责任公司（简称“4 号线公司”）负责投资建设；B 部分主要包括车辆、信号、自动售检票系统等设备资产的投资建设，投资额约为 46 亿元，占项目总投资的 30% 左右，由“港铁 – 首创联合体”组建的北京京港地铁公司（简称“PPP 公司”）负责投资建设。

北京京港地铁公司 (PPP 项目公司) 是由京投公司、首创集团和香港地铁公司共同投资组建，各方持股比例为 2:49:49。北京市政府将其投资 A 部分所形成的资产，以收取一定租金的方式租用给京港公司使用。项目特许期结束后，京港公司将无偿把项目全部资产移交给政府。

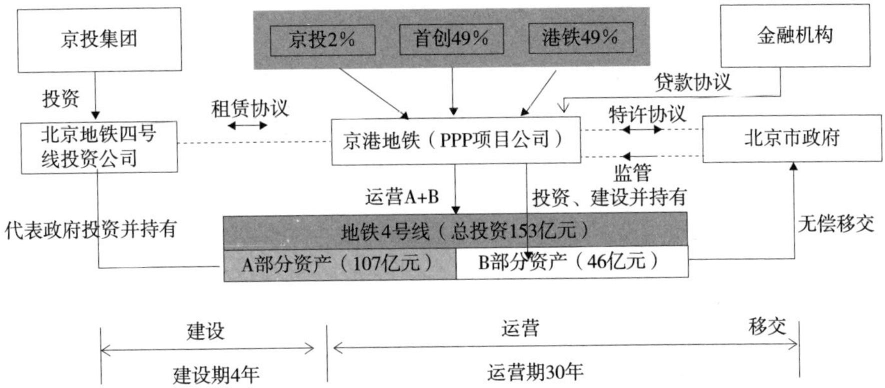

图 4.8　北京地铁项目合作框架

2.PSC 计算

（1）计算依据

1）传统经营模式

北京市轨道交通项目的传统做法是由京投公司委托建管公司负责建设，委托地铁运营公司统一管理，并提供运营维护服务。区别于其他地铁线路的内容在于 4 号线的部分建设工作（A 部分）是按照传统模式实施，而部分建设和所有的运营维护工作（B 部分）是按照 PPP 模式实施，因此，对 B 部分来说，政府本来应该支付给建管公司的 B 部分建设款项由 PPP 公司来支付；而运营收益不再由地铁运营公司接受，改为由 PPP 公司获取；政府的补贴款支付对象也从运营公司转移到了 PPP 公司，而且补贴的计算基础不再是盈亏平衡，而是允许有一定利润存在。在 PSC 计算过程中，始终把 B 部分当做按照传统模式经营的项目。

2）数据的选择

由于 4 号线项目已经开始运营，计算取值并非处于招投标之前，和 PSC 编制计算阶段不符。尽管项目的很多数据已经可以测算准确，但是按照 PSC 的原则，选取的数据不应该是 4 号线的真实数据，而是政府采用传统模式实施的类似地铁项目。

4 号线 B 部分投资以车辆、信号等设备购置为主，由于轨道交通项目要求的技术比较复杂，很多设备需要成体系购买，B 部分的设备需要与 A 部分的相协调，因此，设备投资中传统模式与 PPP 模式的差异不大；而另外的接口建设由于政府要求委托给建管公司统一施工，所以 PPP 模式与传统模式也基本无差异，所以项目初期的固定资产投资采用 5 号线数据，并根据具体情况加以调整。 而在贷款和运营方面，PPP 模式的运作效率显著高于传统模式。因此，在计算 PSC 时，需要参考其他项目的数据。鉴于北京地铁 5 号线的开通时间、招标采购标准、站点分布与 4 号线较为相似，因此参考地铁 5 号线的运营成本，来确定如果采用传统模式运营 4 号线所需的成本补贴。5 号线与 4 号线的线路情况对比见表 4.8。

表 4.8　5 号线与 4 号线线路运营情况对比

序号	项目	5 号线	4 号线
1	线路长度（公里）	27.50	28.60
2	车站数量（地下站比例）	23（70%）	24（100%）
3	年客流量（万人次）	23，061.51	23，457.24
4	年走行公里（万公里）	2，718.50	3，043.73

3）项目范围

根据 PPP 项目公司合作框架，可以确定 PPP 项目社会资本的项目范围，即 B 部分的建设投资和整条 4 号线线路的运营，PSC 测算的范围应与社会资本的项目范围一致。在测算过程中应严格区分 4 号线的 A 部分和 B 部分的投资，在计算初始 PSC、竞争中立调整和风险调整中，都以 PPP 项目社会资本的经营范围为准。

4）竞争中立调整和风险分担依据

因为 4 号线项目是我国第一个采用 PPP 模式运营的轨道交通项目，之前没有可参考的风险分担方式和税收优惠措施，所以在风险分担和竞争中立调整计算中依据了 4 号线项目特许经营协议及其附件。具体包括的内容详见表 4.9。

表 4.9　特许经营协议及其附件内容汇总

文件编号	名称	主要内容	签署主体
主协议	《特许经营协议》（全）	全面约定市政府、京港公司双方的权利义务，项目融资、建设、运营、移交的标准和要求，以及票价机制、风险分担等事项。	北京市交通委员会与北京京港地铁有限公司
附件 1	《北京京港地铁有限公司章程》和《京港公司合作经营合同》	从合作宗旨、董事会和经营管理机构的组成、税收及合同期限、保险、不可抗力等方面对合作经营的规则进行规定	北京市基础设施投资有限公司、北京首都创业集团有限公司与港铁北京 4 号线投资有限公司
附件 2	《北京地铁 4 号线特许经营项目资产租赁协议》和《北京地铁 4 号线 B 部分建设管理服务协议》	在租赁协议中规定了京港公司租赁 A 部分的范围、移交方法、A 部分的保修期及质量责任、A 部分的设施使用以及租金和租赁期限、双方的违约责任等内容；在建管协议中规定了双方的职责、责任和保险、服务的开始、完成、变更、终止、支付以及争议的解决等内容。	北京地铁 4 号线投资有限责任公司与北京京港地铁有限公司；北京京港地铁有限公司和北京市轨道交通建设管理有限公司
附件 3	《京港地铁公司法律意见书》、《市政府法律意见书》	分别公证了协议签署双方签署协议事宜的合法性	金杜律师事务所、北京君合律师事务所
附件 4	项目融资文件	项目公司与借款方签署的融资协议，提供此附件，表明项目建设资金基本落实	
附件 5	《AB 两部分的内容分工》	该文件对北京地铁 4 号线项目 A、B 部分各自所包含的内容进行了较详细的划分。	
附件 6	《初步设计文件及其补充文件》	该文件详细写明了北京地铁 4 号线各站点的设计单位。	
附件 7	《试运行考核技术要求》	该文件包含了一般技术要求、试运行技术考核的主要内容这两个内容。	
附件 8	《建设期协调委员会议事规则》	该文件规定了建设期协调委员会的召开方式、地点、参会规则及会议决定的制定程序、召开会议的费用安排及保密原则	
附件 9	《重大变更》	该文件规定了设备系统和土建及装修工程重大变更的确定原则	
附件 10	《客流预测》	该文件明确了在特许经营期内，每年预测的客流量情况	
附件 11	《客运服务要求和违约处理方法》	该文件规定了京港公司在特许经营期内对地铁 4 号线运营的总体要求，以及客运服务的具体指标和表现要求，并规定了要求的特殊处理情况及违约处理方法。	
附件 12	《税收优惠政策及所得税处理办法》	该文件规定了对京港公司的税收优惠政策和企业所得税的收取和相应的补偿办法	
附件 13	《移交考核技术要求》	该文件规定了移交的一般要求、移交的范围、移交的技术要求，设施、设备功能和系统功能的验证等内容。	
附件 14	《终止补偿》	该文件规定了政府对京港公司终止补偿的事件及补偿金额的验证	
附件 15	《保险要求》	该文件规定了建设期间的保险类别和特许经营期的保险类别等内容。	

（2）基本假设

1）人员工资

在传统模式下，4 号线由政府运营公司负责运营，作为市属国有企业，在职人员工资增长根据北京市国有企业在职人员工资平均增长水平估算。在测算中，假设国有企业在职人员工资增幅为社会平均工资增幅的 80%，约为 4%。

2）电价

动力费占项目经营成本比重较大，电价是影响动力费用的最直接因素。根据北京市工业电价近五年实际增长情况，电价增长率为 2.79%。在动态测算中，假设电价仍保持这一增长率。

3）物价上涨因素

本次测算假设特许经营期内 CPI 平均年增长 1.5%，且票价补偿收入、维持运营投资、成本支出等均考虑物价上涨因素的影响。

（3）初始 PSC

按照 4 号线项目 PPP 协议规定，项目可分为两部分，即建设阶段和运营阶段，需要分别计量。

1）建设总投资

a）建设投资

根据对地铁 5 号线情况调研，通过调整过的设备单价和数量的加乘，本项目总投资 460388 万元，主要投资为 4 号线 B 部分车辆、设备购置安装和项目开办费等。为了依据现金流进行计算，地铁 5 号线由于没有分成几部分进行采购，因此建设阶段的投资额没有参考作用。根据项目可研编制时的分期计算方法，政府在进行 4 号线项目 A、B 部分统一财务分析时，把投资平均分配 4 年，每年投入建设投资的 25%，即 115097 万元。

表 4.10　4 号线 B 部分总投资

序号	工程及费用名称	暂估投资金额（万元）
一	建设工程费用合计	375,857
1	车辆	125,840
2	通信	16,856
3	信号	29,791
4	防灾报警系统 (FAS)	5,608
5	自动售检票系统 (AFC)	15,140
6	车辆段及停车场	24,017
7	工器具及生产家具购置费	7,083
8	供电	29,747
9	暖通空调	16,682
10	机电设备监控系统（BAS）	2,936
11	车站及区间设备安装	49,869
12	项目投资待结算金额	52,288
二	建设工程其他费用	75,109
1	工程监理费	2,033
2	联合试运转费	8,465
3	办公和生活家具购置费	518
4	生产职工培训费	1,135
5	工程保险费	1,079
6	勘测设计费	8,156
7	引进技术其他费用	5,776
8	招标代理及标底编制费	937
9	建设管理费	8,260
10	其他建设费	38,749
三	资本化费用	9,421
	项目总投资	460,388

b）更新改造投资

根据可研报告，本项目拟在 2013 年增购车辆，来满足运力要求。根据客流预测，增购 13 列车并新建 5.5 股道，预计投资 69400 万元，其中增购车辆投资约 64350 万元，5.5 股道建设投资约 5050 万元。另外，预计在 2015 年追加车辆投资 50000 万元。

根据设备折旧情况，考虑在折旧期末，进行设备重置，根据设备现值考虑当期通货膨胀率，进行更新改造费用的估算。由于《市政公用设施建设项目经济评价方法与参数》编制过程中参考了地铁固定资产的实际使用寿命，因此，PSC 直接采用固定资产折旧要求的年限进行计算。轨道交通项目固定资产折旧年限表，见表 4.11。折旧年限超过运营期的，都需要在运营期内重置或大修。

表 4.11　固定资产折旧年限表

序号	内容	折旧年限（年）	残值率（%）
1	隧道、地下站结构	100	按 3%~5% 计算
2	高架桥	50	按 3%~5% 计算
3	地下站装修、房屋建筑	35	按 3%~5% 计算
4	轨道工程	25	按 3%~5% 计算
5	供电工程	25	按 3%~5% 计算
6	通风空调	20	按 3%~5% 计算
7	自动扶梯及电梯	20	按 3%~5% 计算
8	站台屏蔽门	15	按 3%~5% 计算
9	自动售检票	10	按 3%~5% 计算
10	防灾报警及环境监控	15	按 3%~5% 计算
11	给排水及消防	25	按 3%~5% 计算
12	通信信号、电力控制	15	按 3%~5% 计算
13	车场维修设备	18	按 3%~5% 计算

其中，根据 PPP 协议，A 部分和 B 部分的设备维护都由 PPP 公司负责，范围包括轨道工程、供电工程、通风空调、自动扶梯及电梯、自动售检

票、防灾报警、通信、信号、车辆等。这些设备按照理论计算，在过了折旧年限之后为了满足运营要求，需要重置或大修。因此，在设备折旧年限到达是按照各项的初始投资金额进行重置。

c）在传统模式下，政府对 B 部分的建设投资资本金为 40%，还款期 25 年，宽限期 6 年。运营维护投资资本金 40%，其余为银行贷款，还款期 5 年。银行贷款的贷款利率均为 5.53%。

2）运营维护成本

a）5 号线 2010 年车行公里的单位成本 15.14 元，其中安检费用 0.97 元 / 车公里。 由于在 PPP 模式下，4 号线的安检费用，通过一般补偿的方式由政府支付，不计入成本。因此在传统模式下的经营成本中，也扣除安检费用。扣除安检费用后的车公里运营成本为 14.17 元 / 车公里。以后各年均以此车公里成本为基础，结合通货膨胀率估算运行成本。表 4.12 为估计 4 号线的车行公里数。

表 4.12　测算的车行公里（单位：万公里）

年份	2009	2010	2011	2012	2013	2014	2015	2016
测算车行公里	786	3034	3673	3860	3860	3860	3860	3860
年份	2017	2018	2019	2020	2021	2022	2023	2024
测算车行公里	3860	3860	3860	3860	3860	3860	3860	3860
年份	2025	2026	2027	2028	2029	2030	2031	2032
测算车行公里	3860	3860	3860	3860	3860	3860	3860	3860
年份	2033	2034	2035	2036	2037	2038	2039	
测算车行公里	3860	3860	3860	3860	3860	3860	2895	

注：2009 年运营 95 天，2039 年运营三个季度

b）租赁费用

根据特许经营协议的约定，京港公司以年 4250 万元的租赁费获 4 号线 A 部分资产的使用权。后经过协商，政府免除了该项费用，因此不计入初始 PSC。

3）第三方收入

a）客流量测算

根据特许权协议规定，预测每年的客流量见表 4.13。

表 4.13　预测客流量（单位：万人次）

年份	2009	2010	2011	2012	2013	2014	2015	2016
协议客流	4673	20580	21985	23485	25088	26801	28630	28879
年份	2017	2018	2019	2020	2021	2022	2023	2024
协议客流	29130	29384	29639	29897	30157	30419	30684	30951
年份	2025	2026	2027	2028	2029	2030	2031	2032
协议客流	31220	31192	31164	31136	31108	31080	31052	31024
年份	2033	2034	2035	2036	2037	2038	2039	
协议客流	30996	30968	30940	30912	30884	30884	23163	

注：2009 年运营 95 天，2039 年运营三个季度

b）票价测算

同北京的其他地铁线路一样，4 号线运营票价实行政府定价管理。由于存在各条线路间的免费换乘，实际平均人次票价还将低于运营票价。在此情况下，实际票价已完全不能反映其成本、收益等财务特征。因此，在可行性研究阶段，采用“测算票价”（影子票价）作为投资方进行财务可行性分析的依据。谈判过程中，以预测客流量为基础，根据 B 部分的投资估算、运营成本、投资收益预期等条件，通过测算，确定了特许经营期各年的测算平均人次票价，见表 4.14。

表 4.14　特许经营期各运营年的测算票价（单位：元）

运营年	1	2	3	4	5	6	7	8	9	10
测算票价	3.34	3.35	3.36	3.28	3.2	3.12	3.05	2.98	2.97	2.97
运营年	11	12	13	14	15	16	17	18	19	20
测算票价	2.96	2.96	2.95	2.95	2.94	2.94	2.93	2.93	2.93	2.93
运营年	21	22	23	24	25	26	27	28	29	30
测算票价	2.93	2.94	2.94	2.94	2.94	2.94	2.95	2.95	2.95	2.95

特许经营协议约定特许经营期第一年测算平均票价为 3.34 元 / 人次（以

2004 年价格列示），本项目 2009 年 9 月 28 日开始试运营。

c）非营业收入

2004 年 5 号线非票务收入额 10345 万，4 号线也采用该值进行测算，按照该值并根据通货膨胀进行调整。在试运营期间非票务收入无法达到预计值，假设 2009 年是标准收入的 20%，2010 年是标准收入的 90%，2011 年及之后按照 100% 计算。

d）现金流计算值

运用 EXCEL 表格，按照要求折现率 3% 计算，初始 PSC 的净现值是约 519657 万元。

（4）竞争中立调整

1）税收

按照税法、特许经营协议和协议附件 12 的税收优惠条款，税收优惠包括以下八项：

a）特许经营期内按照 15% 的税率缴纳所得税、且自获利年度起享受两免三减的所得税优惠待遇；

b）在特许经营期内免缴地方所得税；

c）票款收入按 3% 缴纳营业税，其他收入按 5% 缴纳营业税；

d）特许经营公司外方股东以其从特许经营公司所得利润再投资于特许经营公司用于资产更新的部分，享受 40% 的所得税退税待遇；

e）城市房地产税优惠待遇（只针对外商投资企业征收）

f）项目进口设备和材料等的进口环节关税和增值税的免税待遇和购买国产设备的增值税退税待遇；

g）向特许经营公司外方股东支付利润免征预提所得税及向外国贷款人支付利息时的预提所得税优惠待遇；

h）特许经营公司从政府所收到的补贴和补偿免缴税费。

该项目的税收优惠条款主要针对的是所得税，其税基是项目的利润，而 PSC 的计算注重项目全过程的成本，一般不把所得税计入其中，因此不考虑所得税相关的优惠政策。城市房地产税是针对外商投资企业征收的税种，采用传统经营模式没有该项税费，而税收优惠中免除该税项，因此不计入调整。关税由于在初始 PSC 中根据 5 号线资产投资计算时采用的是到岸价，因此，不在竞争中立调整中单独考虑。通过分析，4 号线项目在竞争中立调整中需要计入的税收分两部分，营业税和印花税。其中营业税中票务部分取票务收入的 3%，非票务部分取非票务收入的 5.5%（包括城市建设维护费及教育附加）。印花税取特许权协议合同额的万分之五，约 230 万。

2）咨询费用

按照《建设项目前期工作咨询收费暂行规定的通知》，该项目的投资额超过 100 亿，应取 200 万至 250 万，因该项目比较复杂，取最高额，即 250 万。一般在签订特许权协议之后给付。

3）竞争中立调整计算值

运用 EXCEL 工具，按照要求折现率 3% 计算，竞争中立调整的净现值约是 –39958 万元。

（5）风险调整

1）风险分担

4 号线风险分担的具体情况如表 4.15 所示：

表 4.15　4 号线项目风险情况

<table>
<tr><th colspan="2">风险类别</th><th>风险因素</th><th>政府承担</th><th>项目公司承担</th><th>共同承担</th></tr>
<tr><td rowspan="12">系统风险</td><td rowspan="5">政策法律</td><td>征用 / 公有化</td><td>▲</td><td></td><td></td></tr>
<tr><td>政治反对</td><td>▲</td><td></td><td></td></tr>
<tr><td>法律变更</td><td></td><td>▲</td><td></td></tr>
<tr><td>审批获得 / 延误</td><td>▲</td><td></td><td></td></tr>
<tr><td>税收变更</td><td></td><td></td><td>▲</td></tr>
<tr><td rowspan="6">市场</td><td>收益不足</td><td></td><td></td><td>▲</td></tr>
<tr><td>动力人工费上涨</td><td></td><td></td><td>▲</td></tr>
<tr><td>费率调整</td><td>▲</td><td></td><td></td></tr>
<tr><td>市场需求变化</td><td></td><td></td><td>▲</td></tr>
<tr><td>通货膨胀</td><td></td><td></td><td>▲</td></tr>
<tr><td>利率变化</td><td></td><td></td><td>▲</td></tr>
<tr><td>其他</td><td>不可抗力</td><td></td><td></td><td>▲</td></tr>
</table>

续表

风险类别		风险因素	政府承担	项目公司承担	共同承担
非系统风险	建造风险	融资工具可及性		▲	
		融资成本高		▲	
		设计不当		▲	
		工程设计质量		▲	
		分包商违约		▲	
		工地安全		▲	
		劳资设备的获取		▲	
		地质条件		▲	
		工程运营变更			▲
		建设成本超支		▲	
		完工风险		▲	
		建设质量		▲	
		公共设备服务提供	▲		
		技术不过关		▲	
		接口风险			▲
		考古文物保护		▲	
	运营风险	运行成本超支		▲	
		服务质量不好		▲	
		维护、维修成本高		▲	
		运营效率低		▲	
		移交设备状况		▲	
		设备维修状况		▲	

2）风险定量分析

在风险分担确定的情况下，对各种风险发生的概率和影响采集了定量数据，数据通过筛选和加权平均来确定。风险的概率和后果见表 4.16。运用 EXCEL 进行分期计算，折现率取 3%，风险共担部分按照 PPP 公司承担 50%，政府承担 50% 分配，得出风险调整值为 –109911 万元，转移风险为 –62924 万元，自留风险为 –46986 万元。通过计算出来的初始 PSC、竞争中立调整和风险调整项，进行相加得出本项目的 PSC 为 369789 万元。

表 4.16 风险分析表

风险类别		风险因素	风险概率	风险后果	后果的计算基数或原因	风险值(万元)	风险发生时点
系统风险	政策法律	征用 / 公有化	<10%	–5%	项目总投资	–23019	建设和运营阶段
		政治反对	无	无			
		法律变更	<10%	–5%	净利润	–7061	运营期平均分配
		审批获得 / 延误	<10%	–1%	项目总投资	–460	建设期第一二年
		税收变更	10%~30%	–5%	税收总额	–3224	运营期平均分配
	市场	收益不足	<10%	–5%	营业收入	–27395	运营期平均分配
		劳动力人工费上涨	10%~30%	–10%	劳动力费和人工费	–97464	运营期平均分配
		费率调整			协议留有谈判余地		
		市场需求增加	10%~30%	1%	营业收入	97464	运营期平均分配
		通货膨胀	10%~30%	–1%	经营成本	–15576	运营期平均分配
		利率变化	无	无	固定利率		
	其他	不可抗力			难以计量		
非系统风险	建造	融资工具可及性	无	无			
		融资成本	无	无			
		设计不当	无	无	转移设计单位		
		工程设计质量	无	无	转移设计单位		
		分包商违约	10%~30%	–3%	项目总投资	–2763	建设和运营阶段
		工地安全	>50%	–1000		–500	建设期
		地质条件	无	无	已勘察		
		场地可及性	无	无	一级开发已完成		
		工程运营变更	<10%	–5%	营业收入	–27395	运营期平均分配
		建设成本超支	10%~30%	–2.50%	总投资	–2302	建设期
		完工风险	无	无	外包		
		建设质量			难以计量		
		公共设备服务提供			难以计量		
		技术不过关	<10%	–1%	总投资	–460	试运营阶段
		接口风险	10%~30%	–2.50%	A 部分总投资	–5250	建设期末、试运营阶段
		考古文物保护	无	无			
	运营	服务质量不好			难以计量		
		运行成本超支	10%~30%	–10%	试运营阶段成本	–8142	试运营阶段
		维护维修成本高	<10%	–5%	经营成本	–9734	运营期平均分配
		运营效率低	<10%	–5%	经营成本	–9734	运营期平均分配
		移交设备状况	10%~30%	–50%	残值损失	–101	特许经营期末
		设备维修状况	10%~30%	–10%	维修费用	–6948	运营期平均分配

3. PPP 值计算

（1）PPP 值计算规则

采用 PSC 模式的国家，在招标时会发布 PSC 的计算框架指南，通常要求在投标时，按照 PSC 框架进行测算，得出标价。其中的自留风险部分按照政府测算 PSC 的值直接导入，其他部分需要根据公司情况自行确定。在我国由于还没有采用 PSC 体系进行评标，北京地铁 4 号线项目的特许权协议及其补充协议中，都没有计算标书的标价。协议的条款是根据双方的内部测算数据进行商定的。因此，本案例中要进行 VFM 计算，则还需要进行 PPP 协议的标价计算。其计算方法与 PSC 的计算方法一致，但是其中的各项调整参数是根据 PPP 公司曾经做过的类似项目统计数据进行计算，而折现率要与政府折现率保持一致。其计算结果能够充分体现 PPP 公司的运作能力和水平。

（2）计算依据

尽管该项目在投标阶段没有 PSC 计算，而且无法获得投标阶段 PPP 公司的收益测算资料，但是由于 4 号线项目进入了运营阶段，因此本计算参照项目实际运营数据进行测算。

（3）计算结果

因为在 VFM 评价中，标书会提供标价进行 VFM 评价体系的比较选择，其计算过程类似 PSC 计算，因此不再详述。计算出的项目标价为 515827 万元。

（4）VFM 分析

1）按照标准的 VFM 体系对比格式，详细的数值见表 4.17。

表 4.17　标价对比表

项目	PSC 值	PPP 值
初始 PSC	519657	
竞争中立调整	–39958	
风险调整		
——转移风险	–62924	
NPV 小计	416995	515827
自留风险	–46986	–46986
NPV 总计	369789	468841
VFM	26.8%	

本项目由于预期收入过大，使得以计算项目成本为主的 PSC 方法计算出的 PSC 值为正。而国外 PPP 项目的 PSC 值一般为负，因此，在计算 VFM 时，原来的计算方法纵坐标代表的是成本，在这里应该换成收益，其计算方法也需要相应微调。在选定中标者，并计算出 VFM 值后，为展示评标过程的公开透明，需要向公众发布 PSC 和 VFM 值。该项目的 VFM 值为 26.8%。根据 VFM 计算方法，凡是 VFM 值大于 0 就说明该项目用 PPP 模式可行。由于国外 PPP 项目的 VFM 平均值在 10% 左右，对比我国的数据，4 号线项目的 VFM 较大，分析的原因有如下几点：

a）PPP 公司的运营效率比我国传统经营模式高出较多。PPP 公司中的主要负责运营的企业是港铁公司，该公司的运营效率在全世界范围内有着良好的口碑。其在 4 号线项目的运营成本仅为其他线路的一半，雇佣的人员仅为其他线路的三分之一。而在 PSC 计算中，经营成本占比例超过一半。因此仅运营成本节省出来的 VFM 就有 20% 左右。

b）经验丰富的专业管理团队使 PPP 模式的设备更新和维护成本比其他线路降低较多。PSC 的计算是按照《市政公用设施建设项目经济评价方法和参数》中地铁项目的固定资产折旧年限表进行计算，到期后重置，而对比 PPP 公司，大多数设备通过完善的维护机制，设备寿命得到延长，多数设备能够维持到特许经营期结束，不需要更换。

c）风险调整计算偏误。由于国内风险定量分析的水平较低，数据积累不足，其中存在大量的不确定性。而且风险之间存在关联性，目前的计算方法会使得风险调整值偏大。

2）敏感性分析

本次敏感性分析选取折现率、通货膨胀率、总服务需求量、运营成本进行分析。 由于当时我国规定的折现率仅为 3%，低于企业或政府的融资成本，因此尝试使用与融资成本更接近的折现率进行分析。对于服务需求量和运营成本，由于预测存在不准确性，因此尝试适当增减，分析其对 PSC 的影响。详见表 4.18。

表 4.18　敏感性分析项取值

分析项	折现率	通货膨胀率	服务需求量	运营成本
变化取值	4%、5%	2%、2.5%	增加或减少 5%	增加或减少 5%

折现率的调整会影响到 PPP 标价的计算，因此计算 VFM 时，需要考虑标价的变化；而标价中的通货膨胀率、服务需求量和运营成本是企业根据自身情况预估的，所以不需要调整。计算的结果见表 4.19。

表 4.19　敏感性分析结果（单位：万元）

分析项	变化取值	初始 PSC	竞争中立调整	转移风险	自留风险	PSC	标价	VFM
折现率	4%	401574	–34582	–58136	–42643	266213	372840	40.05%
折现率	5%	308646	–30167	–54065	–39006	185408	263503	42.12%
通货膨胀率	2%	450243	–42854	–62924	–46986	297479	515827	73.40%
通货膨胀率	2.5%	370844	–46015	–62924	–46986	214919	515827	140.01%
服务需求量	5%	374094	–37993	–62924	–46986	226191	515827	128.05%
服务需求量	5%	665221	–41942	–62924	–46986	513369	515827	0.48%
经营成本	–5%	579425	–39968	–62924	–46986	429547	515827	20.09%
经营成本	5%	459890	–39968	–62924	–46986	310012	515827	66.39%

通过敏感性分析可知，折现率的变化引起的 VFM 的变化不大，因此，按照政府要求的折现率选取对判断 PPP 项目的效率无关键性影响。而其通货膨胀率、需求量和经营成本的变化引起的 VFM 的变化较显著。这说明，政府在计算 PSC 时，应尽可能准确地估计，否则可能出现误判，如服务需求量增加超过 5% 时，VFM 可能为负。同时，由于 VFM 是评价项目是否应该采用 PPP 模式经营的重要指标，在敏感性分析下，出现了很大的波动，说明该指标存在着较大的不确定性，应该针对其组成进行分析，找出对 VFM 影响较大的因素，分析其存在的合理性。

用国外案例中的 PSC 组成部分与本项目进行对比，各项均严格按照 PSC 的定义进行计算，但是在计算本项目的第三方收入过程中，由于能够得到的收入数据是政府在保证企业收益情况基础下，计算出的影子价格，与实际收入存在差距，其差距是政府收入补贴。这与国外的 PSC 组成不一致。因此本案例中 VFM 的不稳定，主要源于第三方收入数据涵盖的范围过广。但是由于在北京地铁 4 号线项目进行招标之前，没有估算过实际收入，因此，该项数据无法获取。

5. 财政承受能力论证

5.1 财政承受能力论证概述

财政承受能力论证是指识别、测算政府和社会资本合作（Public-Private Partnership，以下简称 PPP）项目的各项财政支出责任，科学评估项目实施对当前及今后年度财政支出的影响，为 PPP 项目财政管理提供依据。开展 PPP 项目财政承受能力论证，是政府履行合同义务的重要保障，有利于规范 PPP 项目财政支出管理，有序推进项目实施，有效防范和控制财政风险，实现 PPP 可持续发展。财政承受能力论证采用定量和定性分析方法，财政承受能力论证的结论分为“通过论证”和“未通过论证”。“通过论证”的项目，财政部门应当在编制年度预算和中期财政规划时，将项目财政支出责任纳入预算统筹安排。“未通过论证”的项目，则不宜采用 PPP 模式。

5.2 财政支出责任范围

PPP 项目全生命周期过程的财政支出责任，主要包括股权投资、运营补贴、风险承担、配套投入等。

股权投资支出责任是指在政府与社会资本共同组建项目公司的情况下，政府承担的股权投资支出责任。如果社会资本单独组建项目公司，政府不承担股权投资支出责任。

运营补贴支出责任是指在项目运营期间，政府承担的直接付费责任。不同付费模式下，政府承担的运营补贴支出责任不同。政府付费模式下，政府承担全部运营补贴支出责任；可行性缺口补助模式下，政府承担部分运营补贴支出责任；使用者付费模式下，政府不承担运营补贴支出责任。

风险承担支出责任是指项目实施方案中政府承担风险带来的财政或有支出责任。通常由政府承担的法律风险、政策风险、最低需求风险以及因政府方原因导致项目合同终止等突发情况，会产生财政或有支出责任。

配套投入支出责任是指政府提供的项目配套工程等其他投入责任，通常包括土地征收和整理、建设部分项目配套措施、完成项目与现有相关基础设施和公用事业的对接、投资补助、贷款贴息等。配套投入支出应依据项目实施方案合理确定。

5.3 财政支出责任测算

股权投资支出应当依据项目资本金要求以及项目公司股权结构合理确定。股权投资支出责任中的土地等实物投入或无形资产投入，应依法进行评估，合理确定价值。计算公式为：

股权投资支出 = 项目资本金 × 政府占项目公司股权比例

运营补贴支出应当根据项目建设成本、运营成本及利润水平合理确定，并按照不同付费模式分别测算。对政府付费模式的项目，在项目运营补贴期间，政府承担全部直接付费责任。政府每年直接付费数额包括：社会资本方承担的年均建设成本（折算成各年度现值）、年度运营成本和合理利润。计算公式为：

当年运营补贴支出数额 = 项目全部建设成本

$$\text{当年运营补贴支出数额}=\frac{\text{项目全部建设成本}\times(1+\text{合理利润率})\times(1+\text{年度折现率})n}{\text{财政运营补贴周期（年）}}+\text{年度运营成本}\times(1+\text{合理利润率})$$

对可行性缺口补助模式的项目，在项目运营补贴期间，政府承担部分直接付费责任。政府每年直接付费数额包括：社会资本方承担的年均建设成本（折算成各年度现值）、年度运营成本和合理利润，再减去每年使用者付费的数额。计算公式为：

$$当年运营补贴支出数额=\frac{项目全部建设成本\times（1+合理利润率）\times（1+年度折现率）n}{财政运营补贴周期（年）}+年度运营成本\times（1+合理利润率）-当年使用者付费数额$$

其中，n 代表折现年数，财政运营补贴周期指财政提供运营补贴的年数。

年度折现率应考虑财政补贴支出发生年份，并参照同期地方政府债券收益率合理确定。合理利润率应以商业银行中长期贷款利率水平为基准，充分考虑可用性付费、使用量付费、绩效付费的不同情景，结合风险等因素确定。在计算运营补贴支出时，应当充分考虑合理利润率变化对运营补贴支出的影响。PPP 项目实施方案中的定价和调价机制通常与消费物价指数、劳动力市场指数等因素挂钩，会影响运营补贴支出责任。在可行性缺口补助模式下，运营补贴支出责任受到使用者付费数额的影响，而使用者付费的多少因定价和调价机制而变化。在计算运营补贴支出数额时，应当充分考虑定价和调价机制的影响。

风险承担支出应充分考虑各类风险出现的概率和带来的支出责任，可采用比例法、情景分析法及概率法进行测算。如果 PPP 合同约定保险赔款的第一受益人为政府，则风险承担支出应为扣除该等风险赔款金额的净额。

1. 比例法。在各类风险支出数额和概率难以进行准确测算的情况下，可以按照项目的全部建设成本和一定时期内的运营成本的一定比例确定风险承担支出。

2. 情景分析法。在各类风险支出数额可以进行测算、但出现概率难以确定的情况下，可针对影响风险的各类事件和变量进行“基本”“不利”及“最坏”等情景假设，测算各类风险发生带来的风险承担支出。计算公式为：

风向承担支出数额 = 基本情景下财政支出数额 × 基本情景出现的概率 + 不利情景下财政支出数额 × 不利情景出现的概率 + 最坏情境下财政支出数额 × 最坏情景出现的概率

3. 概率法。在各类风险支出数额和发生概率均可进行测算的情况下，可将所有可变风险参数作为变量，根据概率分布函数，计算各种风险发生带来的风险承担支出。

配套投入支出责任应综合考虑政府将提供的其他配套投入总成本和社会资本方为此支付的费用。配套投入支出责任中的土地等实物投入或无形资产投入，应依法进行评估，合理确定价值。计算公式为：

配套投入支出数额 = 政府拟提供的其他投入总成本 - 社会资本方支付的费用

5.4 财政支出能力评估

财政承受能力评估包括财政支出能力评估以及行业和领域平衡性评估。财政支出能力评估，是根据 PPP 项目预算支出责任，评估 PPP 项目实施对当前及今后年度财政支出的影响；行业和领域均衡性评估，是根据 PPP 模式适用的行业和领域范围，以及经济社会发展需要和公众对公共服务的需求，平衡不同行业和领域 PPP 项目，防止某一行业和领域 PPP 项目过于集中。

每一年度全部 PPP 项目需要从预算中安排的支出责任，占一般公共预算支出比例应当不超过 10%。

在进行财政支出能力评估时，未来年度一般公共预算支出数额可参照前五年相关数额的平均值及平均增长率计算，并根据实际情况进行适当调整。

6. PPP 模式运作流程

一个 PPP 项目从开始阶段到最后的实施完成，要经历项目识别、项目准备、项目采购、项目执行、项目移交五个步骤，其完整的操作流程如下图所示：

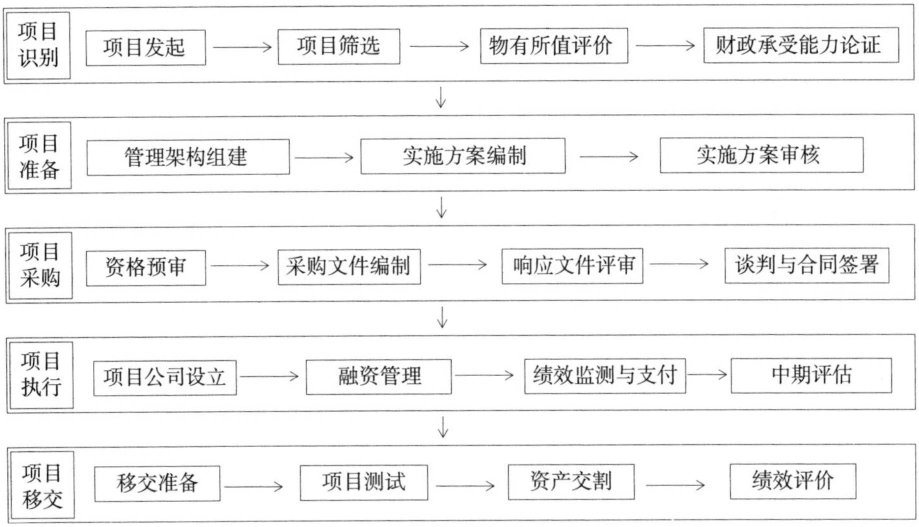

图 6.1　PPP 模式操作流程

在 PPP 模式中，由于政府和社会资本双方所处的位置不同，彼此所关注的重点也就有所差异，在整个 PPP 项目运作的过程中，如果站在社会资

本的角度来看，一个 PPP 项目应该关注的关键流程和重点环节如图 6.2 所示

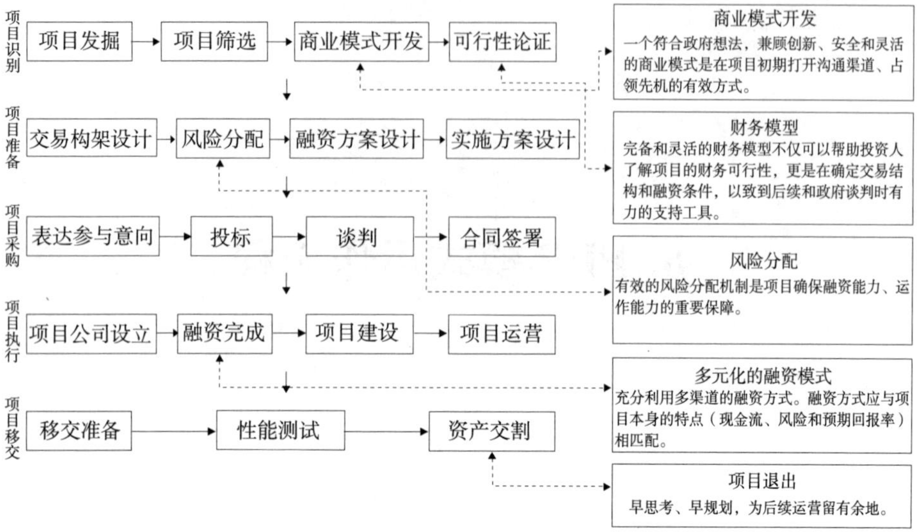

图 6.2　社会资本 PPP 项目运作关键流程图

下面将分别从政府的角度和社会资本的角度来分析如何成功运作一个 PPP 项目。

6.1 PPP 项目识别

6.1.1 PPP 项目发起

对于投资规模较大、需求长期稳定（合同期至少 10 年）、价格调整机制灵活、市场化程度较高的基础设施及公共服务类项目，适宜采用政府和社会资本合作模式。政府和社会资本合作项目由政府或社会资本发起，以政府发起为主。

（1）政府发起。财政部门（政府和社会资本合作中心）负责向交通、住建、环保、能源、教育、医疗、体育健身和文化设施等行业主管部门征集潜在的政府和社会资本合作项目。行业主管部门可从国民经济和社会发展规划及行业专项规划中的新建、改建项目或存量公共资产中遴选潜在项目。

（2）社会资本发起。社会资本以项目建议书的方式向财政部门（政府

和社会资本合作中心）推荐潜在的政府和社会资本合作项目。

6.1.2 PPP 项目筛选

财政部门（政府和社会资本合作中心）会同行业主管部门，对潜在政府和社会资本合作项目进行评估筛选，确定备选项目，并根据筛选结果制定项目年度和中期开发计划。对于列入年度开发计划的项目，项目发起方应按财政部门（政府和社会资本合作中心）的要求提交相关资料。新建、改建项目应提交可行性研究报告、项目产出说明和初步实施方案；存量项目应提交存量公共资产的历史资料、项目产出说明和初步实施方案。

6.1.3 物有所值论证

PPP 项目发起后政府需要牵头对项目进行评估论证，看是否需要采用 PPP 模式运作。财政部门（政府和社会资本合作中心）会同行业主管部门，从定性和定量两方面开展物有所值评价工作，定量评价工作由各地根据实际情况开展。

定性评价重点关注项目采用政府和社会资本合作模式与采用政府传统采购模式相比能否增加供给、优化风险分配、提高运营效率、促进创新和公平竞争等。

定量评价主要通过对政府和社会资本合作项目全生命周期内政府支出成本现值与政府部门比较值进行比较，计算项目的物有所值量值，判断政府和社会资本合作模式是否降低项目全生命周期成本。

6.1.4 PPP 项目财政承受能力论证

为确保财政中长期可持续性，财政部门应根据项目全生命周期内的财政支出、政府债务等因素，对部分政府付费或政府补贴的项目，开展财政承受能力论证。“财政承受能力论证”是指识别、测算政府和社会资本合作（PPP）项目的各项财政支出责任，科学评估项目实施对当前及今后年度财政支出的影响，为 PPP 项目财政管理提供依据。财政承受能力评估包括财政支出能力评估以及行业和领域平衡性评估。财政支出能力评估，是根据 PPP 项目预算支出责任，评估 PPP 项目实施对当前及今后年度财政支出的影响；行业和领域均衡性评估，是根据 PPP 模式适用的行业和领域范围，以及经济社会发展需要和公众对公共服务的需求，平衡不同行业和领域 PPP 项目，防止某一行业和领域 PPP 项目过于集中。

财政每一年度全部 PPP 项目需要从预算中安排的支出责任，占一般公共预算支出比例应当不超过 10%。

6.2 PPP 项目准备

6.2.1 管理架构组建

通过物有所值评价和财政承受能力论证的项目，可进行项目准备。

县级（含）以上地方人民政府可建立专门协调机制，主要负责项目评审、组织协调和检查督导等工作。政府或其指定的有关职能部门或事业单位可作为项目实施机构，负责项目准备、采购、监管和移交等工作。

项目准备阶段是项目从发起完成后到社会资本甄选采购前全部准备工作的过程。该阶段的主要工作包括项目运作模式的选择、风险分配基本框架构建、项目交易结构的设计、合同体系构建和项目合同核心边界条件的设计、监管结构的设计、采购方式的选择。

6.2.2 实施方案编制

项目实施机构应组织编制项目实施方案，依次对以下内容进行介绍：

1. 项目概况

项目概况主要包括基本情况、经济技术指标和项目公司股权情况等。

基本情况主要明确项目提供的公共产品和服务内容、项目采用政府和社会资本合作模式运作的必要性和可行性，以及项目运作的目标和意义。

经济技术指标主要明确项目区位、占地面积、建设内容或资产范围、投资规模或资产价值、主要产出说明和资金来源等。

项目公司股权情况主要明确是否要设立项目公司以及公司股权结构。

PPP 专栏 5：PPP 典型案例示例（莘庄 CCHP 项目概况）

1.1 项目背景

莘庄工业区是上海市人民政府于 1995 年 8 月批准成立的上海市 9 大市级工业区之一，总开发面积 17.88 平方公里。莘庄工业区工业用蒸汽全部依靠莘庄供热公司的一台 10t/h、一台 10t/h 和三台 10t/h 燃煤供热锅炉（总蒸发量为 10t/h），以及工业区中春路以东的 12 个用热企业的 25 台自备小锅炉（总额定蒸发量 51.5t/h）。这些燃煤供热炉解决了莘庄工业区内的热能需求，对保证区内企业正常生产经营起到了重要作用。随着莘庄工业区内企业数量和规模不断扩大，莘庄工业区的供热需求不断增加，原有燃煤供热存在众多问题，华电集团上海分公司在市场调研中发现莘庄供热公司如果实施天然气分布式热电冷三联供改造，具备以先进的分布式功能技术和设备替代老旧燃煤供热小锅炉的可能性，于是通过民间自提方式向莘庄工业区管委会提出莘庄 CCHP 改造项目并开展了相关前期工作。莘庄工业区管委会采用竞争性谈判方式在三家社会资本中选定华电集团作为特许经营商，并于 2010 年 10 月 8 日签署合作框架协议，由华电收购工业区原有热力管网资产、关停原莘庄供热公司生产设施，并对莘庄供热公司燃煤锅炉进行天然气分布式热电冷三联供异地改造，替代周围部分企业分散燃煤小锅炉，实现供热、供电、供冷能源清洁化。

1.2 项目概况

1.2.1 项目基本情况

（1）项目名称：上海华电莘庄工业区燃气热电冷三联供改造项目（以下简称莘庄 CCHP 项目）。

（2）项目性质：改造 + 新建项目。

（3）建设内容：一期建设 2 套 60MW 级燃气—蒸汽联合循环机组，远期暂按预留 4 套 60MW 级燃气 – 蒸汽联合循环机组考虑。

（4）投资规模：项目一期静态总投资 98157 万元，动态总投资 100516 万元。

（5）建设进度：2013 年 8 月华电集团通过开工决策，9 月华电集团批复同意开工，10 月 17 日项目正式开工建设，2014 年 9 月底投产运行。

1.2.2 项目投资运营回报

项目投产后，项目公司—上海华电闵行能源有限公司（简称华电闵行公司）将为工业区内的用户安全、稳定、不间断地供热、供冷，同时发电并网，特许经营期 30 年（含两年建设期），主要收入来源为终端用户付费和售电收入。

根据协议约定，项目建成后华电闵行公司应按照莘庄供热公司届时的蒸汽价格销售给原有用户和西区范围内的用户，在政府有关部门没有出台新的汽价政策前，华电闵行公司暂不上调供汽价格。对于新纳入工业区范围内的蒸汽用户，蒸汽价格不得高于当时政府的指导价，新纳入西区的用户享受下浮 5% 的优惠。为弥补华电闵行公司从终端用户处收费的不足，政府提供投资补贴、土地定向招拍挂等一系列扶持政策。

按全投资口径计算，考虑政府补贴后，莘庄 CCHP 项目可实现税后财务净现值 10491 万元、税后投资内部收益率 8.91%、静态投资回收期 11.24 年的投资回报水平，向工业用户提供热电冷三联供项目的较好经济效益预期。具体投资回报指标如下表所示：

表 6.1　莘庄 CCHP 项目投资回报指标

	总投资收益率	资本金净利润率	基准收益率
	7.89%	24.43%	7.50%
融资前分析	内部收益率（%）	净现值（万元）	投资回收期（年）
所得税前	10.69		10.2
所得税后	8.91	10491.15	11.24
融资后分析	内部收益率（%）		
项目资本金	10.94		
投资人	10.02		

1.2.3 项目特点

（1）市场前景良好

莘庄 CCHP 项目的建成投运将实现莘庄工业区的集中供热供冷，具有良好的市场前景：

通过产能的大幅增加，既能整体降低莘庄工业区内企业的自备清洁能源用热用冷用电成本，也将减轻环境污染排放，实现规模经济效益和社会效益的有机统一。

项目完成后，原莘庄供热公司承担的业务将转移给华电闵行公司，后者获得特许经营权后成为莘庄工业区内唯一一家集中供应热电冷的企业，不存在市场竞争。

在闵行政府的大力支持下，华电闵行公司已开展 CCHP 项目二期工程的前期工作，未来将拓展马桥、江川地区及松江工业区东部新区的热用户市场。

项目公司的盈利状况主要取决于天然气等燃料价格变动，但蒸汽单价已通过调价机制与天然气价格挂钩。

（2）技术优势带来多赢

莘庄 CCHP 项目采用的燃气热、电、冷三联供机组可大大提高能源利用效率。通常，大型燃煤发电厂的发电效率为 30% ~ 40%，而三联供技术通过一次能源的梯级利用可使能源利用效率提高到 80% ~ 90%，且不存在输电损耗。

燃气热电冷三联供电技术在降低碳排放和大气污染物排放方面具有巨大潜力：据项目可研报告估算，若仅将现有建筑实施燃气热电冷三联供的比例从 4% 提高到 8%，到 2020 年，其二氧化碳排放量将减少 30%。

（3）具有多标杆项目要素

莘庄 CCHP 项目是能源基础设施领域利用清洁能源实现节能减排大气治理目标的典型项目。2010 年 4 月 29 日，莘庄 CCHP 项目被列入上海市经济和信息化委员会“2010 年上海市重点技术改造项目”。在 2011 年国家能源局油气司组织的“中美合作分布式能源示范项目启动会”上，莘庄 CCHP 项目以区域分布式能源项目第一名的成绩中标“中美合作分布式能源示范项目”，成为国家实施节能减排战略及中美合作的大背景下中国与美国 GE 公司合作的首批航改机项目。此外，该项目还是国家分布式能源示范项目、上海市重大项目。

1.2.4 项目效益

（1）财务效益

项目税后净现值为 10491 万元，总投资收益率为 7.89%，资本金内部收益率为 10.94%，税后投资回收期为 11.24 年。根据初步测算，在偿债能力方面，项目公司按 15 年偿还期，年偿债备付率在 0.7 ~ 0.8 之间，流动比率在运营期一段时间后保持大于 1 且持续增长，项目公司还本付息保证程度较强。在盈利能力方面，运营期年销售利润率均保持在较高预期水平上，整个投资期的总投资收益率 7.89%，资本金净利润率 24.43%，具有良好的收入预期。

（2）外部经济效益

该项目自身良好的外部经济效益将为工业区发展、区域经济建设和市政建设做出显著贡献，主要体现在以下方面：

1）政府税收增加：项目经营期间，预计平均每年增加国家财政和地方财政税款 4919 万元。

2）区域经济加速：使莘庄工业区具备更强的供热（冷）能力，每年向社会供电 556GWh，热力 116 万 GJ，增加的电力、热力供应使得社会生产潜能得到释放，利用清洁能源，符合地区能源结构调整方向，对于优化地区产业结构和提高区域竞争力具有积极效用。

（3）环境效益

减少排放：该项目在降低碳和污染空气的排放物方面具有较好的表现，大大降低了二氧化碳和氮氧化物排放量，从而改善该区域空气污染现状，提高当地空气质量。

节约能源：该项目通过对能量的梯级式利用，将有效提高能源的综合利用率。再加上采取节约燃料、降低电耗等措施，节约了能源，因而该项目具有非常显著的节能效益。

（4）社会效益

莘庄 CCHP 项目建成后主要担负着莘庄工业区范围内工业用汽和采暖（制冷）的任务，从而在整体上改善莘庄工业区的投资环境，提升莘庄工业区的档次，为新入驻莘庄工业区的企业提供良好的生产运营条件。

在区域发展层面，保障了地区发展的公共利益，有利于地区产业结构调整，提高区域竞争力，形成区域经济效应。

该项目的成功运作将对我国其他地区发展分布式能源、促进区域经济可持续发展产生良好的示范效应，并有利于鼓励创新和新能源新技术的发展应用。

PPP 专栏 6：PPP 典型案例示例（北京地铁 4 号线 PPP 项目经济技术指标）

北京地铁 4 号线项目总投资约 153 亿元。按建设责任主体，将北京地铁 4 号线全部建设内容划分为 A、B 两部分：A 部分主要为土建工程部分，投资额约为 107 亿元，占 4 号线项目总投资的 70%，由政府方所属的 4 号线公司负责投资建设；B 部分主要包括车辆、信号、自动售检票系统等机电设备，投资额约为 46 亿元，占 4 号线项目总投资的 30%，由社会资本组建的京港地铁特许经营公司（以下简称“项目公司”）负责投资建设。

4 号线项目竣工验收后，项目公司根据与 4 号线公司签订的《资产租赁协议》，取得 A 部分资产的使用权。项目公司负责地铁 4 号线的运营管理、全部设施（包括 A 和 B 两部分）的维护和除洞体外的资产更新，以及站内的商业经营，通过地铁票款收入及站内商业经营收入回收投资。

特许经营期结束后，项目公司将 B 部分项目设施完好、无偿地移交给市政府指定部门，将A部分项目设施归还给4号线公司。

1、PPP项目基本经济技术指标

（1）项目总投资：约46亿元。（指项目公司总投资）

（2）项目建设内容：车辆、通信、信号、供电、空调通风、防灾报警、设备监控、自动售检票等系统，以及车辆段、停车场中的机电设备。

（3）建设标准：根据经批准的《北京地铁4号线工程可行性研究报告》以下简称《可研报告》和初步设计文件制定。

（4）工期：2007年底竣工，2009年9月正式通车试运营。

（5）客流量预测：根据《可研报告》客流预测结果，2010年为71万人次/工作日，2015年为82万人次/工作日，2034年为99万人次/工作日。

（6）根据国际客流预测机构香港弘达顾问有限公司（以下简称"MVA公司"）的客流预测结果，2010年为58.8万人次/工作日，2015年为81.8万人次/工作日，2034年为88.4万人次/工作日。

2. 投资回报测算

（1）测算条件

1）客流数据：依据MVA公司的《北京地铁4号线客流和收入预测报告》（以下简称《客流报告》）中的各运营年度客流量、客流结构等基础客流数据。

2）平均人次票价收入水平：根据《客流报告》预测数据和预期票价结构，以2004年价格水平测算，运营起始年平均人次票价收入水平为3.34元；考虑工资、物价上涨等因素，以试运营开始年的价格水平测算，预计运营起始年平均人次票价收入水平为3.91元，之后各年度平均人次票价收入水平根据MVA公司预测的4号线客流量及平均运距等测算。

3）总投资：46亿元。

4）运营成本：主要包括人工成本、电费、维修费和管理费等，以2004年价格水平计算。

5）折旧：按国家规定的设备使用年限和其他相关标准计提折旧。

6）财务费用：总投资中贷款部分约 30.8 亿元，贷款期为 25 年，利率暂按年利率 5.76% 计算，等额还本付息。

7）税收：客运服务收入缴纳 3% 的营业税，商业经营收入缴纳 5% 的营业税。企业所得税暂按 15% 优惠税率计算，免缴 3% 的地方所得税。

（2）投资回报

项目公司通过获取客运服务票款收入和商业经营收入收回投资后实现合理的投资回报。

根据测算，本项目的全投资内部收益率（即 IRR）约 7% ~ 8%，股权内部收益率约 10%，投资回收期 16 年。

（3）租金

4 号线公司向项目公司收取 A 部分租赁资产的租金，用于 A 部分资产的还本付息。租金将作为分担客流风险和调节运营收益的手段：当 4 号线实际客流低于预测客流一定比例时，4 号线公司减免项目公司应支付的租金；当实际客流高于预测客流一定比例时，4 号线公司提高项目公司应支付的租金。租金是谈判的重要标的，具体支付方案通过竞争性谈判在《资产租赁协议》中最终确定。

3. 特许期限

特许期分为建设期和特许经营期。建设期从《特许协议》正式签订后至正式开始试运营前一日；特许经营期分为试运营期和正式运营期，自试运营日起，特许经营期为 30 年。

2. 风险分配基本框架

按照风险分配优化、风险收益对等和风险可控等原则，综合考虑政府风险管理能力、项目回报机制和市场风险管理能力等要素，在政府和社会资本间合理分配项目风险。

原则上，项目设计、建造、财务和运营维护等商业风险由社会资本承担，法律、政策和最低需求等风险由政府承担，不可抗力等风险由政府和社会资本合理共担。

PPP 专栏 7：莘庄 CCHP 项目实际风险分配方案示例

对于 PPP 项目分配方案，国内外学者进行过许多项研究，并形成了一些研究成果。下表展示了一项研究中推荐的 PPP 风险分配建议，以及莘庄 CCHP 项目协议中约定的实际风险分配情况。其中“√”表示研究成果对该风险的建议，“□”表示莘庄 CCHP 项目实际风险分配情况，“△”表示研究成果对该项风险的分配存在的不同看法。

表 6.2 PPP 项目风险分配建议及莘庄 CCHP 项目实际风险分配

	风险类别		政府承担	共同承担	社会资本承担
政治风险		特许权收回 / 违背	√□		
		政治反对	√		
		政局稳定	√		
		宏观经济变化			√
	△	征用 / 私有化	√		√
	△	法律变更	√	√	√
	△	审批获得 / 延误		√	√
	△	行业规定变化		√	√
建设风险		融资工具可及性			√□
		设计不当			√□
		分包商违约			√□
		工程 / 设计质量			√□
		工地安全			√□
		法律变更劳资 / 设备的获取			√□
		劳工争端 / 罢工			√
		土地使用	√□		
		效率低 / 材料浪费			√□
		建造成本超支			√□
		完工风险			√□
		融资成本高			√□
		技术不过关			√□
		考古文件保护	√		
	△	地质条件	√		√□
	△	场地可及性 / 准备	√□	√	√
	△	工程、运营变更	√		√□
	△	公共设备服务提供	√□	√	

续表

	风险类别		政府承担	共同承担	社会资本承担
		运营成本超支			√□
		运营商违约			√□
		服务质量不好			√□
		维护成本高			√□
		维修过于频繁			√□
		运营效率低			√□
		设备维护状况			√□
	△	移交后设备状况	√		√
		项目公司破产			
		合同文件冲突	√	√	
		第三方延误 / 违约	√		√
		设备所有权		√□	√
		收益不足			√□
		材料费上涨（政府）	√□		
		材料费不足（社会资本）			√□
		收费 / 税收变更			√□
	△	市场需求变化		√	√□
法律风险	△	市场竞争		√	√□
	△	通货膨胀		√	√
	△	利率变化	√	√	√□
	△	外汇风险			√
收益风险		不可抗力		√□	
	△	剩余风险	√	□	√
	△	天气 / 环境恶劣	√	√	√
宏观经济风险					
其他风险					

3. 项目运作方式

项目运作方式主要包括委托运营、管理合同、建设 – 运营 – 移交、建设 – 拥有 – 运营、转让 – 运营 – 移交和改建 – 运营 – 移交等。

具体运作方式的选择主要由收费定价机制、项目投资收益水平、风险分配基本框架、融资需求、改扩建需求和期满处置等因素决定。

PPP 专栏 8：莘庄 CCHP 项目 PPP 运作模式

在莘庄 CCHP 项目中，莘庄工业区管委会为达到节能降耗、减排控污的目的，为区内企业安排集中供热供冷的公共产品及服务，通过市场竞争方式选定华电集团并与之建立了“全过程”合作关系。双方以特许经营协议为基础，充分发挥双方优势，提高公共产品和服务的数量、质量和供给效率，实现合作共赢和风险共担，符合 PPP 模式定义，属典型 PPP 项目。

在对该项目的 PPP 运作流程及特征进行分析前，首先要对其所采用的 PPP 支付方式进行判定，以助于理清项目的经济、技术特性和交易结构。莘庄 CCHP 项目属于天然气分布式能源项目，与传统供能系统相比，分布式能源系统具有资本性支出高、占地面积大、运营维护成本高等特点。根据莘庄 CCHP 项目特许经营协议，社会资本承担了设计、建造、融资、运营维护等职能，属于设计—建造—融资—运营（DBFO）模式。

一般来说，确定 PPP 项目具体采用哪种运作模式，需根据项目中政府希望社会资本方承担的职能和风险来进行科学判定，为此可以运用决策树等决策分析工具。

4. 交易结构

交易结构主要包括项目投融资结构、回报机制和相关配套安排。

项目投融资结构主要说明项目资本性支出的资金来源、性质和用途，项目资产的形成和转移等。

项目回报机制主要说明社会资本取得投资回报的资金来源，包括使用者付费、可行性缺口补助和政府付费等支付方式。

相关配套安排主要说明由项目以外相关机构提供的土地、水、电、气和道路等配套设施和项目所需的上下游服务。

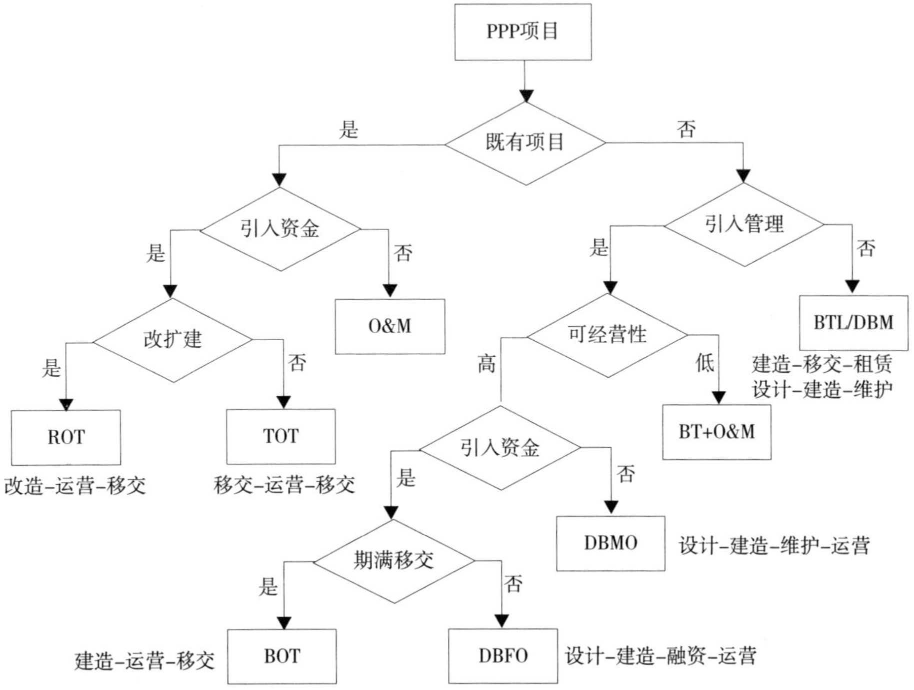

图 6.3 PPP 运作模式判定流程

PPP 专栏 9：莘庄 CCHP 项目交易结构示例

1. 莘庄 CCHP 项目融资结构：该项目的初始资金组成包括债务资金和权益资金。

（1）债务资金：6 亿元商业银行贷款 +2.8 亿元清洁发展委托贷款

（2）权益资金：2000 万元可行性缺口补贴（上海市财政）+8000 万元自有资金（项目公司股东华电新能源公司），具体情况如下表所示：

表 6.3　莘庄 CCHP 项目融资结构

融资类型	出款机构	金额	期限	利率
自有资金	华电新能源公司	8000 万元	/	/
可行性缺口补贴	上海市财政补贴	2000 万元	/	/
商业贷款	清洁基金清洁发展委托贷款	2.8 亿元	3 年	基准利率下浮 15%
	交通银行	4 亿元	12 年	基准利率下浮 10%
	农业银行	2 亿元	10 年	基准利率下浮 10%

2. 项目投资结构：项目公司获得工业区热、冷供应特许经营权，负责建设运营与该项目相关的燃气－蒸汽循环机组及配套管网，并对原有热力管网进行收购、对原有生产设备设施进行补偿。

3. 项目回报机制：项目公司为终端用户提供热、冷供应服务，终端用户按供热、冷协议向项目公司付费，电力公司按购售电原则协议向项目公司支付购电费用。

同时，目前国内运营的大多数分布式能源项目均处于亏损或微利状态，无法满足投资人收回投资并获取合理投资回报的要求。因此现阶段我国天然气分布式能源项目若采用 PPP 模式，在支付方式上适用于政府提供可行性缺口补贴（VGF）模式。莘庄 CCHP 项目可行性缺口补贴的资金来源包括：清洁基金提供的 2.8 亿元清洁发展委托贷款（低息）；上海市财政 2000 万元投资补贴；获得莘庄工业区管委会定向招拍挂及相应的政策扶持措施。

下图表示了莘庄 CCHP 项目的实际投融资结构。

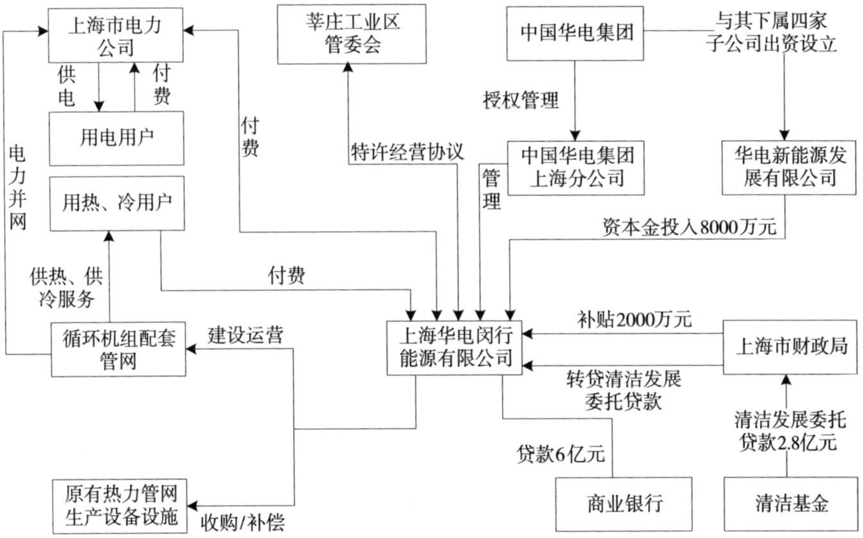

图 6.4　莘庄 CCHP 项目实际投融资结构

5. 合同体系

合同体系主要包括项目合同、股东合同、融资合同、工程承包合同、运营服务合同、原料供应合同、产品采购合同和保险合同等。项目合同是其中最核心的法律文件。

项目边界条件是项目合同的核心内容，主要包括权利义务、交易条件、履约保障和调整衔接等边界。

权利义务边界主要明确项目资产权属、社会资本承担的公共责任、政府支付方式和风险分配结果等。

交易条件边界主要明确项目合同期限、项目回报机制、收费定价调整机制和产出说明等。

履约保障边界主要明确强制保险方案以及由投资竞争保函、建设履约保函、运营维护保函和移交维修保函组成的履约保函体系。

调整衔接边界主要明确应急处置、临时接管和提前终止、合同变更、合同展期、项目新增改扩建需求等应对措施。

PPP 专栏 10：莘庄 CCHP 项目合同体系示例

1. 一般 PPP 项目的合同体系如下图所示：

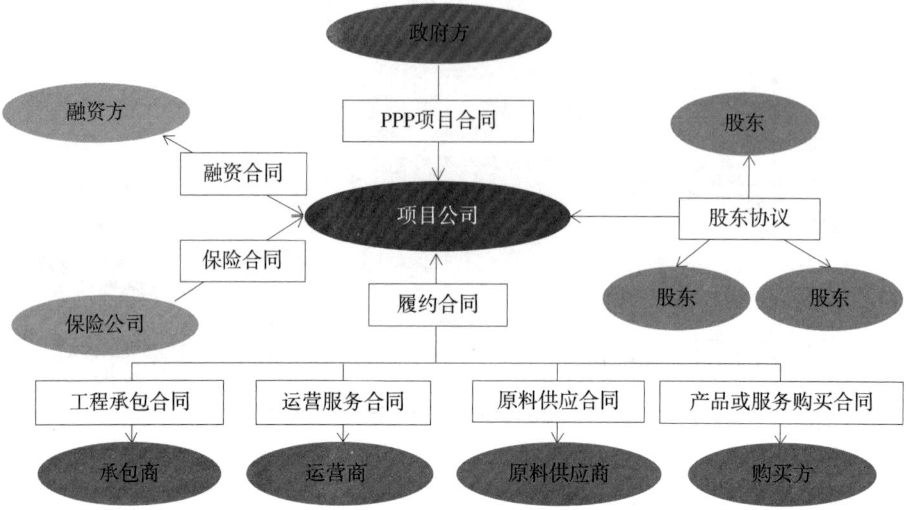

图 6.5　一般 PPP 项目合同体系示意图

2. 莘庄 CCHP 项目实际合同体系如下图所示：

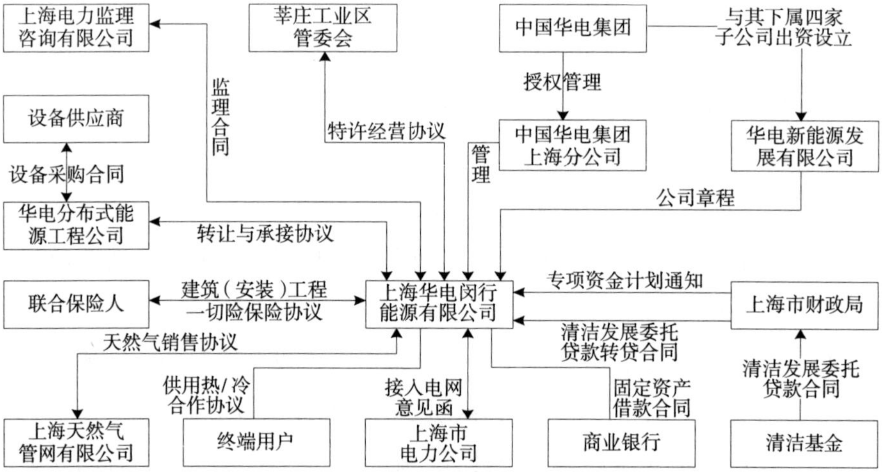

图 6.6　莘庄 CCHP 项目实际合同体系

（1）PPP 项目合同（或特许经营协议）：莘庄工业区管委会与项目公司签订特许经营协议，授予项目公司工业园区范围内经营性供热、冷 30 年特许经营权。

（2）融资合同：项目公司与贷款银行、上海市财政局分别签订固定资产贷款合同、清洁基金清洁发展委托贷款转贷合同。

（3）工程建设合同：项目公司与华电分布式能源工程公司签署《转让与承接协议》，由其作为工程总承包商；与上海电力监理咨询有限公司签署《监理合同》，由其负责对工程承包方的工程建设进行监督管理；与中国太平洋保险公司等联合保险人签订《建筑（安装）工程一切险保险协议》。

（4）设备采购合同：项目公司作为业主，华电分布式能源工程有限公司作为买方，与设备销售方签订《汽轮机发电机组合同》、《燃机商务合同》等设备采购合同。

（5）原材料供应合同：项目公司与上海天然气管网有限公司签订《天然气销售协议》，由其保障项目运营期间的天然气供应质量与气量。

（6）供能及销售合同：项目公司与园区内终端用户直接签订供用热 / 冷合作协议。售电方面，上海电力公司在并网前三个月与项目公司签订具体的购售电原则协议及并网调度协议。

PPP 专栏 11：PPP 项目合同双方的权利与义务示例（北京地铁 4 号线 PPP 项目）

1. 北京市政府的权利约定：

（1）制定 4 号线项目 B 部分的建设标准（包括设计、施工和验收标准），在《特许协议》中予以明确。

（2）建设期内，根据需要或法律变更情况对已确定的 B 部分建设标准进行修改或变更。

（3）根据《特许协议》规定的 B 部分建设标准，对工程的建设进度、质量进行监督和检查。

（4）监督 4 号线项目的试运行和竣工验收，审批竣工验收报告。

（5）制定试运营期和正式运营期的运营标准，在《特许协议》中予以明确。根据法律变更对运营标准进行变更。

（6）根据有关价格法律法规，制定和颁布 4 号线的运营票价，监督项目公司执行。

（7）要求项目公司报告项目建设、运营相关信息。

（8）在发生《特许协议》约定的紧急事件时，统一调度、临时接管或征用 4 号线的项目设施。

（9）特许期满，无偿取得项目公司 B 部分项目设施的所有权。

（10）如果发生项目公司一般违约的情况，要求项目公司纠正违约、向项目公司收取违约金或采取其他措施。

2. 北京市政府的义务约定：

（1）根据《特许协议》，为京港地铁公司投资、设计、建设和运营 4 号线项目设施提供支持条件。

（2）确保 4 号线 A 部分建设任务按规定的建设标准按时完成。

（3）协调京港地铁公司和其他线路的运营商建立按乘坐里程进行收入分配的分账机制及相关配套办法。

（4）因政府要求或法律变更导致京港地铁公司建设或运营成本增加时，给予京港地铁合理补偿。

3. 京港地铁公司的权利约定：

（1）在特许期内投资、建设和运营地铁 4 号线的独家权利。

（2）根据《特许协议》的规定，为 B 部分建设融资的目的，将 B 部分资产和项目收益权向贷款银行进行抵押或质押的权利。

（3）根据《特许协议》和《资产租赁协议》的规定，获得 A 部分资产的使用权；利用 4 号线项目设施自主经营，提供客运服务并获得票款收入；根据需要将客运服务中的辅助性工作委托给第三方。

（4）根据《特许协议》规定，在项目设施范围内（不包括地上部分），在遵守相关适用法律，特别是运营安全规定的前提下，直接或委托他人从事广告、通信等商业经营，取得相关收益。

（5）根据有关规定，有偿使用北京市轨道交通指挥中心（TCC）和自动售检票系统清算管理中心 (ACC) 等轨道交通运营公用设施。

（6）因市政府要求或法律变更导致京港地铁投资或运营成本增加时，根据《特许协议》约定获得补偿。

（7）在市政府违反《特许协议》情况下，根据《特许协议》约定获得补偿或赔偿。

（8）特许期结束后，如市政府继续采用特许经营方式选择经营者，京港地铁享有在同等条件下的优先权。

4. 京港地铁公司的义务约定：

（1）筹集 B 部分建设所需的全部资金，按照《特许协议》的规定保证建设资金按时到位。

（2）按照适用法律和《特许协议》规定的工期和建设标准，完成 4 号线项目 B 部分的建设任务，具体包括：

第一，采用先进的建设管理模式，组织建设施工和设备采购安装调试；

第二，按照协议规定的建设协调和争议解决机制，与 4 号线公司建立有效的工作机制，确保 A 部分和 B 部分建设工作的协调进行。

（3）按适用法律和《特许协议》的规定购买 B 部分建设期保险。

（4）执行因市政府要求或法律变更导致的 B 部分建设标准的变更。

（5）在 4 号线公司的配合下，组织和完成 4 号线项目的试运行；及时组织竣工验收，保证 4 号线按期开始试运营。

（6）在试运营期内，逐步达到规定的运营标准。试运营期最长不超过 2 年。

（7）在正式运营期内，按照《特许协议》及适用法律（包括相关行业办法、规章等）规定的运营标准，保持充分的客运服务能力，不间断地提供客运服务。未经市政府同意，不得将客运服务中的主要工作委托给第三方。

（8）执行因法律变更导致的运营标准的变更。

（9）按照《北京市城市轨道交通安全运营管理办法》的规定，建立安全管理系统、制定和实施安全演习计划、制订应急处理预案等措施，保证地铁的安全运营；在项目设施内从事商业经营时，遵守相关的安全规定。

6. 监管架构

监管架构主要包括授权关系和监管方式。

授权关系主要是政府对项目实施机构的授权，以及政府直接或通过项目实施机构对社会资本的授权；监管方式主要包括履约管理、行政监管和公众监督等。

行政监管：行政监管即保证项目公司的产品或服务质量符合行业通行技术标准和特殊规范，确保其服务高质高效、稳定安全、价格合理。

合同监管：合同监管即保证项目公司服务质量符合特许经营协议规定，保证政府依据特许经营协议对项目公司的要求得到遵从和履行。付费VS 绩效、续约 VS 绩效、股权公众监督：用户公共、项目利益相关方按照各自的利益和角色进行监管。

PPP 专栏 12：莘庄 CCHP 项目监管架构示例

（1）政府监管

由莘庄工业区管委会作为签约主体依据特许经营协议对项目公司实施合同监管；由财政局等涉及的其他政府部门协同管委会对项目公司进行行政监管。政府在履行监管职能时，不排除引入第三方咨询机构代表政府对项目公司的履约情况进行监督或中期评估。

（2）用户 / 公众监管

莘庄工业区最终用户将作为用户 / 公众监管主体对项目公司提供的服务进行监督，并有权对其服务向管委会进行投诉或提出建议。

（3）金融机构监管

贷款人将就项目资金使用及还款进度进行监管。

（4）其他利益相关者监管

由于权益、风险的传导机制，工程承包商、工程监理方、天然气供应商、电力收购商等项目利益相关方将依据各类协议对项目公司的正常运转和实际履约情况予以监督和约束。

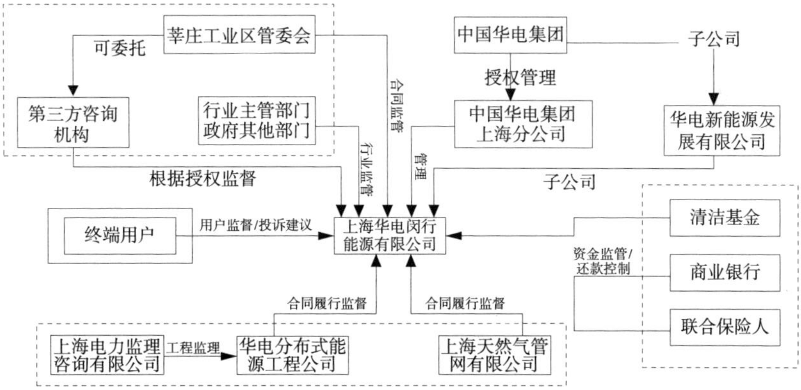

图 6.7　莘庄 CCHP 项目实际监管架构

7. 采购方式选择

项目采购应根据《中华人民共和国政府采购法》及相关规章制度执行，采购方式包括公开招标、邀请招标、竞争性谈判、竞争性磋商和单一来源采购。项目实施机构应根据项目采购需求特点，依法选择适当采购方式。

公开招标主要适用于核心边界条件和技术经济参数明确、完整、符合国家法律法规和政府采购政策，且采购中不作更改的项目。

PPP 专栏 13：竞争性磋商和竞争性谈判的联系与区别

竞争性磋商采购方式是财政部首次依法创新的采购方式，核心内容是“先明确采购需求、后竞争报价”的两阶段采购模式，倡导“物有所值”的价值目标。

两者联系：在“明确采购需求”阶段，二者关于采购程序、供应商来源方式、磋商或谈判公告要求、响应文件要求、磋商或谈判小组组成等方面的要求基本一致。

两者区别：在“竞争报价”阶段，竞争性磋商采用了类似公开招标的“综合评分法”，区别于竞争性谈判的“最低价成交”。

为了便于 PPP 项目中各采购人、采购代理机构、供应商及相关参与方更准确的理解，现对“竞争性谈判”与“竞争性磋商”的具体异同，作详细对比分析如下：

表 6.4　竞争性磋商和竞争性谈判的联系与区别

（1）法律层级规定的异同

	相同点	不同点
竞争性谈判	均属于法定的采购方式	《中华人民共和国政府采购法》（法律）第二十六条明确规定，出现较早（2003 年 1 月 1 日）。
竞争性磋商		《政府采购竞争性磋商采购方式管理暂行办法》（规范性文件）明确规定，出现较晚（2014 年 11 月 29 日）。

（2）定义的异同

	相同点	不同点
竞争性谈判	均有明文规定	是指谈判小组与符合资格条件的供应商就采购货物、工程和服务事宜进行谈判，供应商按照谈判文件的要求提交响应文件和最后报价，采购人从谈判小组提出的成交候选人中确定成交供应八商的采购方式。
竞争性磋商		是指采购人、政府采购代理机构通过组建竞争性磋商小组（以下简称磋商小组）与符合条件的供应商就采购货物、工程和服务事宜进行磋商，供应商按照磋商文件的要求提交响应文件和报价，采购人从磋商小组评审后提出的候选供应商名单中确定成交供应商的采购方式。

（3）适用范围的异同

适用范围，是指那些具体项目可以采用“竞争性谈判”或者“竞争性磋商”。

	相同点	不同点
竞争性谈判	1. 按照招标投标法及其实施条例必须进行招标的工程建设项目以外的； 2. 因艺术品采购、专利、专有技术或者服务的时间、数量事先不能确定等原因不能事先计算出价格总额的。	1. 依法制定的集中采购目录以内，且未达到公开招标数额标准的货物、服务； 2. 依法制定的集中采购目录以外、采购限额标准以上，且未达到公开招标数额标准的货物、服务； 3. 达到公开招标数额标准、经批准采用非公开招标方式的货物、服务； 4. 招标后没有供应商投标或者没有合格标的，或者重新招标未能成立的； 5. 技术复杂或者性质特殊，不能确定详细规格或者具体要求的； 6. 非采购人所能预见的原因或者非采购人拖延造成采用招标所需时间不能满足用户紧急需要的； 7. 公开招标的货物、服务采购项目，招标过程中提交投标文件或者经评审实质性响应招标文件要求的供应商只有两家时，采购人、采购代理机构报经本级财政部门批准后可以与该两家供应商进行竞争性谈判。
竞争性磋商		1. 政府购买服务项目； 2. 技术复杂或者性质特殊，不能确定详细规格或者具体要求的； 3. 市场竞争不充分的科研项目，以及需要扶持的科技成果转化项目。

（4）报批程序的异同

	相同点	不同点
竞争性谈判	1. 达到公开招标数额标准的货物、服务采购项目，拟采用“竞争性谈判”或者“竞争性磋商”方式的； 2. 采购人应当在采购活动开始前，报经主管预算单位同意后，再向设区的市、自治州以上人民政府财政部门申请批准。	无
竞争性磋商		无

（5）供应商（社会资本方）来源方式与数量的异同

	相同点	不同点
竞争性谈判	1. 采购人、采购代理机构通过发布公告； 2. 从省级以上财政部门建立的供应商库中随机抽取； 3. 采购人和评审专家分别书面推荐； 4. 采取采购人和评审专家书面推荐方式选择供应商的，采购人和评审专家应当各自出具书面推荐意见； 5. 采购人推荐供应商的比例不得高于推荐供应商总数的 50%。	邀请不少于 3 家符合相应资格条件的供应商参与；
竞争性磋商		政府购买服务项目（含政府和社会资本合作项目），在采购过程中符合要求的供应商（社会资本）只有 2 家的，竞争性磋商采购活动可以继续进行。采购过程中符合要求的供应商（社会资本）只有 1 家的，采购人（项目实施机构）或者采购代理机构应当终止竞争性磋商采购活动。（注：此条款财政部在 2015 年 6 月 30 日单独发财库〔2015〕124 号文进行了公告）

（6）谈判（磋商）文件包含内容的异同

	相同点	不同点
竞争性谈判	1. 应当根据采购项目的特点和采购人的实际需求制定，并经采购人书面同意； 2. 采购人应当以满足实际需求为原则，不得擅自提高经费预算和资产配置等采购标准； 3. 不得要求或者标明供应商名称或者特定货物的品牌，不得含有指向特定供应商的技术、服务等条件； 4. 包括供应商资格条件、采购邀请、采购方式、采购预算、采购需求、价格构成或者报价要求、响应文件编制要求、保证金交纳数额和形式、谈判（磋商）过程中可能实质性变动的内容等。	谈判文件还包括采购程序、提交响应文件截止时间及地点、评定成交的标准、采购需求中的技术、服务要求等。
竞争性磋商		磋商文件还包括政府采购政策要求、评审程序、评审方法、评审标准、不予退还保证金的情形、磋商、响应文件提交的截止时间、开启时间及地点等。

（7）谈判（磋商）程序时限的异同

<table>
<tr><th></th><th>相同点</th><th>不同点</th></tr>
<tr><td>竞争性谈判</td><td rowspan="2">1. 采购代理机构应当在评审结束后 2 个工作日内将评审报告送采购人确认；
2. 采购人应当在收到评审报告后 5 个工作日内，从评审报告提出的成交候选人中，……确定成交供应商；
3. 未成交供应商的保证金应当在成交通知书发出后 5 个工作日内退还，成交供应商的保证金应当在采购合同签订后 5 个工作日内退还；
4. 采购人与成交供应商应当在成交通知书发出之日起 30 日内，按照谈判（磋商）文件确定的合同文本以及采购标的、规格型号、采购金额、采购数量、技术和服务要求等事项签订政府采购合同；
5. 采购人或者采购代理机构应当在成交供应商确定后 2 个工作日内，在省级以上财政部门指定的政府采购信息发布媒体上公告成交结果，同时向成交供应商发出成交通知书，并将竞争性谈判（磋商）文件随成交结果同时公告。</td><td>1. 从谈判文件发出之日起至供应商提交首次响应文件截止之日止不得少于 3 个工作日；
2. 澄清或者修改的内容可能影响响应文件编制的，采购人、采购代理机构或者谈判小组应当在提交首次响应文件截止之日 3 个工作日前，以书面形式通知所有接收谈判文件的供应商，不足 3 个工作日的，应当顺延提交首次响应文件截止之日。</td></tr>
<tr><td>竞争性磋商</td><td>1. 从磋商文件发出之日起至供应商提交首次响应文件截止之日止不得少于 10 日；
2. 澄清或者修改的内容可能影响响应文件编制的，采购人、采购代理机构应当在提交首次响应文件截止时间至少 5 日前，以书面形式通知所有获取磋商文件的供应商；不足 5 日的，采购人、采购代理机构应当顺延提交首次响应文件截止时间；
3. 磋商文件的发售期限自开始之日起不得少于 5 个工作日。</td></tr>
</table>

（8）保证金的异同

<table>
<tr><th></th><th>相同点</th><th>不同点</th></tr>
<tr><td>竞争性谈判</td><td rowspan="2">1. 采购人、采购代理机构可以要求供应商在提交响应文件截止时间之前交纳磋商保证金；
2. 保证金应当采用支票、汇票、本票或者金融机构、担保机构出具的保函等非现金形式交纳；
3. 保证金数额应当不超过采购项目预算的 2%；
4. 供应商为联合体的，可以由联合体中的一方或者多方共同交纳磋商保证金，其交纳的保证金对联合体各方均具有约束力；
5. 已提交响应文件的供应商，在提交最后报价之前，可以根据谈判（磋商）情况退出谈判（磋商）。采购人、采购代理机构应当退还退出谈判（磋商）的供应商的（磋商）保证金；
6. 有下列情形之一的，（磋商）保证金不予退还：（一）供应商在提交响应文件截止时间后撤回响应文件的；（二）供应商在响应文件中提供虚假材料的；（三）除因不可抗力或谈判（磋商）文件认可的情形以外，成交供应商不与采购人签订合同的；（四）供应商与采购人、其他供应商或者采购代理机构恶意串通的；（五）谈判（磋商）文件规定的其他情形。</td><td>保证金还可以采用、网上银行支付。</td></tr>
<tr><td>竞争性磋商</td><td>供应商未按照磋商文件要求提交磋商保证金的，响应无效。</td></tr>
</table>

（9）谈判（磋商）小组组成的异同

<table>
<tr><th></th><th>相同点</th><th>不同点</th></tr>
<tr><td>竞争性谈判</td><td rowspan="2">1. 竞争性谈判（磋商）小组由采购人代表和评审专家共 3 人以上单数组成；
2. 评审专家人数不得少于竞争性谈判（磋商）小组成员总数的 2/3；
3. 采购人不得以评审专家身份参加本部门或本单位采购项目的评审；
4. 采购代理机构人员不得参加本机构代理的采购项目的评审；
5. 采用竞争性谈判（磋商）方式采购的政府采购项目，评审专家应当从政府采购评审专家库内相关专业的专家名单中随机抽取；
6. 技术复杂、专业性强的竞争性谈判（磋商）采购项目，评审专家中应当包含 1 名法律专家。</td><td>1. 达到公开招标数额标准的货物或者服务采购项目，或者达到招标规模标准的政府采购工程，竞争性谈判小组或者询价小组应当由 5 人以上单数组成；
2. 技术复杂、专业性强的竞争性谈判采购项目，通过随机方式难以确定合适的评审专家的，经主管预算单位同意，可以自行选定评审专家。</td></tr>
<tr><td>竞争性磋商</td><td>市场竞争不充分的科研项目，以及需要扶持的科技成果转化项目，以及情况特殊、通过随机方式难以确定合适的评审专家的项目，经主管预算单位同意，可以自行选定评审专家。</td></tr>
</table>

（10）最后报价供应商数量的异同

<table>
<tr><th></th><th>相同点</th><th>不同点</th></tr>
<tr><td>竞争性谈判</td><td rowspan="2">1. 谈判（磋商）文件能够详细列明采购标的的技术、服务要求的，谈判（磋商）结束后，谈判（磋商）小组应当要求所有继续参加谈判（磋商）的供应商在规定时间内提交最后报价，提交最后报价的供应商不得少于 3 家；
2. 谈判（磋商）文件不能详细列明采购标的的技术、服务要求，需经谈判（磋商）由供应商提供最终设计方案或解决方案的，谈判（磋商）结束后，谈判（磋商）小组应当按照少数服从多数的原则投票推荐 3 家以上供应商的设计方案或者解决方案，并要求其在规定时间内提交最后报价；
3. 最后报价是供应商响应文件的有效组成部分。</td><td>公开招标的货物、服务采购项目，招标过程中提交投标文件或者经评审实质性响应招标文件要求的供应商只有两家时，采购人、采购代理机构报经本级财政部门批准后可以与该 2 家供应商进行竞争性谈判采购，采购人、采购代理机构应当根据招标文件中的采购需求编制谈判文件，成立谈判小组，由谈判小组对谈判文件进行确认，提交最后报价的供应商最低数量可以为 2 家。</td></tr>
<tr><td>竞争性磋商</td><td>市场竞争不充分的科研项目，以及需要扶持的科技成果转化项目提交最后报价的供应商可以为 2 家。</td></tr>
</table>

（11）推荐成交候选供应商（社会资本方）的异同

	相同点	不同点
竞争性谈判	原则上均推荐 3 名以上	1. 谈判小组应当从质量和服务均能满足采购文件实质性响应要求的供应商中，按照最后报价由低到高的顺序提出成交候选人； 2. 公开招标的货物、服务采购项目，招标过程中提交投标文件或者经评审实质性响应招标文件要求的供应商只有两家时，采购人、采购代理机构报经本级财政部门批准后可以与该 2 家供应商进行竞争性谈判采购，采购人、采购代理机构应当根据招标文件中的采购需求编制谈判文件，成立谈判小组，由谈判小组对谈判文件进行确认，谈判小组推荐的成交候选人可以为 2 家。
竞争性磋商	成交候选供应商，并编写评审报告。	1. 经磋商确定最终采购需求和提交最后报价的供应商后，由磋商小组采用综合评分法对提交最后报价的供应商的响应文件和最后报价进行综合评分； 2. 综合评分法，是指响应文件满足磋商文件全部实质性要求且按评审因素的量化指标评审得分最高的供应商为成交候选供应商的评审方法； 3. 综合评分法评审标准中的分值设置应当与评审因素的量化指标相对应。磋商文件中没有规定的评审标准不得作为评审依据； 4. 评审时，磋商小组各成员应当独立对每个有效响应的文件进行评价、打分，然后汇总每个供应商每项评分因素的得分； 5. 综合评分法货物项目的价格分值占总分值的比重(即权值)为 30%至 60%，服务项目的价格分值占总分值的比重(即权值)为 10%至 30%。采购项目中含不同采购对象的，以占项目资金比例最高的采购对象确定其项目属性； 6. 因艺术品采购、专利、专有技术或者服务的时间、数量事先不能确定等原因不能事先计算出价格总额的项目和执行统一价格标准的项目，其价格不列为评分因素。有特殊情况需要在上述规定范围外设定价格分权重的，应当经本级人民政府财政部门审核同意； 7. 综合评分法中的价格分统一采用低价优先法计算，即满足磋商文件要求且最后报价最低的供应商的价格为磋商基准价，其价格分为满分。其他供应商的价格分统一按照下列公式计算：磋商报价得分 =（磋商基准价 / 最后磋商报价）× 价格权值 ×100；项目评审过程中，不得去掉最后报价中的最高报价和最低报价； 8. 磋商小组应当根据综合评分情况，按照评审得分由高到低顺序推荐成交候选供应商； 9. 市场竞争不充分的科研项目，以及需要扶持的科技成果转化项目，提交最后报价的供应商为 2 家的，可以推荐 2 家成交候选供应商； 10. 评审得分相同的，按照最后报价由低到高的顺序推荐； 11. 评审得分且最后报价相同的，按照技术指标优劣顺序推荐。

（12）确定成交供应商（社会资本方）的异同

<table>
<tr><th></th><th>相同点</th><th>不同点</th></tr>
<tr><td>竞争性谈判</td><td rowspan="2">1. 从评审报告提出的成交候选供应商中选择；
2. 可以书面授权谈判（磋商）小组直接确定成交供应商。</td><td>1. 根据质量和服务均能满足采购文件实质性响应要求且最后报价最低的原则确定成交供应商；
2. 采购人逾期未确定成交供应商且不提出异议的，视为确定评审报告提出的最后报价最低的供应商为成交供应商。</td></tr>
<tr><td>竞争性磋商</td><td>1. 按照排序由高到低的原则确定成交供应商；
2. 采购人逾期未确定成交供应商且不提出异议的，视为确定评审报告提出的排序第一的供应商为成交供应商。</td></tr>
</table>

（13）重新评审的异同

<table>
<tr><th></th><th>相同点</th><th>不同点</th></tr>
<tr><td>竞争性谈判</td><td rowspan="2">采购人、采购代理机构发现谈判（磋商）小组未按照采购文件规定的评定成交的标准进行评审的，应当重新开展采购活动，并同时书面报告本级财政部门。</td><td>除资格性审查认定错误和价格计算错误外，采购人或者采购代理机构不得以任何理由组织重新评审。</td></tr>
<tr><td>竞争性磋商</td><td>1. 除资格性检查认定错误、分值汇总计算错误、分项评分超出评分标准范围、客观分评分不一致、经磋商小组一致认定评分畸高、畸低的情形外，采购人或者采购代理机构不得以任何理由组织重新评审；
2. 采购人或者采购代理机构不得通过对样品进行检测、对供应商进行考察等方式改变评审结果。</td></tr>
</table>

（14）终止竞争性谈判（磋商）采购活动的异同

<table>
<tr><th></th><th>相同点</th><th>不同点</th></tr>
<tr><td>竞争性谈判</td><td rowspan="2">1. 在采购活动中因重大变故，采购任务取消的，采购人或者采购代理机构应当终止采购活动，通知所有参加采购活动的供应商，并将项目实施情况和采购任务取消原因报送本级财政部门；
2. 出现影响采购公正的违法、违规行为的，或者符合（竞争）要求的供应商或者报价未超过采购预算的供应商不足 3 家的，采购人或者采购代理机构应当终止竞争性谈判采购活动，发布项目终止公告并说明原因，重新开展采购活动。</td><td>1. 因情况变化，不再符合规定的竞争性谈判采购方式适用情形的，采购人或者采购代理机构应当终止竞争性谈判采购活动，发布项目终止公告并说明原因，重新开展采购活动；
2. 公开招标的货物、服务采购项目，招标过程中提交投标文件或者经评审实质性响应招标文件要求的供应商只有两家时，采购人、采购代理机构报经本级财政部门批准后可以与该两家供应商进行竞争性谈判采购而不需要终止采购活动。</td></tr>
<tr><td>竞争性磋商</td><td>1. 因情况变化，不再符合规定的竞争性磋商采购方式适用情形的，采购人或者采购代理机构应当终止竞争性磋商采购活动，发布项目终止公告并说明原因，重新开展采购活动；
2. 市场竞争不充分的科研项目，以及需要扶持的科技成果转化项目，在采购过程中符合要求的供应商或者报价未超过采购预算的供应商可以为两家而不需要终止采购活动。</td></tr>
</table>

（15）法律责任的异同

<table>
<tr><th></th><th>相同点</th><th>不同点</th></tr>
<tr><td>竞争性谈判</td><td rowspan="2">在《中华人民共和国政府采购法》（法律）中均有相应规定。</td><td>在《政府采购非招标采购方式管理办法》（规章）中有明确规定。</td></tr>
<tr><td>竞争性磋商</td><td>在《政府采购竞争性磋商采购方式管理暂行办法》（规范性文件）无明确规定。</td></tr>
</table>

从以上的对比分析可知，PPP 项目政府采购方式中，“竞争性谈判”与“竞争性磋商”的最大区别，在成交供应商（社会资本方）的确定方式以及候选成交供应商（社会资本方）的推荐方法及评审标准中，“竞争性谈判”主要看“价格”，“竞争性磋商”主要看“综合”；除此之外，两者之间的适用范围、法定时限、重新评审标准等，也有重大区别；其他的程序性内容，基本上大体相同。

6.2.3 实施方案审核

财政部门（政府和社会资本合作中心）应对项目实施方案进行物有所

值和财政承受能力验证，通过验证的，由项目实施机构报政府审核；未通过验证的，可在实施方案调整后重新验证；经重新验证仍不能通过的，不再采用政府和社会资本合作模式。

PPP 专栏 14：财政部 PPP 示范项目对实施方案的审核标准

1. 定性评审

项目定性评审主要审查项目的合规性，具体包括主体合规性、客体合规性、程序合规性三部分内容：

（1）项目相关参与主体是否合规。有下列情形之一的，不再列为备选项目：

政府方：国有企业和融资平台公司作为政府方签署 PPP 项目合同的；

社会资本方：未按国办发 42 号文要求剥离政府性债务并承诺不再承担融资平台职能的本地融资平台公司作为社会资本方的。

（2）项目的适用领域、运作方式、合作期限是否合规。有下列情形之一的，不再列为备选项目：

适用领域：不属于公共产品或公共服务领域的；

运作方式：采用建设 – 移交（BT）方式实施的；

合作期限：合作期限低于 10 年的；

变相融资：采用保底承诺、回购安排、明股实债等方式进行变相融资的；

（3）项目实施程序是否合规。有下列情形之一的，不再列为备选项目：

规划立项：项目未按要求纳入城市总体规划和各类专项规划的，新建项目未按规定程序完成可行性研究、立项等项目前期工作的；

承受能力：未按财金 [2015]21 号文要求开展财政承受能力论证的。

2. 定量评审

定量评审采取专家评分方式，主要评价指标包括：

（1）项目材料的规范性。项目申报材料是否完整、规范，内容是否详实、准确。

（2）项目实施方案的合理性。

全生命周期整合：项目需求是否长期稳定，是否能够实现对项目设计、融资、建设、运营、维护、移交等全生命周期的有机整合；

交易结构：交易结构设计是否合理，交易边界是否清晰；

财务测算：项目投入和产出是否明确，财务测算是否科学、精确；

风险分担：风险识别是否充分，政府与社会资本之间的风险分配是否合理，政府是否明确将部分项目风险、尤其是运营风险转移给了社会资本；

回报机制：项目回报机制是否合理，是否设置合理的按绩效付费或超额收益分享机制；

社会资本采购方式：项目社会资本采购方式是否明确、合理，论证是否充分；

绩效管理：项目建设、运营维护和移交等全生命周期的绩效指标是否明确，绩效监控和考核机制是否健全，能否实现有效激励和约束，提升公共服务质量。

（3）财政中长期的可持续性。是否按照《政府和社会资本合作项目财政承受能力论证指引》（财金 (2015)21 号）进行财政承受能力论证，论证方法和过程是否科学；每一年度全部 PPP 项目需要从预算中安排的支出责任，占一般公共预算支出比利是否超过 10%。

（4）项目采用 PPP 模式的适用性。项目是否按要求开展物有所值评价，项目采用 PPP 模式与传统政府投资模式相比是否能够提高公共服务供给数量和效率，降低项目全生命周期成本。

（5）项目融资的可获得性。项目融资方案是否合理，金融机构等融资方前期介入和响应速度如何，项目能否顺利完成融资。

（6）项目的实施进度。项目立项审批手续是否齐备，前期准备工作是否充分，所处进展阶段如何，是否具备快速落地的可能性。

（7）项目的示范推广价值。项目是否严格执行国家法律法规和财政部一系列政策要求，操作流程是否规范有序；项目在行业领域拓展、合作伙伴引入、合作内容组合、运作方式选择、交易结构设计、技术应用、管理经验等方面，对于所在地区和行业是否具有一定的推广和示范价值。

（8）化解债务或增加公共服务供给的有效性。存量项目是否能够有效化解地方债务，预计可化解地方政府债务的金额和占比如何；新建项目是否能够有效提升公共服务供给数量和质量，增加人民福祉，带动地区、行业经济发展。

6.3 项目采购

6.3.1 资格预审

项目实施机构根据项目需要准备资格预审文件，发布资格预审公告，邀请社会资本和与其合作的金融机构参与资格预审，验证项目能否获得社会资本响应和实现充分竞争，并将资格预审的评审报告提交财政部门（政府和社会资本合作中心）备案。

项目有 3 家以上社会资本通过资格预审的，项目实施机构可以继续开展采购文件准备工作；项目通过资格预审的社会资本不足 3 家的，项目实施机构应在实施方案调整后重新组织资格预审；项目经重新资格预审合格社会资本仍不够 3 家的，需调整采购方式。资格预审公告在省级以上人民政府财政部门指定的媒体上发布。资格预审合格的社会资本在签订项目合同前资格发生变化的，应及时通知项目实施机构。

资格预审公告应包括项目授权主体、项目实施机构和项目名称、采购需求、对社会资本的资格要求、是否允许联合体参与采购活动、拟确定参与竞争的合格社会资本的家数和确定方法，以及社会资本提交资格预审申请文件的时间和地点。提交资格预审申请文件的时间自公告发布之日起不得少于15个工作日。

6.3.2 采购文件编制

项目采购文件应包括采购邀请、竞争者须知（包括密封、签署、盖章要求等）、竞争者应提供的资格、资信及业绩证明文件、采购方式、政府对项目实施机构的授权、实施方案的批复和项目相关审批文件、采购程序、响应文件编制要求、提交响应文件截止时间、开启时间及地点、强制担保的保证金交纳数额和形式、评审方法、评审标准、政府采购政策要求、项目合同草案及其他法律文本等。

采用竞争性谈判或竞争性磋商采购方式的，项目采购文件除上款规定的内容外，还应明确评审小组根据与社会资本谈判情况可能实质性变动的内容，包括采购需求中的技术、服务要求以及合同草案条款。评审小组由项目实施机构代表和评审专家共5人以上单数组成，其中评审专家人数不得少于评审小组成员总数的2/3。评审专家可以由项目实施机构自行选定，但评审专家中应至少包含1名财务专家和1名法律专家。项目实施机构代表不得以评审专家身份参加项目的评审。

项目采用公开招标、邀请招标、竞争性谈判、单一来源采购方式开展采购的，按照政府采购法律法规及有关规定执行。

项目采用竞争性磋商采购方式开展采购的，按照下列基本程序进行：

（1）采购公告发布及报名

竞争性磋商公告应在省级以上人民政府财政部门指定的媒体上发布。竞争性磋商公告应包括项目实施机构和项目名称、项目结构和核心边界条件、是否允许未进行资格预审的社会资本参与采购活动，以及审查原则、项目产出说明、对社会资本提供的响应文件要求、获取采购文件的时间、地点、方式及采购文件的售价、提交响应文件截止时间、开启时间及地点。提交响应文件的时间自公告发布之日起不得少于 10 日。

（2）资格审查及采购文件发售

已进行资格预审的，评审小组在评审阶段不再对社会资本资格进行审查。允许进行资格后审的，由评审小组在响应文件评审环节对社会资本进行资格审查。项目实施机构可以视项目的具体情况，组织对符合条件的社会资本的资格条件，进行考察核实。

采购文件的发售期限自开始之日起不得少于 5 个工作日。

（3）采购文件的澄清或修改

提交首次响应文件截止之日前，项目实施机构可以对已发出的采购文件进行必要的澄清或修改，澄清或修改的内容应作为采购文件的组成部分。澄清或修改的内容可能影响响应文件编制的，项目实施机构应在提交首次响应文件截止时间至少 5 日前，以书面形式通知所有获取采购文件的社会资本；不足 5 日的，项目实施机构应顺延提交响应文件的截止时间。

6.3.3 响应文件评审

项目实施机构应按照采购文件规定组织响应文件的接收和开启。

评审小组对响应文件进行两阶段评审：

第一阶段：确定最终采购需求方案。评审小组可以与社会资本进行多轮谈判，谈判过程中可实质性修订采购文件的技术、服务要求以及合同草案条款，但不得修订采购文件中规定的不可谈判核心条件。实质性变动的内容，须经项目实施机构确认，并通知所有参与谈判的社会资本。具体程序按照《政府采购非招标方式管理办法》及有关规定执行。

第二阶段：综合评分。最终采购需求方案确定后，由评审小组对社会资本提交的最终响应文件进行综合评分，编写评审报告并向项目实施机构提交候选社会资本的排序名单。具体程序按照《政府采购货物和服务招标投标管理办法》及有关规定执行。

项目实施机构应在资格预审公告、采购公告、采购文件、采购合同中，列明对本国社会资本的优惠措施及幅度、外方社会资本采购我国生产的货物和服务要求等相关政府采购政策，以及对社会资本参与采购活动和履约保证的强制担保要求。社会资本应以支票、汇票、本票或金融机构、担保机构出具的保函等非现金形式缴纳保证金。参加采购活动的保证金的数额不得超过项目预算金额的 2%。履约保证金的数额不得超过政府和社会资本合作项目初始投资总额或资产评估值的 10%。无固定资产投资或投资额不大的服务型合作项目，履约保证金的数额不得超过平均 6 个月的服务收入额。

项目实施机构应组织社会资本进行现场考察或召开采购前答疑会，但不得单独或分别组织只有一个社会资本参加的现场考察和答疑会。

6.3.4 谈判与合同签署

项目实施机构应成立专门的采购结果确认谈判工作组。按照候选社会资本的排名，依次与候选社会资本及与其合作的金融机构就合同中可变的细节问题进行合同签署前的确认谈判，率先达成一致的即为中选者。确认谈判不得涉及合同中不可谈判的核心条款，不得与排序在前但已终止谈判的社会资本进行再次谈判。

确认谈判完成后，项目实施机构应与中选社会资本签署确认谈判备忘录，并将采购结果和根据采购文件、响应文件、补遗文件和确认谈判备忘录拟定的合同文本进行公示，公示期不得少于 5 个工作日。合同文本应将中选社会资本响应文件中的重要承诺和技术文件等作为附件。合同文本中涉及国家秘密、商业秘密的内容可以不公示。

公示期满无异议的项目合同，应在政府审核同意后，由项目实施机构与中选社会资本签署。

需要为项目设立专门项目公司的，待项目公司成立后，由项目公司与项目实施机构重新签署项目合同，或签署关于承继项目合同的补充合同。

项目实施机构在项目合同签订之日起 2 个工作日内，将项目合同在省级以上人民政府财政部门指定的媒体上公告，但合同中涉及国家秘密、商业秘密的内容除外。

6.4 项目执行

6.4.1 项目公司设立

社会资本可依法设立项目公司。政府可指定相关机构依法参股项目公司，在整个项目公司设立过程中，政府可以出资，也可以不出资，若政府出资一般持股比例应当低于 50% 且不具有实际控制力及管理权。

PPP 专栏 15：国务院发布关于调整项目资本金比例的通知

2015 年 9 月 14 日国务院发布《关于调整和完善固定资产投资项目资本金制度的通知》中关于资本金比例调整如下：

港口、沿海及内河航运、机场等领域固定资产投资项目最低资本金比例由 30% 调整为 25%，铁路、公路、城市轨道交通项目由 25% 调整为 20%，玉米深加工项目由 30% 调整为 20%，城市地下综合管廊和急需的停车场项目，以及经国务院批准、情况特殊的国家重大项目资本金比例可比规定的再适当降低。产能过剩行业要继续执行原有的最低资本金比例，钢铁、电解铝项目最低资本金比例维持 40% 不变，水泥项目维持 35% 不变，煤炭、电石、铁合金、烧碱、焦炭、黄磷、多晶硅项目维持 30% 不变。

项目资本金的出资方式：项目投资资本金可以用货币出资，也可以用实物、工业产权、非专利技术、土地使用权等出资，但必须经过有资格的资产评估机构依照法律、法规评估作价。以工业产权、非专利技术作价出资的比例不得超过投资项目资本金总额的 20%，国家对采用高新技术成果有特别规定的除外。

具备足够的项目资本金是成立项目公司的前提，在我国由于法律法规的限制，项目资本金是不能通过商业银行的贷款来出资的。而 PPP 项目投资额一般都很大，即便是 20% 的资本金要求，这对社会资本和政府方来说都是一个很大的负担。为了解决这一融资难题，由六部委联合制定并于 2015 年 6 月 1 日正式施行的《基础设施和公用事业特许经营管理办法》（25 号令）提出："国家鼓励通过设立产业基金等形式入股提供特许经营项目资本金。鼓励特许经营项目公司进行结构化融资，发行项目收益票据和资产支持票据等。国家鼓励特许经营项目采用成立私募基金，引入战略投资者，发行企业债券、项目收益债券、公司债券、非金融企业债务融资工具等方式拓宽投融资渠道。"该法规对 PPP 项目公司的资本金融资问题指明了一条新的路径。

6.4.2 融资管理

项目融资由社会资本或项目公司负责。社会资本或项目公司未按照项目合同约定完成融资的，政府可提取履约保函直至终止项目合同；遇系统性金融风险或不可抗力的，政府、社会资本或项目公司可根据项目合同约定协商修订合同中相关融资条款。

当项目出现重大经营或财务风险，威胁或侵害债权人利益时，债权人可依据与政府、社会资本或项目公司签订的直接介入协议或条款，要求社会资本或项目公司改善管理等。在直接介入协议或条款约定期限内，重大风险已解除的，债权人应停止介入。

6.4.3 绩效监测与支付

项目合同中涉及的政府支付义务，财政部门应结合中长期财政规划统筹考虑，纳入同级政府预算，按照预算管理相关规定执行。财政部门（政府和社会资本合作中心）和项目实施机构应建立政府和社会资本合作项目政府支付台账，严格控制政府财政风险。在政府综合财务报告制度建立后，政府和社会资本合作项目中的政府支付义务应纳入政府综合财务报告。项目实施机构应根据项目合同约定，监督社会资本或项目公司履行合同义务，定期监测项目产出绩效指标，编制季报和年报，并报财政部门（政府和社会资本合作中心）备案。

政府有支付义务的，项目实施机构应根据项目合同约定的产出说明，按照实际绩效直接或通知财政部门向社会资本或项目公司及时足额支付。设置超额收益分享机制的，社会资本或项目公司应根据项目合同约定向政府及时足额支付应享有的超额收益。

项目实际绩效优于约定标准的，项目实施机构应执行项目合同约定的奖励条款，并可将其作为项目期满合同能否展期的依据；未达到约定标准的，项目实施机构应执行项目合同约定的惩处条款或救济措施。

社会资本或项目公司违反项目合同约定，威胁公共产品和服务持续稳定安全供给，或危及国家安全和重大公共利益的，政府有权临时接管项目，直至启动项目提前终止程序。政府可指定合格机构实施临时接管。临时接管项目所产生的一切费用，将根据项目合同约定，由违约方单独承担或由各责任方分担。社会资本或项目公司应承担的临时接管费用，可以从其应获终止补偿中扣减。在项目合同执行和管理过程中，项目实施机构应重点关注合同修订、违约责任和争议解决等工作。

（1）合同修订

按照项目合同约定的条件和程序，项目实施机构和社会资本或项目公司可根据社会经济环境、公共产品和服务的需求量及结构等条件的变化，提出修订项目合同申请，待政府审核同意后执行。

（2）违约责任

项目实施机构、社会资本或项目公司未履行项目合同约定义务的，应承担相应违约责任，包括停止侵害、消除影响、支付违约金、赔偿损失以及解除项目合同等。

（3）争议解决

在项目实施过程中，按照项目合同约定，项目实施机构、社会资本或项目公司可就发生争议且无法协商达成一致的事项，依法申请仲裁或提起民事诉讼。

6.4.4 中期评估

项目实施机构每 3~5 年对项目进行中期评估，重点分析项目运行状况和项目合同的合规性、适应性和合理性；及时评估已发现问题的风险，制订应对措施，并报财政部门（政府和社会资本合作中心）备案。政府相关职能部门应根据国家相关法律法规对项目履行行政监管职责，重点关注公共产品和服务质量、价格和收费机制、安全生产、环境保护和劳动者权益等。政府、社会资本或项目公司应依法公开披露项目相关信息，保障公众知情权，接受社会监督。

社会资本或项目公司应披露项目产出的数量和质量、项目经营状况等信息。政府应公开不涉及国家秘密、商业秘密的政府和社会资本合作项目合同条款、绩效监测报告、中期评估报告和项目重大变更或终止情况等。

6.5 项目移交

6.5.1 移交准备

项目移交时，项目实施机构或政府指定的其他机构代表政府收回项目合同约定的项目资产。项目合同中应明确约定移交形式、补偿方式、移交内容和移交标准。移交形式包括期满终止移交和提前终止移交；补偿方式包括无偿移交和有偿移交；移交内容包括项目资产、人员、文档和知识产权等；移交标准包括设备完好率和最短可使用年限等指标。采用有偿移交的，项目合同中应明确约定补偿方案；没有约定或约定不明的，项目实施机构应按照“恢复相同经济地位”原则拟定补偿方案，报政府审核同意后实施。

PPP 专栏 16：PPP 项目移交示例（北京地铁 4 号线 PPP 项目）

1. 特许权的终止和处理：

（1）特许期届满，特许权终止。

（2）发生市政府或特许公司严重违约事件，守约方有权提出终止。如果因市政府严重违约导致《特许协议》终止，市政府将以合理的价格收购 B 部分项目设施，并给予特许公司相应补偿；如果因特许公司严重违约事件导致《特许协议》终止，市政府根据《特许协议》规定折价收购 B 部分的项目设施。

（3）如果市政府因公共利益的需要终止《特许协议》，市政府将以合理价格收购 B 部分项目设施，并给予特许公司合理补偿。

（4）因不可抗力事件导致双方无法履行《特许协议》且无法就继续履行《特许协议》达成一致，任何一方有权提出终止。政府将以合理价格收购 B 部分项目设施。

（5）如果客流持续 3 年低于认可的预测客流的一定比例，导致特许公司无法维持正常经营，且双方无法就如何继续履行《特许协议》达成一致意见，《特许协议》终止。市政府将根据《特许协议》的规定按市场公允价格回购 B 部分项目资产，但特许公司应自行承担前 3 年的经营亏损。

2.PPP 项目特许协议终止后的处理方式

特许期结束后，京港地铁公司须向市政府移交能够正常运营的 4 号线项目设施。 在特许期届满前 36 个月，北京市政府和京港地铁公司将共同成立一个移交委员会，双方各派 3 名代表组成，负责过渡期内有关项目移交事宜。

3.PPP 项目特许协议终止后的处理事宜

（1）成立移交委员会

移交委员会商定 4 号线项目设施移交的详细程序、培训计划的实施和移交的设备、设施、物品、零配件和备件等的详细清单，以及向第三方公告移交的方式。京港地铁公司应在会谈中提交负责移交的代表名单，北京市政府或其指定机构应告知京港地铁公司负责接收移交的代表名单。移交委员会应在移交前的 6 个月内确定上述安排。

（2）确定移交范围

京港地铁公司应在移交日向北京市政府或其指定机构无偿移交“特许经营协议”附件中载明的 4 号线项目设施。京港地铁公司应确保这些资产和权力在向北京市政府或其指定机构移交时为没有任何抵押、质押等担保权益或权益约束，亦不得存在任何种类和性质的索赔权。4 号线项目相关土地及场地在移交日应不存在因京港地铁公司建设B部分项目设施、运营和维护4号线项目设施导致的或京港地铁公司另外引致的环境污染。

（3）确定保险的转让和承包商的责任

在移交时，京港地铁公司将所有承包商、制造商和供应商提供的尚未期满的担保及保证，以及所有的保险单、暂保单和保险单批单等与4号线项目设施有关的其他担保、保证及保险凭证，全部无偿转让给北京市政府或其指定机构，双方另有约定的除外。

（4）技术转让

京港地铁公司应在移交日将其拥有的，以及运营和维护4号线项目设施所需的技术诀窍，无偿移交及转让给北京市政府或其指定机构，并确保北京市政府或其指定机构不会因使用这些技术和技术诀窍而遭受侵权索赔；如果是以许可或分许可方式从第三方获得的技术和技术诀窍，在移交日后将该等技术和技术诀窍继续许可给北京市政府或其他指定机构使用，但因此产生的使用该等技术和技术诀窍的相关许可费用，由北京市政府或其指定机构承担。

（5）合同转让

若北京市政府或其指定机构有要求，京港地铁公司应转让其签订的、于移交时仍有效的运营维护合同、设备合同、供货合同和所有其他合同。北京市政府或其指定机构对于转让合同所发生的任何费用不负责任，同时京港地铁公司应保护北京市政府或其指定机构，使之不会因此受到损害。

（6）风险转移

京港地铁公司应承担移交日前4号线项目设施的全部或部分损失或损坏风险，除非损失或损坏是由北京市政府或其指定机构或地铁4号线公司的违约所造成的（就A部分项目设施而言，除非损失或损坏是由北京市政府或其指定机构或地铁4号线公司违约或不可抗力造成的）。移交日后，4号线项目设施的全部或部分损失或损坏的风险由北京市政府或其指定机构承担。

项目移交工作组应委托具有相关资质的资产评估机构，按照项目合同约定的评估方式，对移交资产进行资产评估，作为确定补偿金额的依据。项目移交工作组应严格按照性能测试方案和移交标准对移交资产进行性能测试。性能测试结果不达标的，移交工作组应要求社会资本或项目公司进行恢复性修理、更新重置或提取移交维修保函。

6.5.2 项目测试

项目实施机构或政府指定的其他机构应组建项目移交工作组，根据项目合同约定与社会资本或项目公司确认移交情形和补偿方式，制定资产评估和性能测试方案。

6.5.3 资产交割

社会资本或项目公司应将满足性能测试要求的项目资产、知识产权和技术法律文件，连同资产清单移交项目实施机构或政府指定的其他机构，办妥法律过户和管理权移交手续。社会资本或项目公司配合做好项目运营平稳过渡相关工作。

6.5.4 绩效评价

项目移交完成后，财政部门（政府和社会资本合作中心）应组织有关部门对项目产出、成本效益、监管成效、可持续性、政府和社会资本合作模式应用等进行绩效评价，并按相关规定公开评价结果。

PPP 专栏 17：PPP 模式绩效评价示例（北京地铁 4 号线 PPP 项目经济性评价）

1. 基于简单运营成本的评价

在对 4 号线进行经济性分析时需要找到一个相似的参考项目，使项目具备比较的基础。鉴于北京地铁 5 号线的开通时间、招标采购标准、站点分布与 4 号线较为相似，因此选取北京地铁 5 号线作为可比线路进行分析。两条线路最大的不同是 5 号线的地上车站数有 7 个，4 号线没有地上车站。考虑到地上车站的运营成本明显低于地下车站（如动力照明用电地上车站为地下车站用量的 30% 左右），故选取北京地铁 5 号线作为可比线路是可行的。两地铁的运营成本对照如下表所示。

表 6.5　北京地铁 5 号线与 4 号线运营成本对照表

序号	项目	5 号线（传统模式）	4 号线（PPP 模式）
1	线路长度 /km	27.50	28.60
2	车站数量	23.00	24.00
3	年客流量 / 万人次	23061.51	23457.24
4	车辆年走行里程 / 万 km	2718.50	3043.73
5	年票务收入 / 万元	27010.61	24635.16
6	简单运营总成本 / 万元	41156.20	40496.74
6.1	主营业务成本 / 万元	34525.60	36831.49
	电力费 / 万元	9247.32	8211.06
	修理费 / 万元	4279.58	3200.09
	营运费用 / 万元	3052.05	5630.17
6.2	管理费用 / 万元	5739.25	3200.09
7	每车 km 简单运营成本 /(元 / 车 km)	15.14	13.30
8	每人次简单运营成本 /(元 / 人次)	1.78	1.73

上表中 5 号线相关数据由北京地铁公司提供；4 号线相关数据由京港地铁公司提供；从表中可以直观地看出，4 号线的每车 km 成本与每人次成本均低于 5 号线。其中每车 km 成本相差 1.84 元，每人次简单运营成本相差 0.05 元。分析其成本构成不难发现，4 号线的成本节约主要来自电力费、修理费和管理费用三方面，特别是维修费用和管理费用。

2. 基于项目总投资和财政补贴角度的评价

基于简单运营成本数据，按北京地铁 5 号线现状（传统模式），4 号线传统模式（假设）和 4 号线现状 (PPP 模式）三种情形进行测算，可以得到下表的对比数据。

表 6.6　北京地铁 4,5 号线政府投资和补贴测算对比表

序号	项目	5 号线（传统模式）	4 号线（传统模式）	4 号线（PPP 模式）	4 号线 PPP 模式与 5 号线传统模式差异（节省资金）	4 号线 PPP 模式与传统模式差异（节省资金）
1	政府初始建设投资 / 亿元	127.00	153.90	107.70	19.30	46.20
2	政府资本金投资 / 亿元	50.80	61 .50	61.50	–10.70	0
3	政府建设贷款 / 亿元	76.20	92.30	46.20	30.00	46.10
4	政府追加投资贷款 / 亿元	16.20	7. 40	0.70	15.50	6.70
5	政府总投资 / 亿元	143.20	161 .30	108.40	34.80	52.90
6	贷款利率 /%	5.90	5 .90	5.90		
7	政府年付息支出 / 亿元	5.50	5 .90	2.80	2.70	3.10
8	政府年运营补贴 / 亿元	1.40	1.60			–4.70
9	机电部分更新、维修改造及其他补贴 / 亿元	3.20	3.40	6.40	–1.80	3.40
10	政府综合支出合计 / 亿元	10.10	10.90	9.10	1.00	1.80

在上表中：4 号线 PPP 模式下社会投资者按京港地铁公司负责的 46 亿元投资计算；资本金投资按照北京市目前的实际情况，按项目总投资的 40% 计算，60% 为建设贷款。政府追加投资为自开通运营以来政府的追加投资，其中 5 号线数据为在 2008 年和 2010 年共增加了 29 列车的投资，4 号线系因京港地铁公司投资加车 (6.7 亿元投资），需要 A 部分土建的配套投资；贷款利率按照目前长期贷款基准利率 6.6 % 下浮 10% 计算（下浮 10% 是因为北京市基础设施投资有限公司在实际贷款融资中能争取到的优惠）；年付息补贴是因为目前轨道交通贷款的付息均由财政负担，并在 2015 年建设高峰之前不还本，追加投资也按此原则计算；年运营补贴是指政府支付给运营企业的简单运营亏损补贴，按照数据测算；机电部分更新改造及其他补贴中，5 号线按机电设备的综合折旧率计算，折旧年限取自建设部标准，4 号线 PPP 模式机电设备 (B 部分）的

更新改造已经包含在票价补偿里而不再单独列出：

从表中可以直观地得出如下结果：

（1）如果 4 号线按传统模式运作，则政府会增加建设投资 52.9 亿元，运营期补贴会增加 1.8 亿元 / 年。

（2）鉴于 4、5 号线客流相当，从政府购买服务角度看，4 号线 PPP 模式与 5 号线传统模式相比，政府减少建设投资 34.8 亿元，运营期补贴减少了 1 亿元 / 年。

3. 经济性原因分析

从两表的比较结果来看，PPP 模式无论在简单运营成本方面还是总的财政支出方面均有其明显优势，最终将提高财政资金的利用效率。其经济性原因分析如下：

（1）建设期介入的力度和效果不同。在 PPP 模式下，运营商由于同时是投资者和建设业主，其地位为实现其作为运营商的诉求提供了保证。根据建管协议，对于 4 号线 A 部分的建设，建设管理公司作为政府委托方，行使其代业主的职责，负责 A 部分的建设管理；而 B 部分的建设，京港地铁公司可充分行使业主权力，建管公司仅履行项目管理公司的职能，与京港地铁公司属于一种契约式关系。B 部分投资方京港公司，对项目进行直接的投资控制，其更多考虑市场因素（即在满足质量、安全、工期的前提下，追求最大的成本节约），其必然力图通过有效介入到设计和建设过程中，从科学组织运营的角度对设计、建设提出优化意见，以减少运营后的改造工作。这样，一方面可以节约建设成本，另一方面可以减少日后的更新改造投资。在传统模式下，建设管理公司作为 A 部分的代业主在行使 4 号线建设管理工作中，更加注重工程项目建设的进度、质量及安全控制，而投资控制和满足运营商的需要不作为其控制的首要目标，且运营商又无足够的话语权。如北京地铁 13 号线、5 号线投入运营后，这方面的改造工程投资分别达到 2.55 亿元和 9853 万元。上述项目如果在建设期通过变更设计实施，可以起到事半功倍的效果。

（2）运营期降低运营成本的动力不同。在传统的 5 号线的模式下，政府补贴针对的是运营过程中出现的亏损，主要取决于实际运营成本的多少，属于事后补贴的范畴。而运营商在运营过程中缺乏降低运营成本的内在动机，导致运营成本较高。在 PPP 模式下，政府财政补贴针对的是客流，与运营商的运营成本无关，节约的成本直接能转化为运营商的收益，属于事前补偿的范畴，使运营商有足够的动力去降低成本。实际调查也显示，由于京港地铁公司在运营中引入香港地铁先进的运营管理理念，采用了 MMIS(资产管理信息系统)等多种管理信息系统，对项目实施全寿命周期的成本控制管理，有效地控制了运营成本，提高了运营效率，取得了较好的经济收益，使 4 号线的维修成本明显较低。

（3）设施设备追加投资和更新改造的投资主体不同。城市轨道交通是关系国计民生的公共项目，保证地铁线路的安全稳定运营是政府监管的首要目标。在以北京地铁 5 号线为代表的传统模式下，由于地铁运营由运营商负责，而追加投资和更新改造投资由政府出资，因存在信息不对称，政府对于运营情况了解有限，很难保证运营商会以政府和公众利益为目标尽最大努力去控制成本、提高效率；政府对运营商提出的更新改造要求也无拒绝支付的理由，因此政府常常会出于安全等公共利益的需要而满足运营商不断提出的新的投资要求，容易造成过度投资和过度更新改造。而在 PPP 模式下，更新改造投资完全由特许经营公司负责，政府主要依据客运服务水平对其进行监管和支付补贴，运营商有足够的动力在满足运营要求的情况下，尽量减少更新改造投资，以提高资金的使用效率。如北京地铁 5 号线追加投资达到 16 亿元，4 号线运营商追加投资仅为 7 亿元。

4. 结论

总体来看，北京地铁 4 号线 PPP 项目的实施已取得初步成效，很好地实现了物有所值的目标，具体表现在以下三个方面：

（1）从政府角度看：PPP 项目建设期能减少政府出资，运营期能减少财政补贴，以上因素综合缓解了政府财政压力。

（2）从企业角度看：PPP 模式使社会资本有机会进入公共服务领域，拓宽了企业发展空间。

（3）从社会角度看：PPP 模式的实施，在北京初步形成地铁运营商市场化局面，促进了行业运营效率和服务水平的提高。

PPP 专栏 18：PPP 名词解释

1. 全生命周期（Whole Life Cycle），是指项目从设计、融资、建造、运营、维护至终止移交的完整周期。

2. 产出说明（Output Specification），是指项目建成后项目资产所应达到的经济、技术标准，以及公共产品和服务的交付范围、标准和绩效水平等。

3. 物有所值（Value for Money, VFM），是指一个组织运用其可利用资源所能获得的长期最大利益。VFM 评价是国际上普遍采用的一种评价传统上由政府提供的公共产品和服务是否可运用政府和社会资本合作模式的评估体系，旨在实现公共资源配置利用效率最优化。

4. 政府部门比较值（Public Sector Comparator, PSC），是指在全生命周期内，政府采用传统采购模式提供公共产品和服务的全部成本的现值，主要包括建设运营净成本、可转移风险承担成本、自留风险承担成本和竞争性中立调整成本等。

5. 使用者付费（User Charge），是指由最终消费用户直接付费购买公共产品和服务。

6. 可行性缺口补助（Viability Gap Funding），是指使用者付费不足以满足社会资本或项目公司成本回收和合理回报，而由政府以财政补贴、股本投入、优惠贷款和其他优惠政策的形式，给予社会资本或项目公司的经济补助。

7. 政府付费（Government Payment），是指政府直接付费购买公共产品和服务，主要包括可用性付费（Availability Payment）、使用量付费（Usage Payment）和绩效付费（Performance Payment）。

政府付费的依据主要是设施可用性、产品和服务使用量和质量等要素。

8. 委托运营（Operations & Maintenance，O&M），是指政府将存量公共资产的运营维护职责委托给社会资本或项目公司，社会资本或项目公司不负责用户服务的政府和社会资本合作项目运作方式。政府保留资产所有权，只向社会资本或项目公司支付委托运营费。合同期限一般不超过 8 年。

9. 管理合同（Management Contract，MC），是指政府将存量公共资产的运营、维护及用户服务职责授权给社会资本或项目公司的项目运作方式。政府保留资产所有权，只向社会资本或项目公司支付管理费。管理合同通常作为转让－运营－移交的过渡方式，合同期限一般不超过 3 年。

10. 建设－运营－移交（Build–Operate–Transfer，BOT），是指由社会资本或项目公司承担新建项目设计、融资、建造、运营、维护和用户服务职责，合同期满后项目资产及相关权利等移交给政府的项目运作方式。合同期限一般为 20~30 年。

11. 建设－拥有－运营（Build–Own–Operate，BOO），由 BOT 方式演变而来，二者区别主要是 BOO 方式下社会资本或项目公司拥有项目所有权，但必须在合同中注明保证公益性的约束条款，一般不涉及项目期满移交。

12. 转让－运营－移交（Transfer–Operate–Transfer，TOT），是指政府将存量资产所有权有偿转让给社会资本或项目公司，并由其负责运营、维护和用户服务，合同期满后资产及其所有权等移交给政府的项目运作方式。合同期限一般为 20~30 年。

13. 改建－运营－移交（Rehabilitate–Operate–Transfer，ROT），是指政府在 TOT 模式的基础上，增加改扩建内容的项目运作方式。合同期限一般为 20~30 年。

7. PPP 项目合同设计

项目合同是指政府方（政府或政府授权机构）与社会资本方（社会资本或项目公司）就 PPP 项目合作所订立的合同。在 PPP 项目中，除项目合同外，项目公司的股东之间，项目公司与项目的融资方、承包商、专业运营商、原料供应商、产品或服务购买方、保险公司等其他参与方之间，还会围绕 PPP 项目合作订立一系列合同来确立和调整彼此之间的权利义务关系，共同构成 PPP 项目的合同体系。PPP 项目合同是整个合同体系的基础和核心，政府方与社会资本方的权利义务关系以及 PPP 项目的交易结构、风险分配机制等均通过 PPP 项目合同确定，并以此作为各方主张权利、履行义务的依据和项目全生命周期顺利实施的保障。

PPP 从行为性质上属于政府向社会资本采购公共服务的民事法律行为，构成民事主体之间的民事法律关系。同时，政府作为公共事务的管理者，在履行 PPP 项目的规划、管理、监督等行政职能时，与社会资本之间构成行政法律关系。因此，我国 PPP 项目合同相关法律关系的确立和调整依据，主要是现行的民商法、行政法、经济法和社会法，包括《民法通则》《合同法》《预算法》《政府采购法》《公司法》《担保法》《保险法》《行政许可法》《行政处罚法》《行政复议法》《民事诉讼法》《仲裁法》《行政诉讼法》《会计法》《土地管理法》《建筑法》《环境保护法》等。由于 PPP 项目兼具长期性、复杂性与多样性，项目所处地域、行业、市场环境等情况的不同，各参与方合作意愿、风险偏好、谈判能力等方面的差异，最终表现为具体合同内容上千差万别。实践中，PPP 项目各参与方应当结合项目客观需要和谈判结果，因地制宜地订立 PPP 项目合同。

7.1 PPP 基本合同体系架构

在 PPP 项目中，项目参与方通过签订一系列合同来确立和调整彼此之间的权利义务关系，构成 PPP 项目的合同体系。PPP 项目的合同体系通常包括 PPP 项目合同、股东协议、履约合同（包括工程承包合同、运营服务合同、原料供应合同、产品或服务购买合同等）、融资合同和保险合同等。其中，PPP 项目合同是整个 PPP 项目合同体系的基础和核心。下图 7.1 表示了 PPP 基本合同体系架构。

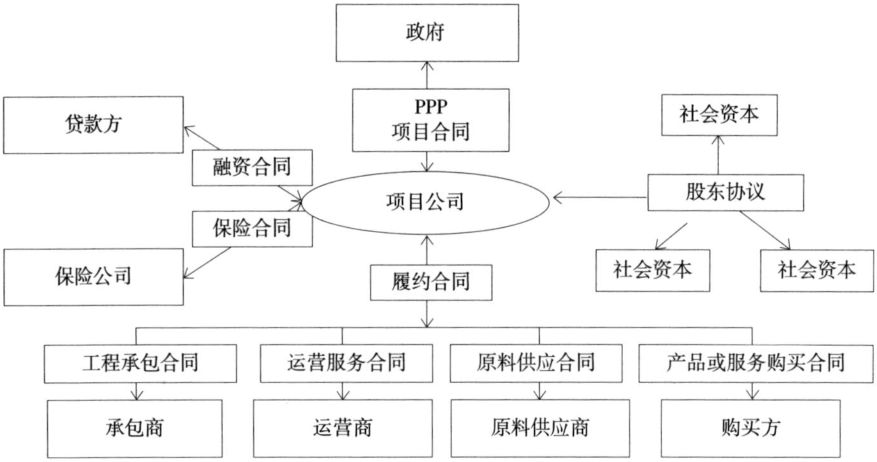

图 7.1 PPP 基本合同体系结构

首先，在合同签订阶段，作为合同体系的基础和核心，PPP 项目合同的具体条款不仅会直接影响到项目公司股东之间的协议内容，而且会影响项目公司与融资方的融资合同以及与保险公司的保险合同等其他合同的内容。此外，PPP 项目合同的具体约定，还可能通过工程承包或产品服务购买等方式，传导到工程承包（分包）合同、原料供应合同、运营服务合同和产品或服务购买合同上。其次，在合同履行阶段，合同关系的传导方向可能发生逆转。例如分包合同的履行出现问题，会影响到总承包合同的履行，进而影响到 PPP 项目合同的履行。

1.PPP 项目合同

PPP 项目合同是政府方与社会资本方依法就 PPP 项目合作所订立的合同。其目的是在政府方与社会资本方之间合理分配项目风险，明确双方权利义务关系，保障双方能够依据合同约定合理主张权利，妥善履行义务，确保项目全生命周期内的顺利实施。PPP 项目合同是其他合同产生的基础，也是整个 PPP 项目合同体系的核心。

在项目初期阶段，项目公司尚未成立时，政府方会先与社会资本（即项目投资人）签订意向书、备忘录或者框架协议，以明确双方的合作意向，详细约定双方有关项目开发的关键权利义务。待项目公司成立后，由项目公司与政府方重新签署正式 PPP 项目合同，或者签署关于承继上述协议的补充合同。在 PPP 项目合同中通常也会对 PPP 项目合同生效后政府方与项目公司及其母公司之前就本项目所达成的协议是否会继续存续进行约定。

2. 股东协议

股东协议由项目公司的股东签订，用以在股东之间建立长期的、有约束力的合约关系。股东协议通常包括以下主要条款：前提条件、项目公司的设立和融资、项目公司的经营范围、股东权利、履行 PPP 项目合同的股东承诺、股东的商业计划、股权转让、股东会、董事会、监事会组成及其职权范围、股息分配、违约、终止及终止后处理机制、不可抗力、适用法律和争议解决等。

项目投资人订立股东协议的主要目的在于设立项目公司，由项目公司负责项目的建设、运营和管理，因此项目公司的股东可能会包括希望参与项目建设、运营的承包商、原料供应商、运营商、融资方等主体。在某些情况下，为了更直接地参与项目的重大决策、掌握项目实施情况，政府也可能通过直接参股的方式成为项目公司的股东（但政府通常并不控股和直接参与经营管理）。在这种情形下，政府与其他股东相同，享有作为股东的基本权益，同时也需履行股东的相关义务，并承担项目风险。

股东协议除了包括规定股东之间权利义务的一般条款外，还可能包括与项目实施相关的特殊规定。以承包商作为项目公司股东为例，承包商的双重身份可能会导致股东之间一定程度的利益冲突，并在股东协议中予以反映。例如，为防止承包商在工程承包事项上享有过多的控制权，其他股东可能会在股东协议中限制承包商在工程建设及索赔事项上的表决权；如果承包商参与项目的主要目的是承担项目的设计、施工等工作，并不愿长期持股，承包商会希望在股东协议中预先做出股权转让的相关安排；但另一方面，如果融资方也是股东，融资方通常会要求限制承包商转让其所持有的项目公司股权的权利，例如要求承包商至少要到工程缺陷责任期满后才可转让其所持有的项目公司股权。

3. 履约合同

（1）工程承包合同

项目公司一般只作为融资主体和项目运营管理者而存在，本身不一定具备自行设计、采购、建设项目的条件，因此可能会将部分或全部设计、采购、建设工作委托给工程承包商，签订工程承包合同。项目公司可以与单一承包商签订总承包合同，也可以分别与不同承包商签订合同。承包商的选择要遵循相关法律法规的规定。

由于工程承包合同的履行情况往往直接影响 PPP 项目合同的履行，进而影响项目的贷款偿还和收益情况。因此，为了有效转移项目建设期间的风险，项目公司通常会与承包商签订一个固定价格、固定工期的“交钥匙”合同，将工程费用超支、工期延误、工程质量不合格等风险全部转移给承包商。此外，工程承包合同中通常还会包括履约担保和违约金条款，进一步约束承包商妥善履行合同义务。

（2）运营服务合同

根据 PPP 项目运营内容和项目公司管理能力的不同，项目公司有时会考虑将项目全部或部分的运营和维护事务外包给有经验的专业运营商，并与其签订运营服务合同。个案中，运营维护事务的外包可能需要事先取得政府的同意。但是，PPP 项目合同中约定的项目公司的运营和维护义务并不因项目公司将全部或部分运营维护事务分包给其他运营商实施而豁免或解除。由于 PPP 项目的期限通常较长，在项目的运营维护过程中存在较大的管理风险，可能因项目公司或运营商管理不善而导致项目亏损。因此，项目公司应优先选择资信状况良好、管理经验丰富的运营商，并通过在运营服务合同中预先约定风险分配机制或者投保相关保险来转移风险，确保项目平稳运营并获得稳定收益。

（3）原料供应合同

有些 PPP 项目在运营阶段对原料的需求量很大、原料成本在整个项目运营成本中占比较大，同时受价格波动、市场供给不足等影响，又无法保证能够随时在公开市场上以平稳价格获取，继而可能会影响整个项目的持续稳定运营，例如燃煤电厂项目中的煤炭。因此，为了防控原料供应风险，项目公司通常会与原料的主要供应商签订长期原料供应合同，并且约定一个相对稳定的原料价格。

在原料供应合同中，一般会包括以下条款：交货地点和供货期限、供货要求和价格、质量标准和验收、结算和支付、合同双方的权利义务、违约责任、不可抗力、争议解决等。除上述一般性条款外，原料供应合同通常还会包括“照供不误”条款，即要求供应商以稳定的价格、稳定的质量品质为项目提供长期、稳定的原料。

（4）产品或服务购买合同

在 PPP 项目中，项目公司的主要投资收益来源于项目提供的产品或服务的销售收入，因此保证项目产品或服务有稳定的销售对象，对于项目公司而言十分重要。根据 PPP 项目付费机制的不同，项目产品或服务的购买者可能是政府，也可能是最终使用者。以政府付费的供电项目为例，政府的电力主管部门或国有电力公司通常会事先与项目公司签订电力购买协议，约定双方的购电和供电义务。

此外，在一些产品购买合同中，还会包括“照付不议”条款，即项目公司与产品的购买者约定一个最低采购量，只要项目公司按照最低采购量供应产品，不论购买者是否需要采购该产品，均应按照最低采购量支付相应价款。

4. 融资合同

从广义上讲，融资合同可能包括项目公司与融资方签订的项目贷款合同、担保人就项目贷款与融资方签订的担保合同、政府与融资方和项目公司签订的直接介入协议等多个合同。其中，项目贷款合同是最主要的融资合同。

在项目贷款合同中一般会包括以下条款：陈述与保证、前提条件、偿还贷款、担保与保障、抵销、违约、适用法律与争议解决等。同时，出于贷款安全性的考虑，融资方往往要求项目公司以其财产或其他权益作为抵押或质押，或由其母公司提供某种形式的担保或由政府作出某种承诺，这些融资保障措施通常会在担保合同、直接介入协议以及 PPP 项目合同中予以具体体现。

需要特别强调的是，PPP 项目的融资安排是 PPP 项目实施的关键环节，鼓励融资方式多元化、引导融资方式创新、落实融资保障措施，对于增强投资者信心、维护投资者权益以及保障 PPP 项目的成功实施至关重要。

5. 保险合同

由于 PPP 项目通常资金规模大、生命周期长，负责项目实施的项目公司及其他相关参与方通常需要对项目融资、建设、运营等不同阶段的不同类型的风险分别进行投保。通常可能涉及的保险种类包括货物运输险、工程一切险、针对设计或其他专业服务的职业保障险、针对间接损失的保险、第三者责任险。

鉴于 PPP 项目所涉风险的长期性和复杂性，为确保投保更有针对性和有效性，建议在制定保险方案或签署保险合同前先咨询专业保险顾问的意见。

6. 其他合同

在 PPP 项目中还可能会涉及其他的合同，例如与专业中介机构签署的投资、法律、技术、财务、税务等方面的咨询服务合同。

7.2 PPP 项目合同的主要内容

7.2.1 PPP 项目合同主体

PPP 项目合同是 PPP 项目的核心合同，用于约定政府与社会资本双方的项目合作内容和基本权利义务。虽然不同行业、不同付费机制、不同运作方式的具体 PPP 项目合同可能千差万别，但也包括一些具有共性的条款和机制。

PPP 项目合同通常由以下两方签署：

1. 政府方

政府方是指签署 PPP 项目合同的政府一方的签约主体（即合同当事人）。在我国，PPP 项目合同通常根据政府职权分工，由项目所在地相应级别的政府或者政府授权机构以该级政府或该授权机构自己的名义签署。例如，某省高速公路项目的 PPP 项目合同，由该省交通厅签署。

2. 项目公司

项目公司是社会资本为实施 PPP 项目而专门成立的公司，通常独立于社会资本而运营。根据项目公司股东国籍的不同，项目公司可能是内资企业，也可能是外商投资企业。

7.2.2 合同主要内容和条款

根据项目行业、付费机制、运作方式等具体情况的不同，PPP 项目合同可能会千差万别，但一般来讲会包括以下核心条款：引言、定义和解释；项目的范围和期限；前提条件；项目的融资；项目用地；项目的建设；项目的运营；项目的维护；股权变更限制；付费机制；履约担保；政府承诺；保险；守法义务及法律变更；不可抗力；政府方的监督和介入；违约、提前终止及终止后处理机制；项目的移交；适用法律及争议解决；合同附件；等等。

除上述核心条款外，PPP 项目合同通常还会包括其他一般合同中的常见条款，例如著作权和知识产权、环境保护、声明与保证、通知、合同可分割、合同修订等。

7.2.3 风险分配

1. 风险分配原则

PPP 项目合同的目的就是要在政府方和项目公司之间合理分配风险，明确合同当事人之间的权利义务关系，以确保 PPP 项目顺利实施和实现物有所值。在设计 PPP 项目合同条款时，要始终遵循上述合同目的，并坚持风险分配的下列基本原则：

（1）承担风险的一方应该对该风险具有控制力；

（2）承担风险的一方能够将该风险合理转移（例如通过购买相应保险）；

（3）承担风险的一方对于控制该风险有更大的经济利益或动机；

（4）由该方承担该风险最有效率；

（5）如果风险最终发生，承担风险的一方不应将由此产生的费用和损失转移给合同相对方。

2. 常见风险分配安排

具体 PPP 项目的风险分配需要根据项目实际情况，以及各方的风险承受能力，在谈判过程中确定，在实践中不同 PPP 项目合同中的风险分配安排可能完全不同。下文列举了一些实践中较为常见的风险分配安排，但需要强调的是，这些风险分配安排并非适用于所有项目，在具体项目中，仍需要具体问题具体分析并进行充分评估论证。

（1）通常由政府方承担的风险，包括：

1）土地获取风险（在特定情形下也可能由项目公司承担）；

2）项目审批风险（根据项目具体情形不同，可能由政府方承担，也可能由项目公司承担）；

3）政治不可抗力（包括非因政府方原因且不在政府方控制下的征收征用和法律变更等）。

（2）通常由项目公司承担的风险，包括：

1）如期完成项目融资的风险；

2）项目设计、建设和运营维护相关风险，例如完工风险、供应风险、技术风险、运营风险以及移交资产不达标的风险等；

3）项目审批风险（根据项目具体情形不同，可能由政府方承担，也可能由项目公司承担）；

4）获得项目相关保险。

（3）通常由双方共担的风险：自然不可抗力。

7.2.4 法律适用

本文主要针对在我国实施的 PPP 项目，除了说明和借鉴国际经验的表述外，有关 PPP 项目合同条款的分析和解释均以我国法律作为适用依据。

7.3 引言、定义和解释

引言、定义和解释是所有 PPP 项目合同中均包含的内容，一般会放在 PPP 项目合同的初始部分，用以说明该合同的签署时间、签署主体、签署背景，以及该合同中涉及的关键词语的定义和条款的解释方法等。

7.3.1 引言

引言部分，即在PPP项目合同具体条款前的内容，主要包括以下内容：

1. 签署时间及签署主体信息

在 PPP 项目合同最开始一般会明确该合同的签署日期，该日期通常会影响 PPP 项目合同部分条款的生效时间。例如前提条件条款、争议解决条款等，会在合同签署日即生效，而其他一些特定条款则在全部前提条件满足或被豁免的情形下才生效。

此外，这部分还会载明 PPP 项目合同签署主体的名称、住所、法定代表人及其他注册信息，以明确签署主体的身份。

2. 签约背景及签约目的

PPP 项目合同引言部分还可能会简要介绍项目双方的合作背景以及双方签订该 PPP 项目合同的目的等。

7.3.2 定义

在 PPP 项目合同中通常还会包括定义条款，对一些合同中反复使用的关键名词和术语进行明确的定义，以便于快速索引相关定义和术语，并确保合同用语及含义的统一性，避免将来产生争议。

定义部分通常会包括“政府方”“项目公司”“工作日”“生效日”“运营日”“移交日”“不可抗力”“法律变更”“融资交割”“技术标准”“服务标

准”“性能测试”等 PPP 项目涉及的专业术语及合同用语。

7.3.3 解释

为了避免合同条款因不同的解释而引起争议，在 PPP 项目合同中通常会专门约定该合同的解释方法。常见的解释包括：标题仅为参考所设，不应影响条文的解释；一方、双方指本协议的一方或双方，并且包括经允许的替代该方的人或该方的受让人；一段时间 (包括一年、一个季度、一个月和一天) 指按公历计算的该时间段；“包括”是指“包括但不限于”；任何合同或文件包括经修订、更新、补充或替代后的该合同或文件；等等。

7.4 项目的范围和期限

7.4.1 项目的范围

项目的范围条款，用以明确约定在项目合作期限内政府与项目公司的合作范围和主要合作内容，是 PPP 项目合同的核心条款。

根据项目运作方式和具体情况的不同，政府与项目公司的合作范围可能包括设计、融资、建设、运营、维护某个基础设施或提供某项公共服务等。以 BOT 运作方式为例，项目的范围一般包括项目公司在项目合作期限内建设（和设计）、运营（和维护）项目并在项目合作期限结束时将项目移交给政府。

通常上述合作范围是排他的，即政府在项目合作期限内不会就该 PPP 项目合同项下的全部或部分内容与其他任何一方合作。

7.4.2 项目合作期限

1. 期限的确定

(1) 项目的合作期限通常应在项目前期论证阶段进行评估。评估时，需要综合考虑以下因素：

1）政府所需要的公共产品或服务的供给期间；

2）项目资产的经济生命周期以及重要的整修时点；

3）项目资产的技术生命周期；

4）项目的投资回收期；

5）项目设计和建设期间的长短；

6）财政承受能力；

7）现行法律法规关于项目合作期限的规定；等等。

（2）根据项目运作方式和付费机制的不同，项目合作期限的规定方式也不同，常见的项目合作期限规定方式包括以下两种：

1）自合同生效之日起一个固定的期限（例如，25 年）；

2）分别设置独立的设计建设期间和运营期间，并规定运营期间为自项目开始运营之日起的一个固定期限。

上述两种合作期限规定方式的最主要区别在于：在分别设置设计建设期间和运营期间的情况下，如建设期出现任何延误，不论是否属于可延长建设期的情形，均不会影响项目运营期限，项目公司仍然可以按照合同约定的运营期运营项目并获得收益；而在规定单一固定期限的情况下，如项目公司未按照约定的时间开始运营且不属于可以延长期限的情形，则会直接导致项目运营期缩短，从而影响项目公司的收益情况。

鉴此，实践中应当根据项目的风险分配方案、运作方式、付费机制和具体情况选择合理的项目合作期限规定方式。基本的原则是，项目合作期限可以实现物有所值的目标并且形成对项目公司的有效激励。需要特别注意的是，项目的实际期限还会受制于提前终止的规定。

2. 期限的延长

由于 PPP 项目的实施周期通常较长，为了确保项目实施的灵活性，PPP 项目合同中还可能包括关于延长项目合作期限的条款。

政府和项目公司通常会在合同谈判时商定可以延期的事由，基本的原则是：在法律允许的范围内，对于项目合作期限内发生非项目公司应当承担的风险而导致项目公司损失的情形下，项目公司可以请求延长项目合作期限。常见的延期事由包括：

（1）因政府方违约导致项目公司延误履行其义务；

（2）因发生政府方应承担的风险导致项目公司延误履行其义务；

（3）经双方合意且在合同中约定的其他事由。

3. 期限的结束

导致项目合作期限结束有两种情形：项目合作期限届满或者项目提前终止。

7.5 前提条件

一般情况下，PPP 项目合同条款并不会在合同签署时全部生效，其中部分特定条款的生效会有一定的前提条件。只有这些前提条件被满足或者被豁免的情况下，PPP 项目合同的全部条款才会生效。

如果某一前提条件未能满足且未被豁免，PPP 项目合同的有关条款将无法生效，并有可能进一步导致合同终止，未能满足该前提条件的一方将承担合同终止的后果。

7.5.1 前提条件概述

1. 前提条件的含义和作用

前提条件，也叫先决条件，是指 PPP 项目合同的某些条款生效所必须满足的特定条件。

对项目公司而言，在项目开始实施前赋予其一定的时间以完成项目的融资及其他前期准备工作，并不会影响项目期限的计算及项目收益的获取。

而对政府方而言，项目公司只有满足融资交割、审批手续等前提条件才可以正式实施项目，有利于降低项目的实施风险。

2. 常见的前提条件

根据项目具体情况的不同，在项目正式实施之前需要满足的前提条件也不尽相同，实践中常见的前提条件包括：

（1）完成融资交割——通常由项目公司负责满足。

完成融资交割是 PPP 项目合同中最重要的前提条件，只有确定项目公司及融资方能够为项目的建设运营提供足够资金的情况下，项目的顺利实施才有一定保障。

根据项目双方的约定不同，完成融资交割的定义也可能会不同，通常是指：项目公司已为项目建设融资的目的签署并向融资方提交所有融资文件，并且融资文件要求的就本项目获得资金的所有前提条件得到满足或被豁免。

（2）获得项目相关审批——由项目公司或政府方负责满足。根据我国法律规定，项目公司实施 PPP 项目可能需要履行相关行政审批程序，只有获得相应的批准或备案，才能保证 PPP 项目的合法合规实施。

在遵守我国法律法规的前提下，按照一般的风险分配原则，该项条件通常应由对履行相关审批程序最有控制力且最有效率的一方负责满足，例如：

1）如果项目公司可以自行且快捷地获得相关审批，则该义务可由项目公司承担；

2）如果无政府协助项目公司无法获得相关审批，则政府方有义务协助项目公司获得审批；

3）如果相关审批属于政府方的审批权限，则应由政府方负责获得。

（3）保险已经生效——由项目公司负责满足。

在 PPP 项目中，保险是非常重要的风险转移和保障机制。政府方为了确保项目公司在项目实施前已按合同约定获得了足额的保险，通常会将保险（主要是建设期保险）生效作为全部合同条款生效的前提条件。

常见的安排是：项目公司已根据项目合同中有关保险的规定购买保险，且保单已经生效，并向政府方提交了保单的复印件。

（4）项目实施相关的其他主要合同已经签订——由项目公司负责满足。

在一些 PPP 项目合同中，政府方为进一步控制项目实施风险，会要求项目公司先完成项目实施涉及的其他主要合同的签署工作，以此作为 PPP 项目合同的生效条件。

常见的安排是：项目公司已根据项目合同中有关规定签订工程总承包合同及其他主要分包合同，并且向政府方提交了有关合同的复印件。

（5）其他前提条件。

在 PPP 项目合同中双方还可能会约定其他的前提条件，例如，项目公司提交建设期履约保函等担保。

7.5.2 前提条件豁免

上述前提条件可以被豁免，但只有负责满足该前提条件的一方的相对方拥有该豁免权利。

7.5.3 未满足前提条件的后果

1. 合同终止

如果双方约定的上述任一前提条件在规定的时间内未满足，并且另一合同方也未同意豁免或延长期限，则该合同方有权终止项目合同。

2. 合同终止的效力和后果

（1）合同项下的权利和义务将终止。

如果由于未满足前提条件而导致合同终止，除合同中明确规定的在合同终止后仍属有效的条款外，其他权利义务将终止。

（2）经济赔偿。

如因合同一方未能在规定的时间内满足其应当满足的前提条件而导致合同终止的，合同另一方有权向其主张一定的经济赔偿，但经济赔偿的额度应当与合同另一方因此所遭受的损失相匹配，并符合我国合同法关于损害赔偿的规定。

（3）提取保函。

为了更好地督促项目公司积极履行有关义务、达成相关的前提条件，政府方也可以考虑在签署 PPP 项目合同时（甚至之前）要求项目公司就履行前提条件提供一份履约保函。具体项目中是否需要项目公司提供此类保函、保函金额多少，主要取决于以下因素：

1）在投标阶段是否已经要求项目公司提供其他的保函；

2）是否有其他激励项目公司满足前提条件的机制，例如项目期限或付费机制的设置；

3）项目公司不能达成前提条件的风险和后果；

4）政府方因项目无法按时实施所面临的风险和后果；

5）按时达成前提条件对该项目的影响；等等。

如果项目公司未能按照约定的时间和要求达成前提条件，且政府方未同意豁免该前提条件时，政府方有权提取保函项下的金额。

7.6 项目的融资

PPP 项目合同中有关项目融资的规定，不一定会规定在同一条款中，有可能散见在不同条款项下，通常包括项目公司的融资权利和义务、融资方权利以及再融资等内容。

7.6.1 项目公司的融资权利和义务

在 PPP 项目中，通常项目公司有权并且有义务获得项目的融资。为此，PPP 项目合同中通常会明确约定项目全生命周期内相关资产和权益的归属，以确定项目公司是否有权通过在相关资产和权益上设定抵质押担保等方式获得项目融资，以及是否有权通过转让项目公司股份以及处置项目相关资产或权益的方式实现投资的退出。

与此同时，由于能否成功获得融资直接关系到项目能否实施，因此大多数 PPP 项目合同中会将完成融资交割作为项目公司的一项重要义务以及 PPP 项目合同全部生效的前提条件。

7.6.2 融资方的权利

为了保证项目公司能够顺利获得融资，在 PPP 项目合同中通常会规定一些保障融资方权利的安排。融资方在提供融资时最为关注的核心权利包括：

1. 融资方的主债权和担保债权

如果项目公司以项目资产或其他权益（例如运营期的收费权）、或社会资本以其所持有的与项目相关的权利（例如其所持有的项目公司股权）为担保向融资方申请融资，融资方在主张其担保债权时可能会导致项目公司股权以及项目相关资产和权益的权属变更。因此，融资方首先要确认 PPP 项目合同中已明确规定社会资本和项目公司有权设置上述担保，并且政府方可以接受融资方行使主债权或担保债权所可能导致的法律后果，以确保融资方权益能够得到充分有效的保障。

2. 融资方的介入权

由于项目的提前终止可能会对融资方债权的实现造成严重影响，因此融资方通常希望在发生项目公司违约事件且项目公司无法在约定期限内补救时，可以自行或委托第三方在项目提前终止前对于项目进行补救。为了保障融资方的该项权利，融资方通常会要求在 PPP 项目合同中或者通过政府、项目公司与融资方签订的直接介入协议对融资方的介入权予以明确约定。

7.6.3 再融资

为了调动项目公司的积极性并保障融资的灵活性，在一些 PPP 项目合同中，还会包括允许项目公司在一定条件下对项目进行再融资的规定。再融资的条件通常包括：再融资应增加项目收益且不影响项目的实施、签署再融资协议前须经过政府的批准等。此外，PPP 项目合同中也可能会规定，政府方对于因再融资所节省的财务费用享有按约定比例（例如 50%）分成的权利。

7.7 项目用地

PPP 项目合同中的项目用地条款，是在项目实施中涉及的土地方面的权利义务规定，通常包括土地权利的取得、相关费用的承担以及土地使用的权利及限制等内容。

7.7.1 土地权利的取得

1. 一般原则

大部分的 PPP 项目，尤其是基础设施建设项目或其他涉及建设的项目，均会涉及项目用地问题，由哪一方负责取得土地对于这类项目而言非常关键。

在 PPP 实践中，通常根据政府方和项目公司哪一方更有能力、更有优势承担取得土地的责任的原则，来判定由哪一方负责取得土地。

2. 两种实践选择

实践中，根据 PPP 项目的签约主体和具体情况不同，土地使用权的取得通常有以下两种选择：

（1）由政府方负责提供土地使用权。

1）主要考虑因素

如果签署 PPP 项目合同的政府方是对土地使用权拥有一定控制权和管辖权的政府或政府部门（例如，县级以上人民政府），在 PPP 项目实施中，该政府方负责取得土地使用权对于项目的实施一般更为经济和效率，主要原因在于：一方面，在我国的法律框架下，土地所有权一般归国家或集体所有，由对土地使用权有一定控制力的政府方负责取得土地使用权更为便利（根据我国法律，除乡 / 镇 / 村公共设施和公益事业建设经依法批准可使用农民集体所有的土地外，其他的建设用地均须先由国家征收原属于农民集体所有的土地，将其变为国有土地后才可进行出让或划拨）；另一方面，根据《土地管理法》及其他相关法律的规定和实践，对于城市基础设施用地和公益事业用地以及国家重点扶持的能源、交通、水利等基础设施用地，大多采用划拨的方式，项目公司一般无法自行取得该土地使用权。

2）具体安排

政府方以土地划拨或出让等方式向项目公司提供项目建设用地的土地使用权及相关进入场地的道路使用权，并根据项目建设需要为项目公司提供临时用地。项目的用地预审手续和土地使用权证均由政府方办理，项目公司主要予以配合。

上述土地如涉及征地、拆迁和安置，通常由政府方负责完成该土地的征用补偿、拆迁、场地平整、人员安置等工作，并向项目公司提供没有设定他项权利、满足开工条件的净地作为项目用地。

（2）由政府方协助项目公司获得土地使用权。

如果项目公司完全有权、有能力根据我国法律规定自行取得土地使用权的，则可以考虑由项目公司自行取得土地使用权，但政府方应提供必要的协助。

7.7.2 取得土地使用权或其他相关权利的费用

1. 取得土地使用权或其他相关权利所涉及的费用。在取得土地使用权或其他相关权利的过程中可能会涉及的费用包括：土地出让金、征地补偿费用（具体可能包括土地补偿费、安置补助费、地上附着物和青苗补偿费等）、土地恢复平整费用以及临时使用土地补偿费等。

2. 费用的承担

实践中，负责取得土地使用权与支付相关费用的有可能不是同一主体。通常来讲，即使由政府方负责取得土地权利以及完成相关土地征用和平整工作，也可以要求项目公司支付一定的相关费用。

具体项目公司应当承担哪些费用和承担多少，需要根据费用的性质、项目公司的承担能力、项目的投资回报等进行综合评估。例如，实践中项目公司和政府方可能会约定一个暂定价，项目公司在暂定价的范围内承担土地使用权取得的费用，如实际费用超过该暂定价，对于超出的部分双方可以协商约定由政府方承担或由双方分担。

7.7.3 土地使用的权利及限制

1. 项目公司的土地权利——土地使用权

PPP 项目合同中通常会约定，项目公司有权在项目期限内独占性地使用特定土地进行以实施项目为目的的活动。根据我国《土地管理法》规定，出让国有土地使用权可以依法转让、出租、抵押和继承；划拨国有土地使用权在依法报批并补缴土地使用权出让金后，可以转让、出租、抵押。

2. 项目公司土地使用权的限制

由于土地是为专门实施特定的 PPP 项目而划拨或出让给项目公司的，因此在 PPP 项目合同中通常还会明确规定，未经政府批准，项目公司不得将该项目涉及的土地使用权转让给第三方或用于该项目以外的其他用途。

除 PPP 项目合同中的限制外，项目公司的土地使用权还要受土地使用权出让合同或者土地使用权划拨批准文件的约束，并且要遵守《土地管理法》等相关法律法规的规定。

3. 政府方的场地出入权。

（1）政府方有权出入项目设施场地。

为了保证政府对项目的开展拥有足够的监督权，在 PPP 项目合同中，通常会规定政府方出入项目设施场地的权利。

（2）条件和限制。

但政府方行使上述出入权需要有一定的条件和限制，

包括：

1）仅在特定目的（双方可在 PPP 项目合同中就“特定目的”的具体范围予以明确约定）下才有权进入场地，例如检查建设进度、监督项目公司履行 PPP 项目合同项下义务等；

2）履行双方约定的合理通知义务后才可入场；

3）需要遵守一般的安全保卫规定，并不得影响项目的正常建设和运营。

需要特别说明的是，上述条件和限制仅是对政府方合同权利的约束，政府方及其他政府部门为依法行使其行政监管职权而采取的行政措施不受上述合同条款的限制。

7.8 项目的建设

包含新建或改扩建内容的 PPP 项目，通常采用 BOT、BOO 或 ROT 等运作方式，项目建设是这类 PPP 项目合同的必备条款。有关项目建设的条款通常会包括设计和建设两部分内容。

7.8.1 项目的设计

1. 设计的范围

根据项目的规模和复杂程度，一般来讲设计可以分为三个或四个阶段。对于土建项目，设计通常分为可行性研究、初步设计（或初始设计）和施工图设计（或施工设计）三个阶段；对于工业项目（包括工艺装置设施）以及复杂的基础设施项目，通常还要在上述初步设计和施工图设计阶段之间增加一个扩初设计（或技术设计）阶段。

根据政府已完成设计工作的多少，PPP 项目合同中约定的设计范围也会有所不同：如果政府仅编制了项目产出说明和可行性研究报告，项目公司将承担主要的设计工作；如果政府已完成了一部分设计工作（如已完成初步设计），则项目公司的设计范围也会相应缩小。

2. 设计工作的分工

根据项目具体情况的不同，PPP 项目合同中对于设计工作的分工往往会有不同。常见的设计工作分工包括：

（1）可行性研究报告、项目产出说明——由政府或社会资本方完成。

如果 PPP 项目由政府发起，则应由政府自行完成可行性研究报告和项目产出说明的编制工作；如果 PPP 项目由社会资本发起，则可行性研究报告和项目产出说明由社会资本方完成。

无论可行性研究报告和项目产出说明由谁完成，其均应作为采购文件以及最终签署的合同文件的重要组成部分。

（2）初步设计和施工图设计——由项目公司完成。

在 PPP 项目合同签署后，项目公司负责编制或最终确定初步设计和施工图设计，并完成全部的设计工作。

3. 项目设计要求

在 PPP 项目合同签订之前，双方应协商确定具体的项目设计要求和标准，并在 PPP 项目合同中予以明确约定。确定项目设计要求和标准的依据通常包括：

（1）政府编制或项目公司编制并经政府方审查同意的可行性研究报告和项目产出说明；

（2）双方约定的其他技术标准和规范；

（3）项目所在地区和行业的强制性技术标准；

（4）建设工程相关法律法规的规定，例如建筑法、环境保护法、产品质量法等。

4. 设计的审查

在 PPP 项目中，虽然设计工作通常主要由项目公司承担，但政府方享有在一定的期限内审查设计文件并提出意见的权利，这也是政府方控制设计质量的重要途径。设计审查条款通常包括以下内容：

（1）政府方有权审查由项目公司制作的任何设计文件（特别是初步设计以及施工图设计），项目公司有义务将上述文件提交政府方审查。

（2）政府方应当在约定期限内（通常在合同明确约定）审查设计文件。如果设计文件中存在任何不符合合同约定的内容，政府方可以要求项目公司对不符合合同的部分进行修正，有关修正的风险、费用由项目公司承担；如果政府方在上述约定期限内未提出审查意见，约定审查期限届满后项目公司即可实施项目设计方案并开始项目建设。

（3）如项目公司对政府方提出的意见存在异议，可以提交争议解决程序处理。政府方的上述审查不能减轻或免除项目公司依法履行相关设计审批程序的义务。

5. 项目设计责任

在 PPP 项目中，通常由项目公司对其所作出的设计承担全部责任。该责任不因该设计已由项目公司分包给其他设计单位或已经政府方审查而被豁免或解除。

7.8.2 项目的建设

在 PPP 项目合同中，要合理划分政府方与项目公司在建设期间的权利义务，更好地平衡双方的不同诉求，确保项目的顺利实施。

1. 项目建设要求

（1）建设标准要求。

项目设计类似，在 PPP 项目合同签订之前，双方应协商确定具体的项目建设标准，并规定在 PPP 项目合同中。常见的建设标准和要求包括：

1）设计标准，包括设计生产能力或服务能力、使用年限、工艺路线、设备选型等；

2）施工标准，包括施工用料、设备、工序等；

3）验收标准，包括验收程序、验收方法、验收标准；

4）安全生产要求；

5）环境保护要求；等等。

项目的建设应当依照项目设计文件的要求进行，并且严格遵守建筑法、环境保护法、产品质量法等相关法律法规的规定以及国家、地方及行业强制性标准的要求。项目建设所依据的相关设计文件和技术标准通常会作为

PPP 项目合同的附件。

（2）建设时间要求。

在 PPP 项目合同中，通常会明确约定项目的建设工期及进度安排。在完工时间对于项目具有重大影响的项目中，还会在合同中进一步明确具体的完工日期或开始运营日。

2. 项目建设责任

在 PPP 项目中，通常由项目公司负责按照合同约定的要求和时间完成项目的建设并开始运营，该责任不因项目建设已部分或全部由项目公司分包给施工单位或承包商实施而豁免或解除。

当然，在 PPP 项目中，项目建设责任对项目公司而言是约束与激励并存的。在确保项目按时按质量完工方面，项目公司除了客观上要受合同义务约束之外，还会有额外的商业动机，因为通常只有项目开始运营，项目公司才有可能获得付费。

3. 政府方对项目建设的监督和介入

（1）概述。

为了能够及时了解项目建设情况，确保项目能够按时开始运营并满足合同约定的全部要求，政府方往往希望对项目建设进行必要的监督或介入，并且通常会在 PPP 项目合同中约定一些保障政府方在建设期的监督和介入权利的条款。

这种政府方的监督和介入权应该有多大，也是项目建设条款的核心问题。需要强调的是，PPP 项目与传统的建设采购项目完全不同，政府方的参与必须有一定的限度，过度的干预不仅会影响项目公司正常的经营管理以及项目的建设和投运，而且还可能将本已交由项目公司承担的风险和管理角色又揽回到政府身上，从而违背 PPP 项目的初衷。

（2）政府对项目建设的监督和介入权利主要包括：

1）定期获取有关项目计划和进度报告及其他相关资料；

2）在不影响项目正常施工的前提下进场检查和测试；

3）对建设承包商的选择进行有限的监控（例如设定资质要求等）；

4）在特定情形下，介入项目的建设工作；等等。

7.9 项目的运营

在 PPP 项目中，项目的运营不仅关系到公共产品或服务的供给效率和质量，而且关系到项目公司的收入，因此对于政府方和项目公司而言都非常关键。有关项目运营的条款通常包括开始运营的时间和条件、运营期间的权利与义务以及政府方和公众对项目运营的监督等内容。

7.9.1 开始运营

1. 概述

开始运营，是政府方和项目公司均非常关注的关键时间点。对政府方而言，项目开始运营意味着可以开始提供公共产品或服务，这对于一些对时间要求较高的特殊项目尤为重要。例如奥运会场馆如果没有在预定的时间完工，可能会造成极大的影响和损失。

对项目公司而言，在多数 PPP 项目中，项目公司通常只有项目开始运营后才能开始获得付费。因此，项目尽早开始运营，意味着项目公司可以尽早、尽可能长时间的获得收入。

基于上述原因，开始运营的时间和条件也是双方的谈判要点。

2. 开始运营的条件

（1）一般条件。

在订立 PPP 项目合同时，双方会根据项目的技术特点和商业特性约定开始运营的条件，以确定开始运营及付费的时间点。常见的条件包括：

1）项目的建设已经基本完工（除一些不影响运营的部分）并且已经达到满足项目目的的水平；

2）已按照合同中约定的标准和计划完成项目试运营；

3）项目运营所需的审批手续已经完成（包括项目相关的备案审批和竣工验收手续）；

4）其他需要满足项目开始运营条件的测试和要求已经完成或具备。

（2）具体安排。

在一些 PPP 项目中，开始运营与建设完工为同一时间，完工日即被认定为开始运营日。但在另一些项目中，开始运营之前包括建设完工和试运营两个阶段，只有在试运营期满时才被认定为开始运营。

这种包括试运营期的安排通常适用以下两种情形：

1）在项目完工后，技术上需要很长的测试期以确保性能的稳定性；

2）在项目开始运营之前，需要进行大量的人员培训或工作交接。

3. 因项目公司原因导致无法按期开始运营的后果

如果项目公司因自身原因没有按照合同约定的时间和要求开始运营，将可能承担如下后果：

（1）一般的后果：无法按时获得付费、运营期缩短。通常来讲，根据 PPP 项目合同的付费机制和项目期限机制，如果项目公司未能按照合同约定开始运营，其开始获得付费的时间也将会延迟，并且在项目合作期限固定、不分别设置建设期和运营期且没有正当理由可以展期的情况下，延迟开始运营意味着项目公司的运营期（即获得付费的期限）也会随之缩短。

（2）支付逾期违约金。

一些 PPP 项目合同中会规定逾期违约金条款，即如果项目公司未能在合同约定的日期开始运营，则需要向政府方支付违约金。

需要注意的是，并非所有的 PPP 项目合同中都必然包括逾期违约金条款，特别是在逾期并不会对政府方造成很大损失的情况下，PPP 项目合同中的付费机制和项目期限机制已经足以保证项目公司有动机按时完工，因而无需再另行规定逾期违约金。

如果在 PPP 项目合同中加入逾期违约金条款，则应在项目采购阶段对逾期可能造成的损失进行评估，并据此确定逾期违约金的金额和上限（该上限是项目融资方非常关注的要点）。

（3）项目终止。

如果项目公司延误开始运营日超过一定的期限（例如，200 日），政府方有权依据 PPP 项目合同的约定主张提前终止该项目。

（4）履约担保。

为了确保项目公司按时按约履行合同，有时政府方也会要求项目公司以履约保函等形式提供履约担保。如果项目公司没有按照合同约定运营项目，政府方可以依据双方约定的履约担保机制获得一定的赔偿。

4. 因政府方原因导致无法按期开始运营的后果

此处的政府方原因包括政府方违约以及在 PPP 项目合同中约定的由政府方承担的风险，例如政治不可抗力等。

（1）延长工期和赔偿费用。

因政府方原因导致项目公司无法按期开始运营的，通常项目公司有权主张延迟开始运营日并向政府方索赔额外费用。

（2）视为已开始运营。

在一些采用政府付费机制的项目（如电站项目）中，对于因发生政府方违约、政治不可抗力及其他政府方风险而导致项目在约定的开始运营日前无法完工或无法进行验收的，除了可以延迟开始运营日之外，还可以规定“视为已开始运营”，即政府应从原先约定的开始运营日起向项目公司付费。

5. 因中性原因导致无法按期开始运营的后果

此处的中性原因是指不可抗力及其他双方约定由双方共同承担风险的原因。不可抗力是指 PPP 项目合同签订后发生的，合同双方不能预见、不能避免并不能克服的客观情况，主要是指自然不可抗力，不包括按照合同约定属于政府方和项目公司违约或应由其承担风险的事项。

因中性原因导致政府方或项目公司不能按期开始运营的，受到该中性原因影响的一方或双方均可以免除违约责任（例如违约金、赔偿等），也可以根据该中性原因的影响期间申请延迟开始运营日。

7.9.2 运营期间的权利与义务

1. 项目运营的内容

根据项目所涉行业和具体情况的不同，PPP 项目运营的内容也各不相同，例如：

（1）公共交通项目运营的主要内容是运营有关的高速公路、桥梁、城市轨道交通等公共交通设施；

（2）公用设施项目运营的主要内容是供水、供热、供气、污水处理、垃圾处理等；

（3）社会公共服务项目运营的主要内容是提供医疗、卫生、教育等公共服务。

2. 项目运营的标准和要求

在 PPP 项目的运营期内，项目公司应根据法律法规以及合同约定的要求和标准进行运营。常见的运营标准和要求包括：

（1）服务范围和服务内容；

（2）生产规模或服务能力；

（3）运营技术标准或规范；

（4）产品或服务质量要求；

（5）安全生产要求；

（6）环境保护要求；等等。

为保障项目的运营质量，PPP 项目中通常还会要求项目公司编制运营与维护手册，载明生产运营、日常维护以及设备检修的内容、程序和频率等，并在开始运营之前报送政府方审查。运营维护手册以及具体运营标准通常会作为 PPP 项目合同的附件。

3. 运营责任划分

一般情况下，项目的运营由项目公司负责。但在一些 PPP 项目，特别是公共服务和公用设施行业下的 PPP 项目中，项目的运营通常需要政府方的配合与协助。在这类项目中，政府方可能需要提供部分设施或服务，与项目公司负责建设运营的项目进行配套或对接，例如垃圾处理项目中的垃圾供应、供热项目中的管道对接等。

具体项目中如何划分项目的运营责任，需要根据双方在运营方面的能力及控制力来具体分析，原则上仍是由最有能力且最有效率的一方承担相关的责任。

4. 暂停服务

在项目运营过程中不可避免地会因一些可预见的或突发的事件而暂停服务。暂停服务一般包括两类：

（1）计划内的暂停服务。

一般来讲，对项目设施进行定期的重大维护或者修复，会导致项目定期暂停运营。对于这种合理的、可预期的计划内暂停服务，项目公司应在报送运营维护计划时提前向政府方报告，政府方应在暂停服务开始之前给予书面答复或批准，项目公司应尽最大努力将暂停服务的影响降到最低。

发生计划内的暂停服务，项目公司不承担不履约的违约责任。

（2）计划外的暂停服务。

若发生突发的计划外暂停服务，项目公司应立即通知政府方，解释其原因，尽最大可能降低暂停服务的影响并尽快恢复正常服务。对于计划外的暂停服务，责任的划分按照一般的风险分担原则处理，即：

1）如因项目公司原因造成，由项目公司承担责任并赔偿相关损失；

2）如因政府方原因造成，由政府方承担责任，项目公司有权向政府方索赔因此造成的费用损失并申请延展项目期限；

3）如因不可抗力原因造成，双方共同分担该风险，均不承担对对方的任何违约责任。

7.9.3 政府方对项目运营的监督和介入

政府方对于项目运营同样享有一定的监督和介入权，通常包括：

（1）在不影响项目正常运营的情况下入场检查；

（2）定期获得有关项目运营情况的报告及其他相关资料（例如运营维护计划、经审计的财务报告、事故报告等）；

（3）审阅项目公司拟定的运营方案并提出意见；

（4）委托第三方机构开展项目中期评估和后评价；

（5）在特定情形下，介入项目的运营工作；等等。

7.9.4 公众监督

为保障公众知情权，接受社会监督，PPP 项目合同中通常还会明确约定项目公司依法公开披露相关信息的义务。关于信息披露和公开的范围，一般的原则是，除法律明文规定 可以不予公开的信息外（如涉及国家安全和利益的国家秘密），其他的信息均可依据项目公司和政府方的合同约定予以公开披露。实践中，项目公司在运营期间需要公开披露的信息主要包括项目产出标准、运营绩效等，如医疗收费价格、水质报告。

7.10 项目的维护

在 PPP 项目合同中，有关项目维护的权利义务规定在很多情况下是与项目运营的有关规定重叠和相关的，通常会与项目运营放在一起统一规定，但也可以单列条款。有关项目维护的条款通常会规定项目维护义务和责任以及政府方对项目维护的监督等内容。

7.10.1 项目维护义务和责任

1. 项目维护责任

在 PPP 项目中，通常由项目公司负责根据合同约定及维护方案和手册的要求对项目设施进行维护和修理，该责任不因项目公司将部分或全部维护事务分包给其他运营维护商实施而豁免或解除。

2. 维护方案和手册

（1）维护方案。

为了更好地保障项目的运营和维护质量，在 PPP 项目合同中，通常会规定项目公司在合同生效后、开始运营日之前编制项目维护方案并提交政府方审核，政府方有权对该方案提出意见。在双方共同确定维护方案后，项目公司作出重大变更，均须提交政府方。但维护方案的实施是否以取得政府方同意为前提，则需要视维护的技术难度要求、政府方参与维护的程度、政府方希望对维护控制的程度等具体情况而定。

维护方案中通常包括项目运营期间计划内的维护、修理和更换的时间以及费用以及上述维护、修理和更换可能对项目运营产生的影响等内容。

（2）维护手册。

对于某些 PPP 项目、特别是技术难度较大的项目，除维护方案外，有时还需要编制详细的维护手册，进一步明确日常维护和设备检修的内容、程序及频率等。

3. 计划外的维护

如果发生意外事故或其他紧急情况，需要进行维护方案之外的维护或修复工作，项目公司应立即通知政府方，解释其原因，并尽最大努力在最短的时间内完成修复工作。对于计划外的维护事项，责任的划分与计划外暂停服务基本一致，即：

（1）如因项目公司原因造成，由项目公司承担责任并赔偿相关损失；

（2）如因政府方原因造成，由政府方承担责任，项目公司有权向政府方索赔因此造成的费用和损失并申请延展项目期限；

（3）如因不可抗力及其他双方约定由双方共同承担风险的原因造成，双方共同分担该风险，均不承担对对方的任何违约责任。

7.10.2 政府方对项目维护的监督和介入

政府方对项目维护的监督和介入权，与对项目运营的监督和介入权类似，主要包括：在不影响项目正常运营和维护的情形下入场检查；定期获得有关项目维护情况的报告及其他相关资料；审阅项目公司拟定的维护方案并提供意见；在特定情形下，介入项目的维护工作；等等。

7.11 股权变更限制

在 PPP 项目中，虽然项目的直接实施主体和 PPP 项目合同的签署主体通常是社会资本设立的项目公司，但项目的实施仍主要依赖于社会资本自身的资金和技术实力。项目公司自身或其母公司的股权结构发生变化，可能会导致不合适的主体成为 PPP 项目的投资人或实际控制人，进而有可能会影响项目的实施。鉴此，为了有效控制项目公司股权结构的变化，在 PPP 项目合同中一般会约定限制股权变更的条款。该条款通常包括股权变更的含义与范围以及股权变更的限制等内容。

7.11.1 限制股权变更的考虑因素

对于股权变更问题，社会资本和政府方的主要关注点完全不同，合理地平衡双方的关注点是确定适当的股权变更范围和限制的关键。

1. 政府方关注

对于政府方而言，限制项目公司自身或其母公司的股权结构变更的目的主要是为了避免不合适的主体被引入到项目的实施过程中。由于在项目合作方选择阶段，通常政府方是在对社会资本的融资能力、技术能力、管理能力等资格条件进行系统评审后，才最终选定社会资本合作方。因此如果在项目实施阶段、特别是建设阶段，社会资本将自身或项目公司的部分或全部股权转让给不符合上述资格条件的主体，将有可能直接导致项目无法按照既定目的或标准实施。

2. 社会资本关注

对社会资本而言，其希望通过转让其所直接或间接持有的部分或全部的项目公司股权的方式，来吸引新的投资者或实现退出。保障其自由转让股权的权利，有利于增加资本灵活性和融资吸引力，进而有利于社会资本更便利地实现资金价值。因此，社会资本当然不希望其自由转让股份的权利受到限制。

因此，为更好地平衡上述两方的不同关注，PPP 项目合同中需要设定一个适当的股权变更限制机制，在合理的期限和限度内有效的限制社会资本不当变更股权。

7.11.2 股权变更的含义与范围

在不同 PPP 项目中，政府方希望控制的股权变更范围和程度也会有所不同，通常股权变更的范围包括：

1. 直接或间接转让股权

在国际 PPP 实践、特别是涉及外商投资的 PPP 项目中，投资人经常会搭建多层级的投资架构，以确保初始投资人的股权变更不会对项目公司的股权结构产生直接影响。但在一些 PPP 项目合同中，会将项目公司及其各层级母公司的股权变更均纳入股权变更的限制范围，但对于母公司股权变更的限制，一般仅限于可能导致母公司控股股东变更的情形。例如，在 PPP 项目合同中规定，在一定的期间内，项目公司的股权变更及其各级控股母公司的控股股权变更均须经过政府的事前书面批准。

2. 并购、增发等其他方式导致的股权变更

PPP 合同中的股权变更，通常并不局限于项目公司或母公司的股东直接或间接将股权转让给第三人，还包括以收购其他公司股权或者增发新股等其他方式导致或可能导致项目公司股权结构或母公司控股股东发生变化的

情形。

3. 股份相关权益的变更

广义上的股权变更，除包括普通股、优先股等股份的持有权变更以外，还包括股份上附着的其他相关权益的变更，例如表决权等。此外，一些特殊债权，如股东借款、可转换公司债等，如果也带有一定的表决权或者将来可转换成股权，则也可能被纳入“股权变更”的限制范围。

4. 兜底规定

为了确保“股权变更”范围能够全面地涵盖有可能影响项目实施的股权变更，PPP 项目合同中往往还会增加一个关于股权变更范围的“兜底性条款”，即“其他任何可能导致股权变更的事项”。

7.11.3 股权变更的限制

1. 锁定期

（1）锁定期的含义。

锁定期，是指限制社会资本转让其所直接或间接持有的项目公司股权的期间。通常在 PPP 项目合同中会直接规定：在一定期间内，未经政府批准，项目公司及其母公司不得发生上文定义的任何股权变更的情形。这也是股权变更限制的最主要机制。

（2）锁定期期限。

锁定期的期限需要根据项目的具体情况进行设定，常见的锁定期是自合同生效日起，至项目开始运营日后的一定期限（例如 2 年，通常至少直至项目缺陷责任期届满）。这一规定的目的是为了确保在社会资本履行完其全部出资义务之前不得轻易退出项目。

（3）例外情形。

在锁定期内，如果发生以下特殊的情形，可以允许发生股权变更：

1）项目贷款人为履行本项目融资项下的担保而涉及的股权结构变更；

2）将项目公司及其母公司的股权转让给社会资本的关联公司；

3）如果政府参股了项目公司，则政府转让其在项目公司股权的不受上述股权变更限制。

2. 其他限制

除锁定期外，在一些 PPP 项目合同中还可能会约定对受让方的要求和限制，例如约定受让方须具备相应的履约能力及资格，并继承转让方相应的权利义务等。在一些特定的项目中，政府方有可能不希望特定的主体参与到 PPP 项目中，因此可能直接在合同中约定禁止将项目公司的股权转让给特定的主体。

这类对于股权受让方的特殊限制通常不以锁定期为限，即使在锁定期后，仍然需要政府方的事前批准才能实施。但此类限制通常不应存在任何地域或所有制歧视。

3. 违反股权变更限制的后果

一旦发生违反股权变更限制的情形，将直接认定为项目公司的违约行为，情节严重的，政府方将有权因该违约而提前终止项目合同。

7.12 付费机制

付费机制关系 PPP 项目的风险分配和收益回报，是 PPP 项目合同中的核心条款。实践中，需要根据各方的合作预期和承受能力，结合项目所涉的行业、运作方式等实际情况，因地制宜地设置合理的付费机制。

7.12.1 付费机制的分类

在 PPP 项目中，常见的付费机制主要包括以下三类：

1. 政府付费

政府付费（Government Payment）是指政府直接付费购买公共产品和服务。在政府付费机制下，政府可以依据项目设施的可用性、产品或服务的使用量以及质量向项目公司付费。政府付费公共交通项目中也会采用这种机制。

2. 使用者付费

使用者付费（User Charges）是指由最终消费用户直接付费购买公共产品和服务。项目公司直接从最终用户处收取费用，以回收项目的建设和运营成本并获得合理收益。高速公路、桥梁、地铁等公共交通项目以及供水、供热等公用设施项目通常可以采用使用者付费机制。

3. 可行性缺口补助

可行性缺口补助（Viability Gap Funding，简称 VGF）是指使用者付费不足以满足项目公司成本回收和合理回报时，由政府给予项目公司一定的经济补助，以弥补使用者付费之外的缺口部分。可行性缺口补助是在政府付费机制与使用者付费机制之外的一种折中选择。在我国实践中，可行性缺口补助的形式多种多样，具体可能包括土地划拨、投资入股、投资补助、优惠贷款、贷款贴息、放弃分红权、授予项目相关开发收益权等其中的一种或多种。

7.12.2 设置付费机制的基本原则和主要因素

1. 基本原则

不同 PPP 项目适合采用的付费机制可能完全不同，一般而言，在设置项目付费机制时需要遵循以下基本原则：既能够激励项目公司妥善履行其合同义务，又能够确保在项目公司未履行合同义务时，政府能够通过该付费机制获得有效的救济。

2. 主要考虑因素

在设置付费机制时，通常需要考虑以下因素：

（1）项目产出是否可计量。PPP 项目所提供的公共产品或服务的数量和质量是否可以准确计量，决定了其是否可以采用使用量付费和绩效付费方式。因此，在一些公用设施类和公共服务类 PPP 项目中，如供热、污水处理等，需要事先明确这类项目产出的数量和质量是否可以计量以及计量的方法和标准，并将上述方法和标准在 PPP 项目合同中加以明确。

（2）适当的激励。付费机制应当能够保证项目公司获得合理的回报，以对项目公司形成适当、有效的激励，确保项目实施的效率和质量。

（3）灵活性。鉴于 PPP 项目的期限通常很长，为了更好地应对项目实施过程中可能发生的各种情势变更，付费机制项下一般也需要设置一定的变更或调整机制。

（4）可融资性。对于需要由项目公司进行融资的 PPP 项目，在设置付费机制时还需考虑该付费机制在融资上的可行性以及对融资方吸引力。

（5）财政承受能力。在多数 PPP 项目、尤其是采用政府付费和可行性缺口补助机制的项目中，财政承受能力关系到项目公司能否按时足额地获得付费，因此需要事先对政府的财政承受能力进行评估。

3. 定价和调价机制

在付费机制项下，通常还要根据相关法律法规规定、结合项目自身特点，设置合理的定价和调价机制，以明确项目定价的依据、标准，调价的条件、方法和程序，以及是否需要设置唯一性条款和超额利润限制机制等内容。鉴于不同付费机制下 PPP 项目的基本架构和运作方式可能完全不同，相关合同条款约定往往存在较大差异。

7.13 履约担保

7.13.1 概述

1. 履约担保的含义和方式

在大部分 PPP 项目中，政府通常会与专门为此项目新设的、没有任何履约记录的项目公司签约。鉴于项目公司的资信能力尚未得到验证，为了确保项目公司能够按照合同约定履约，政府通常会希望项目公司或其承包商、分包商就其履约义务提供一定的担保。本节所述的履约担保广义上是指为了保证项目公司按照合同约定履行合同并实施项目所设置的各种机制。履约担保的方式通常包括履约保证金、履约保函以及其他形式的保证等。

2. 要求项目公司提供履约担保的主要考虑因素

在传统的采购模式中，政府通常可能会要求项目承包商或分包商通过提供保函或第三人保证（例如母公司担保）等方式为其履约进行担保。

但 PPP 模式与传统的采购模式有所不同，在要求项目公司提供履约担保时还需要考虑以下因素：

（1）社会资本成立项目公司的目的之一就是通过项目责任的有限追索来实现风险剥离（即项目公司的投资人仅以其在项目公司中的出资为限对项目承担责任），因此多数情况下项目公司的母公司本身可能并不愿意为项目提供额外的担保；

（2）PPP 项目本身通常已经设置了一些保证项目公司按合同履约的机制（例如付费机制和项目期限机制等），足以激励和约束项目公司妥善履约。

在 PPP 项目中并非采用的担保方式越多、担保额度越大对政府越有利，因为实际上每增加一项担保均会相应增加项目实施的成本。

3. 选择履约担保方式的基本原则

为了更好地实现物有所值原则，在具体项目中是否需要项目公司提供履约担保、需要提供何种形式的担保以及担保额度，均需要具体分析和评估。一般的原则是，所选用的担保方式可以足够担保项目公司按合同约定履约，且在出现违约的情形下政府有足够的救济手段即可。

如果该项目公司的资信水平和项目本身的机制足以确保项目公司不提供履约担保同样能够按照合同约定履约，且在项目公司违约的情形下，政府有足够的救济手段，则可以不需要项目公司提供履约担保。反言之，如果项目公司资信和项目机制均不足以确保项目公司按合同约定履约，同时项目公司违约时，政府缺乏充足有效的救济手段，则需要项目公司提供适当的履约担保。

7.13.2 常见的履约担保方式——保函

在 PPP 实践中，最为常见、有效的履约担保方式是保函。保函是指金融机构（通常是银行）应申请人的请求，向第三方（即受益人）开立的一种书面信用担保凭证，用以保证在申请人未能按双方协议履行其责任或义务时，由该金融机构代其履行一定金额、一定期限范围内的某种支付责任或经济赔偿责任。在出具保函时，金融机构有可能要求申请人向金融机构提供抵押或者质押。为了担保项目公司根据 PPP 项目合同约定的时间、质量实施项目、履行义务，政府可以要求项目公司提供一个或多个保函，具体可能包括建设期履约保函、维护保函、移交维修保函等。在 PPP 项目中，保函既包括项目公司向政府提供的保函，也包括项目承包商、分包商或供应商为担保其合同义务履行而向项目公司或直接向政府提供的保函。

政府可能根据项目的实际情况，要求项目公司在不同期间提供不同的保函，常见的保函包括：

1. 建设期的履约保函

建设期履约保函是比较常见的一种保函，主要用于担保项目公司在建设期能够按照合同约定的标准进行建设，并且能够按时完工。该保函的有效期一般是从项目合同全部生效之日起到建设期结束。

2. 运营维护期的履约保函 / 维护保函

运营维护期的履约保函，也称维护保函，主要用以担保项目公司在运营维护期内按照项目合同的约定履行运营维护义务。该保函的有效期通常视具体项目而定，可以一直到项目期限终止。在项目期限内，项目公司有义务保证该保函项下的金额一直保持在一个规定的金额，一旦低于该金额，项目公司应当及时将该保函恢复至该规定金额。

3. 移交维修保函

在一些 PPP 项目中，还可能会约定移交维修保函。移交维修保函提交时点一般在期满终止日 12 个月之前，担保至期满移交后 12 个月届满。

与此同时，在 PPP 项目合同签订前，政府还可能要求项目公司提供下列保函：

1. 投标保函

在许多 PPP 项目中，政府会要求参与项目采购的社会资本提供一个银行保函，作为防止恶意参与采购的一项保障（如社会资本参与采购程序仅仅是为了获取商业信息，而没有真正的签约意图）。这类保函通常在采购程序结束并且选定社会资本同意或正式签署 PPP 项目合同时才会予以返还。因此，投标保函并不直接规定在 PPP 项目合同中，因为一旦签署了 PPP 项目合同，投标保函即被返还并且失效。

2. 担保合同前提条件成就的履约保函

在一些 PPP 项目中，为了确保项目公司能够按照规定的时间达成融资交割等 PPP 项目合同中约定的前提条件，政府可能会要求项目公司在签署 PPP 项目合同之前向政府提交一份履约保函，以担保合同前提条件成就。该保函通常在 PPP 项目合同条款全部生效之日即被返还并失效。

7.14 政府承诺

为了确保 PPP 项目的顺利实施，在 PPP 项目合同中通常会包括政府承诺的内容，用以明确约定政府在 PPP 项目实施过程中的主要义务。一般来讲，政府承诺需要同时具备以下两个前提：一是如果没有该政府承诺，会导致项目的效率降低、成本增加甚至无法实施；二是政府有能力控制和承担该义务。

由于 PPP 项目的特点和合作内容各有不同，需要政府承担的义务有可能完全不同。在不同 PPP 项目合同中，政府承诺有可能集中规定在同一条款项下，也有可能散见于不同条款中。实践中较为常见的政府承诺如下：

7.14.1 付费或补助

在采用政府付费机制的项目中，政府按项目的可用性、使用量或绩效来付费是项目的主要回报机制；在采用可行性缺口补助机制的项目中，也需要政府提供一定程度的补助。对于上述两类项目，按照合同约定的时间和金额付费或提供补助是政府的主要义务。

在一些供电、供气等能源类项目中，可能会设置“照付不议”的付费安排，即政府在项目合同中承诺一个最低采购量，如果项目公司按照该最低采购量供应有关能源并且不存在项目公司违约等情形，不论政府是否需要采购有关能源，其均应按照上述最低采购量付费。

7.14.2 负责或协助获取项目相关土地权利

在一些 PPP 项目合同中，根据作为一方签约主体的政府方的职权范围以及项目的具体情形不同，政府方有可能会承诺提供项目有关土地的使用权或者为项目公司取得相关土地权利提供必要的协助。

7.14.3 提供相关连接设施

一些 PPP 项目的实施，可能无法由项目公司一家独自完成，还需要政府给予一定的配套支持，包括建设部分项目配套设施，完成项目与现有相关基础设施和公用事业的对接等。例如，在一些电力项目中，除了电厂建设本身，还需要建设输电线路以及其他辅助连接设施用以实现上网或并网发电，这部分连接设施有可能由政府方建设或者由双方共同建设。因此，在这类 PPP 项目中，政府方可能会承诺按照一定的时间和要求提供其负责建设的部分连接设施。

7.14.4 办理有关政府审批手续

通常 PPP 项目的设计、建设、运营等工作需要获得政府的相关审批后才能实施。为了提高项目实施的效率，一些 PPP 项目合同中，政府方可能会承诺协助项目公司获得有关的政府审批。尤其是对于那些项目公司无法自行获得或者由政府方办理会更为便利的审批，甚至可能会直接规定由政府方负责办理并提供合法有效的审批文件。但政府承诺的具体审批范围以及承诺的方式，需要根据法律法规的有关规定、项目具体情况以及获得相关审批的难易程度作具体评估。

7.14.5 防止不必要的竞争性项目

在采用使用者付费机制的项目中，项目公司需要通过从项目最终用户处收费以回收投资并获取收益，因此必须确保有足够的最终用户会使用该项目设施并支付费用。鉴此，在这类项目的 PPP 项目合同中，通常会规定政府方有义务防止不必要的竞争性项目，即通常所说的唯一性条款。例如，在公路项目中，通常会规定政府承诺在一定年限内、在 PPP 项目附近一定区域不会修建另一条具有竞争性的公路。

7.14.6 其他承诺

在某些 PPP 项目合同中也有可能规定其他形式的政府承诺。例如，在污水处理和垃圾处理项目中，政府可能会承诺按时提供一定量的污水或垃圾以保证项目的运营。

7.15 保 险

在项目合同谈判中，通常只有在最后阶段才会谈及项目相关的保险问题，因此这一问题也极易被有关各方所忽略。然而，能否获得相关保险、保险覆盖的范围等问题恰恰是项目风险的核心所在，需要政府与项目公司在谈判中予以重点关注。

需要特别说明的是，保险并不能覆盖项目的所有风险，对于具体项目涉及的具体风险而言，保险也并不一定是最适合的风险应对方式。此外，由于保险是一个复杂且专业的领域，具体项目需要购买哪些保险还需要根据项目的具体情况来制定保险方案，并参考专业保险顾问的意见。

7.15.1 一般保险义务

1. 购买和维持保险义务

大多数 PPP 项目合同会约定由项目公司承担购买和维持保险的相关义务，具体可能包括：

（1）在整个 PPP 项目合作期限内，购买并维持项目合同约定的保险，确保其有效且达到合同约定的最低保险金额；

（2）督促保险人或保险人的代理人在投保或续保后尽快向政府提供保险凭证，以证明项目公司已按合同规定取得保单并支付保费；

（3）如果项目公司没有购买或维持合同约定的某项保险，则政府可以投保该项保险，并从履约保函项下扣抵其所支付的保费或要求项目公司偿还该项保费；

（4）向保险人或保险代理人提供完整、真实的项目可披露信息；

（5）在任何时候不得作出或允许任何其他人作出任何可能导致保险全部或部分失效、可撤销、中止或受损害的行为；

（6）当发生任何可能影响保险或其项下的任何权利主张的情况或事件时，项目公司应立即书面通知政府方；

（7）尽一切合理努力协助政府或其他被保险人及时就保险提出索赔或理赔；等等。

2. 保单要求

在 PPP 项目合同中，政府方可能会要求保单满足以下要求：

（1）项目公司应当以政府方及政府方指定的机构作为被保险人进行投保；

（2）保险人同意放弃对政府方行使一些关键性权利，比如代位权（即保险人代替被保险人向政府及其工作人员主张权利）、抵扣权（根据《保险法》第六十条第二款规定：前款规定的保险事故发生后，被保险人已经从第三者取得损害赔偿的，保险人赔偿保险金时，可以相应扣减被保险人从第三者已取得的赔偿金额）以及多家保险公司共同分摊保险赔偿的权利，等等。

（3）在取消保单、不续展保单或对保单做重大修改等事项发生时提前向政府方发出书面通知。当然，实践中政府方需要根据项目实际情况以及保险人的意愿确定具体的保单要求。

3. 保险条款变更

由于保险条款的变更可能对项目风险产生影响，一般情况下，合同中会规定未经政府方同意，不得对保险合同的重要条款（包括但不限于保险范围、责任限制以及免赔范围等等）做出实质性变更。

政府方在审议保险条款变更事项时，需要结合当时的市场情况，分析保险条款变更是否会对项目整体保险方案产生影响以及影响的程度等。

7.15.2 常见的保险种类

在选择需要投保的险种时，各方需要考虑项目的具体风险以及相关保险能否在当地获得。实践中，可供选择的险种包括但不限于：

1. 货物运输保险

投保货物运输相关保险主要是为了转移项目相关的材料和设备在运输途中遭遇损坏或灭失的风险。主要分为海洋货物运输保险、国内水路货物运输保险、国内陆路货物运输保险、航空货物运输保险和其他货物运输保险。

2. 建筑工程一切险

建筑工程一切险是针对在项目现场的所有作业和财产的保险。这一保险主要承保因保险合同所列除外责任以外的自然灾害或意外事故造成的在建工程物质损失。同时，可以加保第三者责任险，以使保险公司承保与建筑工程直接相关的、由意外事故或由建筑作业所造成的工地内或邻近地区内的第三者人身伤亡或财产损失。

3. 安装工程一切险

安装工程一切险是采用除外列明方式，为机器设备的安装和调试提供一切险保障。安装工程一切险承保被保险工程项目在安装过程中由于自然灾害、意外事故（不包括保险条款中规定的除外责任）等造成的物质损坏或灭失，以及与所承保工程直接相关的意外事故引起工地内及邻近区域的第三者人身伤亡、疾病或财产损失。

4. 第三者责任险

从项目开始建设到特许权期结束的整个期间内，项目公司都要确保已对在项目所在地发生的、因实施工程或运营导致的第三者人身伤害或财产损失进行投保。这项保险非常重要，保险覆盖的风险事件应当尽可能的宽泛。

5. 施工机具综合保险

这一保险通常是指在工程建设、安装、运营测试及调试期间，就项目公司选定的承包商自有或其租赁的施工机具的损坏或灭失的可保风险进行投保。具体承保的范围与除外责任，依具体保险合同的约定可能略有不同，投保的范围也需要根据项目作业的类型，以及关键设备的数量来定。

6. 雇主责任险

这一保险通常是对所有雇员在从事与工程建设和运营有关的业务工作时，因遭受意外或患与业务有关的国家规定的职业性疾病而致伤、残或死亡的，对被保险人依照劳动合同和我国法律须承担的医疗费及赔偿责任等进行投保。

7.16 守法义务及法律变更

PPP 项目合同中的守法义务及法律变更机制，可能会规定在同一条款中，也可能散见于不同条款项下，通常包括以下几部分内容：

7.16.1 法律的含义

法律通常是一个比较宽泛的概念。根据我国《立法法》的规定，广义的法律主要包括：

1. 全国人民代表大会及常务委员会制定的法律（狭义的“法律”）；

2. 全国人民代表大会常务委员会制定的法律解释（“法律解释”）；

3. 国务院制定的行政法规，各省、自治区、直辖市人民代表大会及其常务委员会制定的地方性法规、自治条例、单行条例（“行政法规”）；

4. 国务院各部、委员会、中国人民银行、审计署和具有行政管理职能的直属机构制定的部门规章（“部门规章”）；

5. 省、自治区、直辖市和较大的市的人民政府制定的地方政府规章（“地方政府规章”）。在司法实践中，由各级政府和政府部门出台的一些政策性文件，虽然并不属于《立法法》规定的严格意义上的法律范畴，但也具有一定的强制性效力。因此此类规范性文件通常也会包含在 PPP 项目合同中“法律”的范围内。

7.16.2 守法义务

在 PPP 项目合同中，通常会规定项目公司在实施 PPP 项目的过程中有义务遵守上述广义“法律”的规定。需要特别强调的是，PPP 项目合同中应体现政府采购（包括投资人选择和合同谈判）过程中依据政府采购相关法律已确定的各项要求，例如采购本国货物和服务、保护环境、扶持不发达地区和少数民族地区、促进中小企业发展、技术引进和本地化转移等要求。

7.16.3“法律变更”的定义

在我国法律中，对于“法律变更”并没有明文的规定。在 PPP 项目合同中，法律变更通常会被定义为在 PPP 项目合同生效日之后颁布的各级人民代表大会或其常务委员会或有关政府部门对任何法律的施行、修订、废止或对其解释或执行的任何变动。

7.16.4 法律变更的后果

1. 政府方可控的法律变更的后果

在 PPP 项目中，某些法律变更事件可能是由作为 PPP 项目合同签约主体的政府方直接实施或者在政府方职权范围内发生的，例如由该政府方、或其内设政府部门、或其下级政府所颁行的法律。对于此类法律变更，可认定为政府方可控的法律变更，具体后果可能包括：

（1）在建设期间，如果因发生政府方可控的法律变更导致项目发生额外费用或工期延误，项目公司有权向政府方索赔额外费用或要求延长工期（如果是采用政府付费机制的项目，还可以要求认定“视为已开始运营”）；

（2）在运营期间，如果因发生政府方可控的法律变更导致项目公司运营成本费用增加，项目公司有权向政府方索赔额外费用或申请延长项目合作期限；

（3）如果因发生政府方可控的法律变更导致合同无法继续履行，则构成“政府违约事件”，项目公司可以通过违约条款及提前终止机制等进行救济。

2. 政府方不可控的法律变更的后果

对于超出政府方可控范围的法律变更，如由国家或上级政府统一颁行的法律等，应视为不可抗力，按照不可抗力的机制进行处理。在某些 PPP 项目合同中，也有可能将此类法律变更直接定义为政治不可抗力，并约定由政府方承担该项风险 .

7.17 不可抗力

不可抗力条款是 PPP 项目合同中一个重要的免责条款，用于明确一些双方均不能控制又无过错的事件的范围和后果，通常包括不可抗力的定义和种类以及不可抗力的法律后果两部分内容。

7.17.1 不可抗力的定义和种类

在 PPP 实践中，关于不可抗力并没有统一的定义，通常情况下，合同方在确定不可抗力的定义和范围时会参照项目所在国关于不可抗力的法律规定以及项目的风险分配方案。我国《合同法》第 117 条规定，“不可抗力是指不能预见、不能避免并不能克服的客观情况”。实践中，合同中有时会约定只有不可抗力事件发生且其效果持续一定期间以上足以影响合同的正常履行，才构成合同约定的不可抗力。

1. 定义方式

常见的不可抗力界定方式包括概括式、列举式和概括加列举式三种。

单纯的概括式定义过于笼统，容易引起合同执行过程中的争议；而单纯列举式的无法穷尽，容易有所遗漏。鉴此，多数 PPP 项目合同采用的是概述加列举式，即先对不可抗力进行概括的定义，再列举具体的不可抗力情形，最后再加一个兜底的表述。

例如："本合同所称的不可抗力，是指合同一方无法预见、控制、且经合理努力仍无法避免或克服的、导致其无法履行合同项下义务的情形，包括但不限于：台风、地震、洪水等自然灾害；战争、罢工、骚乱等社会异常现象；征收征用等政府行为；以及双方不能合理预见和控制的任何其他情形。"

2. 不可抗力的特殊分类

鉴于 PPP 项目合同的签约主体一方为政府，其所控制风险的范围和能力与一般的签约主体不同，因此实践中一些 PPP 项目合同会将不可抗力事件分为政治不可抗力和自然不可抗力，并对不同类型不可抗力事件的法律后果进行区别处理。

（1）政治不可抗力。

政治不可抗力事件通常包括非因签约政府方原因导致的、且不在其控制下的征收征用、法律变更（即"政府不可控的法律变更"）、未获审批等政府行为引起的不可抗力事件。在 PPP 实践中，考虑到政府方作为 PPP 项目合同的签约主体，对于上述不可抗力事件具有一定的影响能力，因此一些 PPP 项目合同中，将此类政治不可抗力事件归为政府方应承担的风险，并约定如下的法律后果：

1）发生政治不可抗力事件，项目公司有权要求延长工期、获得额外补偿或延长项目合作期限；

2）如因政治不可抗力事件导致项目提前终止，项目公司还可获得比其他不可抗力事件更多的回购补偿，甚至可能包括利润损失。

（2）自然不可抗力。

主要是指台风、冰雹、地震、海啸、洪水、火山爆发、山体滑坡等自然灾害；有时也可包括战争、武装冲突、罢工、骚乱、暴动、疫情等社会异常事件。这类不可抗力则通常按照一般不可抗力的法律后果处理。

7.17.2 不可抗力的法律后果

在 PPP 项目合同中，除政治不可抗力外，一般不可抗力的法律后果通常包括：

1. 免于履行

如在 PPP 项目合同履行过程中，发生不可抗力并导致一方完全或部分无法履行其合同义务时，根据不可抗力的影响可全部或部分免除该方在合同项下的相应义务。但在一些 PPP 项目、特别是采用政府付费机制的项目中，也可能在 PPP 项目合同中约定由政府方承担全部或部分不可抗力风险，在不可抗力影响持续期间，政府仍然有义务履行全部或部分付款义务。

2. 延长期限

如果不可抗力发生在建设期或运营期，则项目公司有权根据该不可抗力的影响期间申请延长建设期或运营期。

3. 免除违约责任

不可抗力条款启动后，在不可抗力事件持续期间（或双方另外约定的期间），受影响方无需为其中止履约或履约延误承担违约责任。

4. 费用补偿

对于不可抗力发生所产生的额外费用，原则上由各方自行承担，政府不会给予项目公司额外的费用补偿。

5. 解除合同

如果不可抗力发生持续超过一定期间，例如 12 个月，任何一方均有权提出解除合同。

7.18 政府方的监督和介入

由于 PPP 项目通常是涉及公共利益的特殊项目，从履行公共管理职能的角度出发，政府需要对项目执行的情况和质量进行必要的监控，甚至在特定情形下，政府有可能临时接管项目。PPP 项目合同中关于政府方的监督和介入机制，通常包括政府方在项目实施过程中的监督权以及政府方在特定情形下对项目的介入权两部分内容。

7.18.1 政府方的监督权

在项目从建设到运营的各个实施阶段，为了能够更好地了解项目进展、确保项目能够按照合同约定履行，政府方通常会在 PPP 项目合同中规定各种方式的监督权利，这些监督权通常散见于合同的不同条款中。需要特别说明的是，政府方的监督权必须在不影响项目正常实施的前提下行使，并且必须要有明确的限制，否则将会违背 PPP 项目的初衷，将本已交由项目公司承担的风险和管理角色又揽回到政府身上。不同项目、不同阶段下的政府监督权的内容均有可能不同，常见的政府方监督权包括：

1. 项目实施期间的知情权

在 PPP 项目合同中通常会规定项目公司有义务定期向政府提供有关项目实施的报告和信息，以便政府方及时了解项目的进展情况。政府方的上述知情权贯穿项目实施的各个阶段，每一阶段知情权的内容和实现方式也会有所不同，具体包括：

（1）建设期——审阅项目计划和进度报告。

在项目正式开工以前（有时在合同签订前），项目公司有义务向政府提交项目计划书，对建设期间重要节点作出原则规定，以保障按照该工程进度在约定的时间内完成项目建设并开始运营。

在建设期间，项目公司还有义务定期向政府提交项目进度报告，说明工程进度及项目计划的完成情况。有关上述项目计划和进度报告的格式和报送程序，应在 PPP 项目合同的合同条款或者附件中予以明确约定。

（2）运营维护期——审阅运营维护手册和有关项目运营情况的报告。

在开始运营之前，项目公司通常应编制项目运营维护手册，载明生产运营、日常维护以及设备检修的内容、程序和频率等，并在开始运营日之前报送政府备查。在运营维护期间，项目公司通常还应定期向政府报送有关运营情况的报告或其他相关资料，例如运营维护报告（说明设备和机器的现状以及日常检修、维护状况等）、严重事故报告等。此外，有时政府也会要求项目公司定期提交经审计的财务报告、使用者相关信息资料等。

2. 进场检查和测试

在 PPP 项目合同中，有时也会规定在特定情形和一定限制条件下，政府方有权进入项目现场进行检查和测试。政府方行使进场检查和测试权不得影响项目的正常实施，并且受制于一些特定的条件，例如：需要遵守一般的安全保卫规定，并且不得影响项目的正常建设和运营；履行双方约定的合理通知义务后才可入场；仅在检查建设进度、监督项目公司履约情况等特定目的下才有权进入场地；等等。

3. 对承包商和分包商选择的监控

有时政府方也希望在建设承包商或者运营维护分包商的选择上进行一定程度的把控。通常可能采取两种途径：

（1）在合同中约定建设承包商或运营维护分包商的资质要求。但须特别注意，上述要求必须是保证本项目建设质量或者运营质量所必需的且合理的要求，不得不合理地限制项目公司自行选择承包商或分包商的权利。

（2）事先知情权。要求项目公司在签订工程承包合同或运营维护合同前事先报告政府方，由政府方在规定的期限（例如，5 个工作日）内确认该承包商或分包商是否符合上述合同约定的资质要求；如果在规定期限内，政府方没有予以正式答复，则视为同意项目公司所选择的承包商或分包商。需要特别说明的是，在 PPP 项目中，原则上项目公司应当拥有选择承包商和分包商的充分控制权。政府方对于项目质量的控制一般并不依赖于对承包商及分包商选择的直接控制，而是通过付费机制和终止权利来间接把控项目的履约。例如，如果项目质量无法达到合同约定的标准，项目的付费就会被扣减，甚至在严重情形下，政府方可以终止项目。

4. 参股项目公司

在 PPP 实践中，为了更直接地了解项目的运作以及收益情况，政府也有可能通过直接参股项目公司的方式成为项目公司股东、甚至董事（即使政府所持有的股份可能并不多），以便更好地实现知情权。在这种情形下，原则上政府与其他股东相同，享有作为股东的基本权益，同时也需履行股东的相关义务，并承担项目风险，但是经股东协商一致，政府可以选择放弃部分权益或者可能被免除部分义务。有关政府与其他股东的权利义务安排，通常会规定在项目公司的股东协议中。

7.18.2 政府方的介入权

除了上述的一般监督权，在一些 PPP 项目合同中，会赋予政府方在特定情形下（如紧急情况发生或者项目公司违约）直接介入项目实施的权利。但与融资方享有的介入权不同，政府方的介入权通常适用于发生短期严重的问题且该问题需要被快速解决、而政府方在解决该问题上更有优势和便利的情形，通常包括项目公司未违约情形下的介入和项目公司违约情形下的介入两类。需要注意的是，上述介入权是政府一项可以选择的权利，而非必须履行的义务。

1. 项目公司未违约情形下的介入

（1）政府方可以介入的情形。

为了保证项目公司履行合同不会受到不必要的干预，只有在特定的情形下，政府方才拥有介入的权利。常见的情形包括：

1）存在危及人身健康或安全、财产安全或环境安全的风险；

2）介入项目以解除或行使政府的法定责任；

3）发生紧急情况，且政府合理认为该紧急情况将会导致人员伤亡、严重财产损失或造成环境污染，并且会影响项目的正常实施。如果发生上述情形，政府方可以选择介入项目的实施，但政府方在介入项目之前必须按 PPP 项目合同中约定的通知程序提前通知项目公司，并且应当遵守合同中关于行使介入权的要求。

（2）政府方介入的法律后果。

在项目公司未违约的情形下，发生了上述政府方可以介入的情形，政府方如果选择介入项目，需要按照合同约定提前通知项目公司其介入的计划以及介入的程度。该介入的法律后果一般如下：

1）在政府方介入的范围内，如果项目公司的任何义务或工作无法履行，这些义务或工作将被豁免；

2）在政府方介入的期间内，如果是采用政府付费机制的项目，政府仍应当按照合同的约定支付服务费或其他费用，不论项目公司是否提供有关的服务或是否正常运营；

3）因政府方介入引发的所有额外费用均由政府承担。

2. 项目公司违约情形下的介入

如果政府方在行使监督权时发现项目公司违约，政府方认为有可能需要介入的，通常应在介入前按照 PPP 项目合同的约定书面通知项目公司并给予其一定期限自行补救；如果项目公司在约定的期限内仍无法补救，政府方才有权行使其介入权。政府方在项目公司违约情形下介入的法律后果一般如下：

（1）政府方或政府方指定第三人将代项目公司履行其违约所涉及的部分义务；

（2）在项目公司为上述代为履行事项提供必要协助的前提下，在政府方介入的期间内，如果是采用政府付费或可行性缺口补助机制的项目，政府方仍应当按照合同约定就不受违约影响部分的服务或产品支付费用或提供补助；

（3）任何因政府方介入产生的额外费用均由项目公司承担，该部分费用可从政府付费中扣减或者由项目公司另行支付；

（4）如果政府方的介入仍然无法补救项目公司的违约，政府方仍有权根据提前终止机制终止项目合同。

7.19 违约、提前终止及终止后处理机制

违约和提前终止条款是 PPP 项目合同中的重要条款之一，通常会规定违约事件、终止事由以及终止后的处理机制等内容。

7.19.1 违约事件

1. 概述

在 PPP 项目合同中，通常会明确约定可能导致合同终止的违约事件，这些违约事件通常是由于合同一方违反 PPP 项目合同中的重大义务而引起的。违约事件的发生并不直接导致项目合同终止。在 PPP 项目合同中通常会规定通知和补救程序，即如果在 PPP 项目合同履行过程中发生违约事件，未违约的合同相对方应及时通知违约方，并要求违约方在限期内进行补救，

如违约方在该限期内仍无法补救的，则合同相对方有权终止 PPP 项目合同。此处有一种特殊情形，即在 PPP 项目合同规定融资方介入权或者政府、融资方和项目公司三方签署直接介入协议的情形下，项目公司违约事件发生且在限期内无法补救时，还会允许融资方或其指定的第三方进行补救。

2. 违约事件的界定方式

实践中，不同的 PPP 项目合同对于违约事件的界定方式可能不同，通常包括概括式、列举式以及概括加列举式三种，其中概括加列举式在 PPP 项目合同中更为常见。通过列举的方式可以更加明确构成违约事件的情形，从而避免双方在违约事件认定时产生争议。为此，在 PPP 项目合同起草和谈判过程中，双方应对哪些事项构成违约事件进行认真判别，并尽可能地在 PPP 项目合同中予以明确约定。

3. 政府方违约事件

在约定政府方违约事件时，应谨慎考虑这些事件是否处于政府方能够控制的范围内并且属于项目项下政府应当承担的风险。常见的政府方违约事件包括：

（1）未按合同约定向项目公司付费或提供补助达到一定期限或金额的；

（2）违反合同约定转让 PPP 项目合同项下义务；

（3）发生政府方可控的对项目设施或项目公司股份的征收或征用的（是指因政府方导致的或在政府方控制下的征收或征用，如非因政府方原因且不在政府方控制下的征收征用，则可以视为政治不可抗力）；

（4）发生政府方可控的法律变更导致 PPP 项目合同无法继续履行的；

（5）其他违反 PPP 项目合同项下义务，并导致项目公司无法履行合同的情形。

4. 项目公司违约事件

在约定项目公司违约事件时，政府方通常希望列举的违约事件越多越好，最好能是敞口的列举，而项目公司则更倾向于明确的定义和有限的列举。需要强调的是，如果项目公司违约事件约定过多，不仅会影响项目公司参与 PPP 项目的积极性，而且会增加项目的融资难度和成本，进而导致项目整体成本的增加。因此在实践中，需要合理平衡双方的利益，原则上项目公司违约事件应当属于该项目项下项目公司应当承担的风险。常见的项目公司违约事件包括但不限于：

（1）项目公司破产或资不抵债的；

（2）项目公司未在约定时间内实现约定的建设进度或项目完工、或开始运营，且逾期超过一定期限的；

（3）项目公司未按照规定的要求和标准提供产品或服务，情节严重或造成严重后果的；

（4）项目公司违反合同约定的股权变更限制的；

（5）未按合同约定为 PPP 项目或相关资产购买保险的。

7.19.2 提前终止的事由

1. 概述

在 PPP 项目合同中，可能导致项目提前终止的事由通常包括：

（1）政府方违约事件——发生政府方违约事件，政府方在一定期限内未能补救的，项目公司可根据合同约定主张终止 PPP 项目合同；

（2）项目公司违约事件——发生项目公司违约事件，项目公司和融资方或融资方指定的第三方均未能在规定的期限内对该违约进行补救的，政府方可根据合同约定主张终止 PPP 项目合同；

（1）政府方选择终止——政府方在项目期限内任意时间可主张终止 PPP 项目合同；

（4）不可抗力事件——发生不可抗力事件持续或累计达到一定期限，任何一方可主张终止 PPP 项目合同。

2. 政府方选择终止

由于 PPP 项目涉及公共产品或服务供给，关系社会公共利益，因此 PPP 项目合同中，政府方应当享有在特定情形下（例如，PPP 项目所提供的公共产品或服务已经不合适或者不再需要，或者会影响公共安全和公共利益）单方面决定终止项目的权利。但在 PPP 项目实践中，政府方的此项权利应当予以明确限定，以免被政府方滥用，打击社会资本参与 PPP 项目的积极性；同时，政府方在选择终止时需要给予项目公司足额的补偿。

7.19.3 终止后的处理机制

PPP 项目合同中，基于不同事由导致的终止，在终止后的处理上也会有所不同。一般来讲，通常会涉及回购义务和回购补偿两方面的事项。

1. 回购义务

在 PPP 项目终止后，政府可能并不一定希望全盘回购已经建成或者正在建设的项目设施。但如果政府方有权选择不回购该项目，对于项目公司而言可能是非常重大的风险。因为项目公司不仅将无法继续实施该项目并获得运营回报，甚至无法通过政府回购补偿收回前期投资。鉴此，在 PPP 项目合同中，对于回购的规定一般会比较谨慎。实践中，通常只有在项目公司违约导致项目终止的情形下，政府才不负有回购的义务而是享有回购的选择权，即政府可以选择是否回购该项目。但对于一些涉及公共安全和公众利益的、需要保障持续供给的 PPP 项目，也可能在合同中约定即使在项目公司违约导致项目终止的情形下，政府仍有回购的义务。

2. 回购补偿

根据项目终止事由的不同，项目终止后的回购补偿范围也不相同，在具体项目中，双方应对补偿的金额进行合理的评估。常见的安排如下：

（1）政府方违约事件、政治不可抗力以及政府方选择终止。

对于因政府方违约事件、政治不可抗力以及政府方选择终止所导致的项目合同终止，一般的补偿原则是确保项目公司不会因项目提前终止而受损或获得额外利益（即项目公司获得的补偿等于假设该 PPP 项目按原计划继续实施的情形下项目公司能够获得的经济收益）。补偿的范围一般可能包括：

1）项目公司尚未偿还的所有贷款（其中可能包括剩余贷款本金和利息、逾期偿还的利息及罚息、提前还贷的违约金等）；

2）项目公司股东在项目终止之前投资项目的资金总和（必要时需要进行审计）；

3）因项目提前终止所产生的第三方费用或其他费用（例如支付承包商的违约金、雇员的补偿金等）；

4）项目公司的利润损失（双方通常会在 PPP 项目合同中约定利润损失的界定标准及补偿比例）。

（2）项目公司违约事件。

实践中，对于因项目公司违约事件导致的项目合同终止，如果政府有义务回购或者选择进行回购时，政府需要就回购提供相应补偿。常见的回购补偿计算方法包括：

1）市场价值方法，即按照项目终止时合同的市场价值（即再进行项目采购的市场价值）计算补偿金额。此种方法相对比较公平，并且在项目回购后政府必须要在市场中重新进行项目采购，因此通常适用于 PPP 市场相对较为成熟的国家。

2）账面价值方法，即按照项目资产的账面价值计算补偿金额。与市场价值方法不同，该计算方法主要关注资产本身的价值而非合同的价值。这种计算方法比较简单明确，可避免纠纷，但有时可能导致项目公司获得的补偿与其实际投资和支付的费用不完全一致。

在具体项目中适用哪一种计算方法，需要进行专项评估，但一般的原则是，尽可能避免政府不当得利并且能够吸引融资方的项目融资。此外，根据上述计算方法计算出的补偿金额，通常还要扣减政府因该终止而产生的相关费用和损失。

（3）自然不可抗力。

由于自然不可抗力属于双方均无过错的事件，因此对于自然不可抗力导致的终止，一般的原则是由双方共同分摊风险。通常来讲：

1）补偿范围一般会包括未偿还融资方的贷款、项目公司股东在项目终止前投入项目的资金以及欠付承包商的款项；

2）补偿一般会扣除保险理赔金额，且不包括预期利润损失。

3. 补偿的支付

在 PPP 项目合同中还会约定政府回购补偿的支付方式、时间和程序。具体支付方式包括以下两种：

（1）一次性全额支付。

对项目公司而言，当然希望可以一次性获得全额补偿。但对政府而言，一次性全额支付可能会增加政府的资金压力，需要政府进行合理的财政预算安排。

（2）分期付款。

分期付款可以在一定程度上缓解政府的资金压力，但是否能够采用这种方式还取决于项目公司和融资方能否同意。此外，如果采用分期付款方式，项目公司一般会向政府主张延期支付的利息，并且在未缴清补偿款前，项目公司一般不愿意移交项目资产，因此采用分期付款方式有可能会影响项目的移交时间。

7.20 项目的移交

项目移交通常是指在项目合作期限结束或者项目合同提前终止后，项目公司将全部项目设施及相关权益以合同约定的条件和程序移交给政府或者政府指定的其他机构。项目移交的基本原则是，项目公司必须确保项目符合政府回收项目的基本要求。项目合作期限届满或项目合同提前终止后，政府需要对项目进行重新采购或自行运营的，项目公司必须尽可能减少移交对公共产品或服务供给的影响，确保项目持续运营。

7.20.1 移交范围

起草合同移交条款时，首先应当根据项目的具体情况明确项目移交的范围，以免因项目移交范围不明确造成争议。移交的范围通常包括：

1. 项目设施；

2. 项目土地使用权及项目用地相关的其他权利；

3. 与项目设施相关的设备、机器、装置、零部件、备品备件以及其他动产；

4. 项目实施相关人员；

5. 运营维护项目设施所要求的技术和技术信息；

6. 与项目设施有关的手册、图纸、文件和资料（书面文件和电子文档）；

7. 移交项目所需的其他文件。

7.20.2 移交的条件和标准

为了确保回收的项目符合政府的预期，PPP 项目合同中通常会明确约定项目移交的条件和标准。特别是在项目移交后政府还将自行或者另行选择第三方继续运营该项目的情形下，移交的条件和标准更为重要。通常包括以下两类条件和标准：

1. 权利方面的条件和标准：项目设施、土地及所涉及的任何资产不存在权利瑕疵，其上未设置任何担保及其他第三人的权利。但在提前终止导致移交的情形下，如移交时尚有未清偿的项目贷款，就该未清偿贷款所设置的担保除外。

2. 技术方面的条件和标准：项目设施应符合双方约定的技术、安全和环保标准，并处于良好的运营状况。在一些 PPP 项目合同中，会对“良好运营状况”的标准做进一步明确，例如在不再维修情况下，项目可以正常运营 3 年等。

7.20.3 移交程序

1. 评估和测试

在 PPP 项目移交前，通常需要对项目的资产状况进行评估并对项目状况能否达到合同约定的移交条件和标准进行测试。实践中，上述评估和测试工作通常由政府方委托的独立专家或者由政府方和项目公司共同组成的移交工作组负责。经评估和测试，项目状况不符合约定的移交条件和标准的，政府方有权提取移交维修保函，并要求项目公司对项目设施进行相应的恢复性修理、更新重置，以确保项目在移交时满足约定要求。

2. 移交手续办理

移交相关的资产过户和合同转让等手续由哪一方负责办理主要取决于合同的约定，多数情况下由项目公司负责。

3. 移交费用（含税费）承担

关于移交相关费用的承担，通常取决于双方的谈判结果，常见的做法包括：

（1）由项目公司承担移交手续的相关费用（这是比较常见的一种安

排，而且办理移交手续的相关费用也会在项目的财务安排中予以预先考虑）；

（2）由政府方和项目公司共同承担移交手续的相关费用。

（3）如果因为一方违约事件导致项目终止而需要提前移交，可以约定由违约方来承担移交费用。

7.20.4 转让

1. 项目相关合同的转让

项目移交时，项目公司在项目建设和运营阶段签订的一系列重要合同可能仍然需要继续履行，因此可能需要将这些尚未履行完毕的合同由项目公司转让给政府或政府指定的其他机构。为能够履行上述义务，项目公司应在签署这些合同时即与相关合同方（如承包商或运营商）明确约定，在项目移交时同意项目公司将所涉合同转让给政府或政府指定的其他机构。实践中，可转让的合同可能包括项目的工程承包合同、运营服务合同、原料供应合同、产品或服务购买合同、融资租赁合同、保险合同以及租赁合同等。

通常政府会根据上述合同对于项目继续运营的重要性，决定是否进行合同转让。此外，如果这些合同中包含尚未期满的相关担保，也应该根据政府的要求全部转让给政府或者政府指定的其他机构。

2. 技术转让

在一些对于项目实施专业性要求较高的 PPP 项目中，可能需要使用第三方的技术（包括通过技术转让或技术许可的方式从第三方取得的技术）。在此情况下，政府需要确保在项目移交之后不会因为继续使用这些技术而被任何第三方进行侵权索赔。鉴此，PPP 项目合同中通常会约定，项目公司应在移交时将项目运营和维护所需要的所有技术，全部移交给政府或政府指定的其他机构，并确保政府或政府指定的其他机构不会因使用这些技术而遭受任何侵权索赔。如果有关技术为第三方所有，项目公司应在与第三方签署技术授权合同时即与第三方明确约定，同意项目公司在项目移交时将技术授权合同转让给政府或政府指定的其他机构。

此外，PPP 项目合同中通常还会约定，如果这些技术的使用在移交日前已期满，项目公司有义务协助政府取得这些技术的使用权。

7.20.5 风险转移

移交条款中通常还会明确在移交过程中的风险转移安排：在移交日前，由项目公司承担项目设施的全部或部分损失或损坏的风险，除非该损失或损坏是由政府方的过错或违约所致；在移交日及其后，由政府承担项目设施的全部或部分损失或损坏的风险。

7.21 适用法律及争议解决

7.21.1 适用法律

在一般的商业合同中，合同各方可以选择合同的管辖法律（即准据法）。但在 PPP 项目合同中，由于政府方是合同当事人之一，同时 PPP 项目属于基础设施和公共服务领域，涉及社会公共利益，因此在管辖法律的选择上应坚持属地原则，即在我国境内实施的 PPP 项目的合同通常应适用我国法律并按照我国法律进行解释。

7.21.2 争议解决

由于 PPP 项目涉及的参与方众多、利益关系复杂且项目期限较长，因此在 PPP 项目所涉合同中，通常都会规定争议解决条款，就如何解决各方在合同签订后可能产生的合同纠纷进行明确的约定。尽管没有规定明确的争议解决条款并不意味着各方对产生的纠纷不享有任何救济，但规定此类条款有助于明确纠纷解决的方式及程序。

争议解决条款中一般以仲裁或者诉讼作为最终的争议解决方式，并且通常会在最终争议解决方式前设置其他的争议解决机制，以期在无需仲裁或者诉讼的情况下快速解决争议，或达成一个暂时具有约束力、但可在之后的仲裁或诉讼中重新审议的临时解决办法。

争议解决方式通常需要双方根据项目的具体情况进行灵活选择。如果项目需要各方的长期合作，应考虑对抗性更低，更利于维护各方关系的争议解决方式。常见的争议解决方式包括：

1. 友好协商

为争取尽快解决争议，在多数 PPP 项目合同中，都会约定在发生争议后先由双方通过友好协商的方式解决纠纷。这样做的目的是为了防止双方在尝试通过协商解决争议之前直接启动正式的法律程序。诉讼和仲裁是非常耗时且昂贵的，而且一旦开始往往很难停止。实践中，协商的具体约定方式包括：

（1）协商前置。即发生争议后，双方必须在一段特定期限内进行协商，在该期限届满前双方均不能提起进一步的法律程序。

（2）选择协商。即将协商作为一个可以选择的争议解决程序，无论是否已进入协商程序，各方均可在任何时候启动诉讼或仲裁等其他程序。

（3）协商委员会。即在合同中明确约定由政府方和项目公司的代表组成协商委员会，双方一旦发生争议应当首先提交协商委员会协商解决。如果在约定时间内协商委员会无法就有关争议达成一致，则会进入下一阶段的争议解决程序。需要特别说明的是，通常协商应当是保密并且"无损实体权利"的，当事人在协商过程中所说的话或所提供的书面文件不得用于之后的法律程序。因为如果双方能够确定这些内容在将来的诉讼或仲裁中不会被作为不利于自己的证据，他们可能更愿意主动做出让步或提出解决方案。

2. 专家裁决

对于 PPP 项目中涉及的专业性或技术性纠纷，也可以通过专家裁决的方式解决。负责专家裁决的独立专家，可以由双方在 PPP 项目合同中予以委任，也可以在产生争议之前共同指定。专家裁决通常适用于对事实无异议、仅需要进行某些专业评估的情形，不适用于解决那些需要审查大量事实依据的纠纷，也不适用于解决纯粹的法律纠纷。

3. 仲裁

（1）仲裁还是诉讼。

仲裁是一种以双方书面合意进入仲裁程序为前提（即合同双方必须书面约定将争议提交仲裁）的替代诉讼的纠纷解决方式。一般而言，仲裁相较于诉讼，具有下列优点：

1）仲裁程序更具灵活性，更尊重当事人的程序自主；

2）仲裁程序更具专业性，当事人可以选择相关领域的专家作为仲裁员；

3）仲裁程序更具保密性，除非双方协议可以公开仲裁，一般仲裁程序和仲裁结果均不会对外公开；

4）仲裁程序一裁终局，有可能比诉讼程序更快捷、成本更低。

依照我国法律，仲裁裁决与民事判决一样，具有终局性和法律约束力。除基于法律明确规定的事由，法院不能对仲裁的裁决程序和裁决结果进行干预。在 PPP 项目合同争议解决条款中，也可以选择诉讼作为最终的争议解决方式。需要特别注意的是，就 PPP 项目合同产生的合同争议，应属于平等的民事主体之间的争议，应适用民事诉讼程序，而非行政复议、行政诉讼程序。这一点不应因政府方是 PPP 项目合同的一方签约主体而有任何改变。

实践中，诉讼程序相较于仲裁程序时间更长，程序更复杂，比较正式且对立性更强，因此 PPP 项目双方在选择最终的争议解决程序时需要仔细的考量。

（2）国际仲裁还是国内仲裁。

在一些外国投资人参与的 PPP 项目中，可能会在争议解决条款中选择由相对中立的国际仲裁组织进行仲裁。我国《合同法》已明确规定，具有涉外因素的合同可以选择国外仲裁机构仲裁，实践中也可以依据一些国际公约（例如《承认及执行外国仲裁裁决公约》）来处理国际仲裁裁决的承认和执行程序。

需要特别注意的是，按照我国法律规定，如果合同中约定某一争议既可以依仲裁程序解决，也可以依诉讼程序解决，则原则上属于无效的仲裁条款（除非一方当事人申请仲裁后，对方当事人未在首次开庭前提出管辖权异议，使仲裁庭取得审理该案件的管辖权）。因此，PPP 项目合同的争议解决条款最好在诉讼和仲裁中任选其一，避免出现“既可以仲裁，也可以诉讼”的约定。

4. 争议期间的合同履行

鉴于 PPP 项目通常会涉及公共安全和公共利益，为保障项目的持续稳定运营，通常会在争议解决条款中明确规定在发生争议期间，各方对于合同无争议部分应当继续履行，除法律规定或另有约定外，任何一方不得以发生争议为由，停止项目运营。

7.22 合同附件

PPP 项目所涉及的合作内容和具体要求通常较为庞杂，一般会在 PPP 项目合同正文之后附加一系列的附件，用以进一步明确合同中涉及的具体技术标准、条件要求、计算公式、文书格式等。

7.22.1 常见的合同附件

鉴于不同 PPP 项目的付费机制、运作方式、融资方式以及涉及的行业标准、技术规范等各不相同，具体的合同附件也会不同。常见的 PPP 项目合同附件包括：

1. 项目场地范围

该附件用于划定项目涉及的场地的地点、范围、面积等，有时会以平面图的形式列示。

2. 项目所需审批

该附件用于列明项目实施所需获得的全部或主要审批，以及政府方和项目公司在获得上述审批上的责任分工。

3. 技术附件

该附件用于详细阐述 PPP 项目设计、建设、运营、维护等所依据的具体技术标准和规范等。

4. 商务附件

该附件用于阐述 PPP 项目的商业方案，例如财务模型、融资计划、项目公司设立方案等。

5. 履约担保格式

为了确保项目公司在签订 PPP 项目合同后所提供的履约担保能够符合双方的约定，有时还会将履约担保的相关协议也作为合同附件，并约定项目公司将来按照该协议约定的内容和方式向政府方提供担保。

6. 移交条件

为了确保项目移交后符合政府的预期，双方可能会将项目移交的具体条件和标准在 PPP 项目合同的附件中予以明确规定。

7.22.2 各行业合同附件例举

下文列举了一些行业的 PPP 项目合同的常见附件，仅供参考：

1. 城市（集中）供水

在城市（集中）供水项目中，比较常见的附件包括：各方内部决议件，股东承诺函，集中式公共供水定义，授权文件，建设期履约保函，项目特许经营范围，普遍服务承诺，供水技术标准、规范和要求，项目资产维护方案，融资方案，初步性能测试，最终性能测试，维护保函，应急预案，保险方案（含投保险种与保险金额），前期工作和永久性市政设施，技术方案，定期报告及临时报告（事项、周期及信息格式要求），成本申报及监审，资本投资计划及调整，排他性承诺，移交方案等。

2. 集中供暖

在集中供暖项目中，比较常见的附件包括：授权文件，各方内部决议件，股东承诺函，供热质量和服务标准，项目特许经营区域范围（附图），供用热合同样本，技术规范和标准，投资计划及安排，普遍服务承诺，应急预案，移交资产的程序和标准，融资方案，履约保函，保险方案，项目设施维护方案，工程进度计划表，排他性承诺，移交方案等。

3. 管道燃气供应

在管道燃气供应项目中，比较常见的附件包括：各方内部决议件，股东承诺函，授权书，项目特许经营区域范围（附图），项目批准文件，技术规范和要求，投资计划及安排，普遍服务承诺，管道设施维护方案，保险，融资方案，工程技术方案，燃气质量标准，燃气服务标准，安全管理标准，气源承诺及保障计划，应急预案，履约保函，工程进度计划表，排他性承诺，移交方案，供用气合同等。

4. 污水处理

在污水项目中，比较常见的附件包括：授权文件，各方内部决议件，股东承诺函，用地四至图，建设标准和技术要求，进水水质超标的处理，出水水质不合格的违约金，污水处理服务协议，调价公式，融资方案，保险方案，运营记录报表，付费申请表/形式发票，出水水质监测项目、方法和周期，履约保函，维护保函，技术方案，移交保函，工程进度计划表，移交方案等。

5. 垃圾焚烧处理

在垃圾焚烧处理项目中，比较常见的附件包括：授权文件，各方内部决议件，股东承诺函，垃圾处理服务协议，适用技术规范和要求，技术方案，商务方案，履约保函，维护保函，融资方案，质量保证和控制方案，项目建设进度计划，保险方案，稳定性试运行方案，购售电合同，运营维护方案，进口设备和清单，红线图，移交保函，移交方案等。

6. 保障性安居工程

在保障性安居工程项目中，比较常见的附件包括：授权文件，各方内部决议件，股东承诺函，项目红线图，融资方案等。

7. 地下综合管廊

在地下综合管廊项目中，比较常见的附件包括：授权文件，各方内部决议件，股东承诺函，走线规划图，既有管网 GIS 信息等。

8. 轨道交通

在轨道交通项目中，比较常见的附件包括：授权文件，各方内部决议件，股东承诺函，设计标准，运营操作和维护标准，融资协议，融资计划，融资替代解决方案，客运服务标准，客流量预测，工程价目表，融资方案，文字，公司章程，保险方案，施工合同，工程进度计划表，施工时间安排，地铁区域图，网站，操作和维修合同，前期工程进度，排他性承诺，履约担保，移交方案等。如涉及综合开发的，还需增加相应附件。

9. 医疗和养老服务设施

在医疗和养老服务设施项目中，比较常见的附件包括：授权文件，各方内部决议件，股东承诺函，医院管理及服务协议，商标许可协议，目标土地规划设计要求，目标土地四至图，设计要求及建造标准，融资方案，筹备期工作方案，运营标准及绩效指标，员工招聘、培训及多点执业相关工作方案，营销方案，竞争对手列表及排他性承诺，保险安排，履约担保，移交方案等。

8. PPP政策体系汇编

8.1 财政部PPP政策法规汇编

8.1.1 关于推广运用政府和社会资本合作模式有关问题的通知（2014年9月23日，财金〔2014〕76号）

各省、自治区、直辖市、计划单列市财政厅(局)，新疆生产建设兵团财务局：

为贯彻落实党的十八届三中全会关于“允许社会资本通过特许经营等方式参与城市基础设施投资和运营”精神，拓宽城镇化建设融资渠道，促进政府职能加快转变，完善财政投入及管理方式，尽快形成有利于促进政府和社会资本合作模式(Public-Private Partnership,PPP)发展的制度体系，现就有关问题通知如下：

一、充分认识推广运用政府和社会资本合作模式的重要意义

政府和社会资本合作模式是在基础设施及公共服务领域建立的一种长期合作关系。通常模式是由社会资本承担设计、建设、运营、维护基础设施的大部分工作，并通过“使用者付费”及必要的“政府付费”获得合理投资回报；政府部门负责基础设施及公共服务价格和质量监管，以保证公共利益最大化。当前，我国正在实施新型城镇化发展战略。城镇化是现代化的要求，也是稳增长、促改革、调结构、惠民生的重要抓手。立足国内实践，借鉴国际成功经验，推广运用政府和社会资本合作模式，是国家确定的重大经济改革任务，对于加快新型城镇化建设、提升国家治理能力、构建现代财政制度具有重要意义。

(一)推广运用政府和社会资本合作模式，是促进经济转型升级、支持新型城镇化建设的必然要求。政府通过政府和社会资本合作模式向社会资本开放基础设施和公共服务项目，可以拓宽城镇化建设融资渠道，形成多元化、可持续的资金投入机制，有利于整合社会资源，盘活社会存量资本，激发民间投资活力，拓展企业发展空间，提升经济增长动力，促进经济结构调整和转型升级。

(二)推广运用政府和社会资本合作模式，是加快转变政府职能、提升国家治理能力的一次体制机制变革。规范的政府和社会资本合作模式能够将政府的发展规划、市场监管、公共服务职能，与社会资本的管理效率、技术创新动力有机结合，减少政府对微观事务的过度参与，提高公共服务的效率与质量。政府和社会资本合作模式要求平等参与、公开透明，政府和社会资本按照合同办事，有利于简政放权，更好地实现政府职能转变，弘扬契约文化，体现现代国家治理理念。

(三)推广运用政府和社会资本合作模式，是深化财税体制改革、构建现代财政制度的重要内容。根据财税体制改革要求，现代财政制度的重要内容之一是建立跨年度预算平衡机制、实行中期财政规划管理、编制完整体现政府资产负债状况的综合财务报告等。政府和社会资本合作模式的实质是政府购买服务，要求从以往单一年度的预算收支管理，逐步转向强化中长期财政规划，这与深化财税体制改革的方向和目标高度一致。

二、积极稳妥做好项目示范工作

当前推广运用政府和社会资本合作模式，首先要做好制度设计和政策安排，明确适用于政府和社会资本合作模式的项目类型、采购程序、融资管理、项目监管、绩效评价等事宜。

(一)开展项目示范。地方各级财政部门要向本级政府和相关行业主管部门大力宣传政府和社会资本合作模式的理念和方法，按照政府主导、社会参与、市场运作、平等协商、风险分担、互利共赢的原则，科学评估公共服务需求，探索运用规范的政府和社会资本合作模式新建或改造一批基础设施项目。财政部将统筹考虑项目成熟度、可示范程度等因素，在全国范围内选择一批以“使用者付费”为基础的项目进行示范，在实践的基础上不断总结、提炼、完善制度体系。

(二) 确定示范项目范围。适宜采用政府和社会资本合作模式的项目，具有价格调整机制相对灵活、市场化程度相对较高、投资规模相对较大、需求长期稳定等特点。各级财政部门要重点关注城市基础设施及公共服务领域，如城市供水、供暖、供气、污水和垃圾处理、保障性安居工程、地下综合管廊、轨道交通、医疗和养老服务设施等，优先选择收费定价机制透明、有稳定现金流的项目。

(三) 加强示范项目指导。财政部将通过建立政府和社会资本合作项目库为地方提供参考案例。对政府和社会资本合作示范项目，财政部将在项目论证、交易结构设计、采购和选择合作伙伴、融资安排、合同管理、运营监管、绩效评价等工作环节，为地方财政部门提供全方位的业务指导和技术支撑。

(四) 完善项目支持政策。财政部将积极研究利用现有专项转移支付资金渠道，对示范项目提供资本投入支持。同时，积极引入信誉好、有实力的运营商参与示范项目建设和运营。鼓励和支持金融机构为示范项目提供融资、保险等金融服务。地方各级财政部门可以结合自身财力状况，因地制宜地给予示范项目前期费用补贴、资本补助等多种形式的资金支持。在与社会资本协商确定项目财政支出责任时，地方各级财政部门要对各种形式的资金支持给予统筹，综合考虑项目风险等因素合理确定资金支持方式和力度，切实考虑社会资本合理收益。

三、切实有效履行财政管理职能

政府和社会资本合作项目从明确投入方式、选择合作伙伴、确定运营补贴到提供公共服务，涉及预算管理、政府采购、政府性债务管理，以及财政支出绩效评价等财政职能。推广运用政府和社会资本合作模式对财政管理提出了更高要求。地方各级财政部门要提高认识，勇于担当，认真做好相关财政管理工作。

（一）着力提高财政管理能力。政府和社会资本合作项目建设周期长、涉及领域广、复杂程度高，不同行业的技术标准和管理要求差异大，专业性强。地方各级财政部门要根据财税体制改革总体方案要求，按照公开、公平、公正的原则，探索项目采购、预算管理、收费定价调整机制、绩效评价等有效管理方式，规范项目运作，实现中长期可持续发展，提升资金使用效益和公共服务水平。同时，注重体制机制创新，充分发挥市场在资源配置中的决定性作用，按照"风险由最适宜的一方来承担"的原则，合理分配项目风险，项目设计、建设、财务、运营维护等商业风险原则上由社会资本承担，政策、法律和最低需求风险等由政府承担。

（二）认真做好项目评估论证。地方各级财政部门要会同行业主管部门，根据有关政策法规要求，扎实做好项目前期论证工作。除传统的项目评估论证外，还要积极借鉴物有所值(Value for Money，VFM)评价理念和方法，对拟采用政府和社会资本合作模式的项目进行筛选，必要时可委托专业机构进行项目评估论证。评估论证时，要与传统政府采购模式进行比较分析，确保从项目全生命周期看，采用政府和社会资本合作模式后能够提高服务质量和运营效率，或者降低项目成本。项目评估时，要综合考虑公共服务需要、责任风险分担、产出标准、关键绩效指标、支付方式、融资方案和所需要的财政补贴等要素，平衡好项目财务效益和社会效益，确保实现激励相容。

（三）规范选择项目合作伙伴。地方各级财政部门要依托政府采购信息平台，加强政府和社会资本合作项目政府采购环节的规范与监督管理。财政部将围绕实现"物有所值"价值目标，探索创新适合政府和社会资本合作项目采购的政府采购方式。地方各级财政部门要会同行业主管部门，按照《政府采购法》及有关规定，依法选择项目合作伙伴。要综合评估项目合作伙伴的专业资质、技术能力、管理经验和财务实力等因素，择优选择诚实守信、安全可靠的合作伙伴，并按照平等协商原则明确政府和项目公司间的权利与义务。可邀请有意愿的金融机构及早进入项目磋商进程。

（四）细化完善项目合同文本。地方各级财政部门要会同行业主管部门协商订立合同，重点关注项目的功能和绩效要求、付款和调整机制、争议解决程序、退出安排等关键环节，积极探索明确合同条款内容。财政部将在结合国际经验、国内实践的基础上，制定政府和社会资本合作模式操作指南和标准化的政府和社会资本合作模式项目合同文本。在订立具体合同时，地方各级财政部门要会同行业主管部门、专业技术机构，因地制宜地研究完善合同条款，确保合同内容全面、规范、有效。

（五）完善项目财政补贴管理。对项目收入不能覆盖成本和收益，但社会效益较好的政府和社会资本合作项目，地方各级财政部门可给予适当补贴。财政补贴要以项目运营绩效评价结果为依据，综合考虑产品或服务价格、建造成本、运营费用、实际收益率、财政中长期承受能力等因素合理确定。地方各级财政部门要从"补建设"向"补运营"逐步转变，探索建立动态补贴机制，将财政补贴等支出分类纳入同级政府预算，并在中长期财政规划中予以统筹考虑。

（六）健全债务风险管理机制。地方各级财政部门要根据中长期财政规划和项目全生命周期内的财政支出，对政府付费或提供财政补贴等支持的项目进行财政承受能力论证。在明确项目收益与风险分担机制时，要综合考虑政府风险转移意向、支付方式和市场风险管理能力等要素，量力而行，减少政府不必要的财政负担。省级财政部门要建立统一的项目名录管理制度和财政补贴支出统计监测制度，按照政府性债务管理要求，指导下级财政部门合理确定补贴金额，依法严格控制政府或有债务，重点做好融资平台公司项目向政府和社会资本合作项目转型的风险控制工作，切实防范和控制财政风险。

（七）稳步开展项目绩效评价。省级财政部门要督促行业主管部门，加强对项目公共产品或服务质量和价格的监管，建立政府、服务使用者共同参与的综合性评价体系，对项目的绩效目标实现程度、运营管理、资金使用、公共服务质量、公众满意度等进行绩效评价。绩效评价结果应依法对外公开，接受社会监督。同时，要根据评价结果，依据合同约定对价格或补贴等进行调整，激励社会资本通过管理创新、技术创新提高公共服务质量。

四、加强组织和能力建设

（一）推动设立专门机构。省级财政部门要结合部门内部职能调整，积极研究设立专门机构，履行政府和社会资本合作政策制订、项目储备、业务指导、项目评估、信息管理、宣传培训等职责，强化组织保障。

(二) 持续开展能力建设。地方各级财政部门要着力加强政府和社会资本合作模式实施能力建设，注重培育专业人才。同时，大力宣传培训政府和社会资本合作的工作理念和方法，增进政府、社会和市场主体共识，形成良好的社会氛围。

(三) 强化工作组织领导。地方各级财政部门要进一步明确职责分工和工作目标要求。同时，要与有关部门建立高效、顺畅的工作协调机制，形成工作合力，确保顺利实施。对工作中出现的新情况、新问题，应及时报告财政部。

财政部

2014 年 9 月 23 日

8.1.2 关于印发政府采购竞争性磋商采购方式管理暂行办法的通知 (2014 年 12 月 31 日，财库〔2014〕214 号)

党中央有关部门，国务院各部委、各直属机构，全国人大常委会办公厅，全国政协办公厅，高法院，高检院，有关人民团体，各省、自治区、直辖市、计划单列市财政厅（局），新疆生产建设兵团财务局，各集中采购机构：

为了深化政府采购制度改革，适应推进政府购买服务、推广政府和社会资本合作（ＰＰＰ）模式等工作需要，根据《中华人民共和国政府采购法》和有关法律法规，财政部制定了《政府采购竞争性磋商采购方式管理暂行办法》。现印发给你们，请遵照执行。

附件：政府采购竞争性磋商采购方式管理暂行办法

财政部

2014 年 12 月 31 日

附件：

政府采购竞争性磋商采购方式管理暂行办法

第一章　总则

第一条　为了规范政府采购行为，维护国家利益、社会公共利益和政府采购当事人的合法权益，依据《中华人民共和国政府采购法》（以下简称政府采购法）第二十六条第一款第六项规定，制定本办法。

第二条　本办法所称竞争性磋商采购方式，是指采购人、政府采购代理机构通过组建竞争性磋商小组（以下简称磋商小组）与符合条件的供应商就采购货物、工程和服务事宜进行磋商，供应商按照磋商文件的要求提交响应文件和报价，采购人从磋商小组评审后提出的候选供应商名单中确定成交供应商的采购方式。

第三条 符合下列情形的项目，可以采用竞争性磋商方式开展采购：

（一）政府购买服务项目；

（二）技术复杂或者性质特殊，不能确定详细规格或者具体要求的；

（三）因艺术品采购、专利、专有技术或者服务的时间、数量事先不能确定等原因不能事先计算出价格总额的；

（四）市场竞争不充分的科研项目，以及需要扶持的科技成果转化项目；

（五）按照招标投标法及其实施条例必须进行招标的工程建设项目以外的工程建设项目。

第二章　磋商程序

第四条 达到公开招标数额标准的货物、服务采购项目，拟采用竞争性磋商采购方式的，采购人应当在采购活动开始前，报经主管预算单位同意后，依法向设区的市、自治州以上人民政府财政部门申请批准。

第五条 采购人、采购代理机构应当按照政府采购法和本办法的规定组织开展竞争性磋商，并采取必要措施，保证磋商在严格保密的情况下进行。

任何单位和个人不得非法干预、影响磋商过程和结果。

第六条 采购人、采购代理机构应当通过发布公告、从省级以上财政部门建立的供应商库中随机抽取或者采购人和评审专家分别书面推荐的方式邀请不少于 3 家符合相应资格条件的供应商参与竞争性磋商采购活动。

符合政府采购法第二十二条第一款规定条件的供应商可以在采购活动开始前加入供应商库。财政部门不得对供应商申请入库收取任何费用，不得利用供应商库进行地区和行业封锁。

采取采购人和评审专家书面推荐方式选择供应商的，采购人和评审专家应当各自出具书面推荐意见。采购人推荐供应商的比例不得高于推荐供应商总数的 50%。

第七条 采用公告方式邀请供应商的，采购人、采购代理机构应当在省级以上人民政府财政部门指定的政府采购信息发布媒体发布竞争性磋商公告。竞争性磋商公告应当包括以下主要内容：

（一）采购人、采购代理机构的名称、地点和联系方法；

（二）采购项目的名称、数量、简要规格描述或项目基本概况介绍；

（三）采购项目的预算；

（四）供应商资格条件；

（五）获取磋商文件的时间、地点、方式及磋商文件售价；

（六）响应文件提交的截止时间、开启时间及地点；

（七）采购项目联系人姓名和电话。

第八条 竞争性磋商文件（以下简称磋商文件）应当根据采购项目的特点和采购人的实际需求制定，并经采购人书面同意。采购人应当以满足实际需求为原则，不得擅自提高经费预算和资产配置等采购标准。

磋商文件不得要求或者标明供应商名称或者特定货物的品牌，不得含有指向特定供应商的技术、服务等条件。

第九条 磋商文件应当包括供应商资格条件、采购邀请、采购方式、采购预算、采购需求、政府采购政策要求、评审程序、评审方法、评审标准、价格构成或者报价要求、响应文件编制要求、保证金交纳数额和形式以及不予退还保证金的情形、磋商过程中可能实质性变动的内容、响应文件提交的截止时间、开启时间及地点以及合同草案条款等。

第十条 从磋商文件发出之日起至供应商提交首次响应文件截止之日止不得少于 10 日。

磋商文件售价应当按照弥补磋商文件制作成本费用的原则确定，不得以营利为目的，不得以项目预算金额作为确定磋商文件售价依据。磋商文件的发售期限自开始之日起不得少于 5 个工作日。

提交首次响应文件截止之日前，采购人、采购代理机构或者磋商小组可以对已发出的磋商文件进行必要的澄清或者修改，澄清或者修改的内容作为磋商文件的组成部分。澄清或者修改的内容可能影响响应文件编制的，采购人、采购代理机构应当在提交首次响应文件截止时间至少 5 日前，以书面形式通知所有获取磋商文件的供应商；不足 5 日的，采购人、采购代理机构应当顺延提交首次响应文件截止时间。

第十一条 供应商应当按照磋商文件的要求编制响应文件，并对其提交的响应文件的真实性、合法性承担法律责任。

第十二条 采购人、采购代理机构可以要求供应商在提交响应文件截止时间之前交纳磋商保证金。磋商保证金应当采用支票、汇票、本票或者金融机构、担保机构出具的保函等非现金形式交纳。磋商保证金数额应当不超过采购项目预算的 2%。供应商未按照磋商文件要求提交磋商保证金的，响应无效。

供应商为联合体的，可以由联合体中的一方或者多方共同交纳磋商保证金，其交纳的保证金对联合体各方均具有约束力。

第十三条 供应商应当在磋商文件要求的截止时间前，将响应文件密封送达指定地点。在截止时间后送达的响应文件为无效文件，采购人、采购代理机构或者磋商小组应当拒收。

供应商在提交响应文件截止时间前，可以对所提交的响应文件进行补充、修改或者撤回，并书面通知采购人、采购代理机构。补充、修改的内容作为响应文件的组成部分。补充、修改的内容与响应文件不一致的，以补充、修改的内容为准。

第十四条 磋商小组由采购人代表和评审专家共 3 人以上单数组成，其中评审专家人数不得少于磋商小组成员总数的 2/3。采购人代表不得以评审专家身份参加本部门或本单位采购项目的评审。采购代理机构人员不得参加本机构代理的采购项目的评审。

采用竞争性磋商方式的政府采购项目，评审专家应当从政府采购评审专家库内相关专业的专家名单中随机抽取。符合本办法第三条第四项规定情形的项目，以及情况特殊、通过随机方式难以确定合适的评审专家的项目，经主管预算单位同意，可以自行选定评审专家。技术复杂、专业性强的采购项目，评审专家中应当包含 1 名法律专家。

第十五条 评审专家应当遵守评审工作纪律，不得泄露评审情况和评审中获悉的商业秘密。

磋商小组在评审过程中发现供应商有行贿、提供虚假材料或者串通等违法行为的，应当及时向财政部门报告。

评审专家在评审过程中受到非法干涉的，应当及时向财政、监察等部门举报。

第十六条 磋商小组成员应当按照客观、公正、审慎的原则，根据磋商文件规定的评审程序、评审方法和评审标准进行独立评审。未实质性响应磋商文件的响应文件按无效响应处理，磋商小组应当告知提交响应文件的供应商。

磋商文件内容违反国家有关强制性规定的，磋商小组应当停止评审并向采购人或者采购代理机构说明情况。

第十七条 采购人、采购代理机构不得向磋商小组中的评审专家作倾向性、误导性的解释或者说明。

采购人、采购代理机构可以视采购项目的具体情况，组织供应商进行现场考察或召开磋商前答疑会，但不得单独或分别组织只有一个供应商参加的现场考察和答疑会。

第十八条 磋商小组在对响应文件的有效性、完整性和响应程度进行审查时，可以要求供应商对响应文件中含义不明确、同类问题表述不一致或者有明显文字和计算错误的内容等作出必要的澄清、说明或者更正。供应商的澄清、说明或者更正不得超出响应文件的范围或者改变响应文件的实质性内容。

磋商小组要求供应商澄清、说明或者更正响应文件应当以书面形式作出。供应商的澄清、说明或者更正应当由法定代表人或其授权代表签字或者加盖公章。由授权代表签字的，应当附法定代表人授权书。供应商为自然人的，应当由本人签字并附身份证明。

第十九条 磋商小组所有成员应当集中与单一供应商分别进行磋商，并给予所有参加磋商的供应商平等的磋商机会。

第二十条 在磋商过程中，磋商小组可以根据磋商文件和磋商情况实质性变动采购需求中的技术、服务要求以及合同草案条款，但不得变动磋商文件中的其他内容。实质性变动的内容，须经采购人代表确认。

对磋商文件作出的实质性变动是磋商文件的有效组成部分，磋商小组应当及时以书面形式同时通知所有参加磋商的供应商。

供应商应当按照磋商文件的变动情况和磋商小组的要求重新提交响应文件，并由其法定代表人或授权代表签字或者加盖公章。由授权代表签字的，应当附法定代表人授权书。供应商为自然人的，应当由本人签字并附身份证明。

第二十一条 磋商文件能够详细列明采购标的的技术、服务要求的，磋商结束后，磋商小组应当要求所有实质性响应的供应商在规定时间内提交最后报价，提交最后报价的供应商不得少于 3 家。

磋商文件不能详细列明采购标的的技术、服务要求，需经磋商由供应商提供最终设计方案或解决方案的，磋商结束后，磋商小组应当按照少数服从多数的原则投票推荐 3 家以上供应商的设计方案或者解决方案，并要求其在规定时间内提交最后报价。

最后报价是供应商响应文件的有效组成部分。符合本办法第三条第四项情形的，提交最后报价的供应商可以为 2 家。

第二十二条 已提交响应文件的供应商，在提交最后报价之前，可以根据磋商情况退出磋商。采购人、采购代理机构应当退还退出磋商的供应商的磋商保证金。

第二十三条 经磋商确定最终采购需求和提交最后报价的供应商后，由磋商小组采用综合评分法对提交最后报价的供应商的响应文件和最后报价进行综合评分。

综合评分法，是指响应文件满足磋商文件全部实质性要求且按评审因素的量化指标评审得分最高的供应商为成交候选供应商的评审方法。

第二十四条 综合评分法评审标准中的分值设置应当与评审因素的量化指标相对应。磋商文件中没有规定的评审标准不得作为评审依据。

评审时，磋商小组各成员应当独立对每个有效响应的文件进行评价、打分，然后汇总每个供应商每项评分因素的得分。

综合评分法货物项目的价格分值占总分值的比重（即权值）为 30%至 60%，服务项目的价格分值占总分值的比重（即权值）为 10%至 30%。采购项目中含不同采购对象的，以占项目资金比例最高的采购对象确定其项目属性。符合本办法第三条第三项的规定和执行统一价格标准的项目，其价格不列为评分因素。有特殊情况需要在上述规定范围外设定价格分权重的，应当经本级人民政府财政部门审核同意。

综合评分法中的价格分统一采用低价优先法计算，即满足磋商文件要求且最后报价最低的供应商的价格为磋商基准价，其价格分为满分。其他供应商的价格分统一按照下列公式计算：

磋商报价得分 =（磋商基准价 / 最后磋商报价）× 价格权值 ×100

项目评审过程中，不得去掉最后报价中的最高报价和最低报价。

第二十五条 磋商小组应当根据综合评分情况，按照评审得分由高到低顺序推荐 3 名以上成交候选供应商，并编写评审报告。符合本办法第二十一条第三款情形的，可以推荐 2 家成交候选供应商。评审得分相同的，按照最后报价由低到高的顺序推荐。评审得分且最后报价相同的，按照技术指标优劣顺序推荐。

第二十六条 评审报告应当包括以下主要内容：

（一）邀请供应商参加采购活动的具体方式和相关情况；

（二）响应文件开启日期和地点；

（三）获取磋商文件的供应商名单和磋商小组成员名单；

（四）评审情况记录和说明，包括对供应商的资格审查情况、供应商响应文件评审情况、磋商情况、报价情况等；

（五）提出的成交候选供应商的排序名单及理由。

第二十七条 评审报告应当由磋商小组全体人员签字认可。磋商小组成员对评审报告有异议的，磋商小组按照少数服从多数的原则推荐成交候选供应商，采购程序继续进行。对评审报告有异议的磋商小组成员，应当在报告上签署不同意见并说明理由，由磋商小组书面记录相关情况。磋商小组成员拒绝在报告上签字又不书面说明其不同意见和理由的，视为同意评审报告。

第二十八条 采购代理机构应当在评审结束后 2 个工作日内将评审报告送采购人确认。

采购人应当在收到评审报告后 5 个工作日内，从评审报告提出的成交候选供应商中，按照排序由高到低的原则确定成交供应商，也可以书面授权磋商小组直接确定成交供应商。采购人逾期未确定成交供应商且不提出异议的，视为确定评审报告提出的排序第一的供应商为成交供应商。

第二十九条 采购人或者采购代理机构应当在成交供应商确定后 2 个工作日内，在省级以上财政部门指定的政府采购信息发布媒体上公告成交结果，同时向成交供应商发出成交通知书，并将磋商文件随成交结果同时公告。成交结果公告应当包括以下内容：

（一）采购人和采购代理机构的名称、地址和联系方式；

（二）项目名称和项目编号；

（三）成交供应商名称、地址和成交金额；

（四）主要成交标的的名称、规格型号、数量、单价、服务要求；

（五）磋商小组成员名单。

采用书面推荐供应商参加采购活动的，还应当公告采购人和评审专家的推荐意见。

第三十条 采购人与成交供应商应当在成交通知书发出之日起 30 日内，按照磋商文件确定的合同文本以及采购标的、规格型号、采购金额、采购数量、技术和服务要求等事项签订政府采购合同。

采购人不得向成交供应商提出超出磋商文件以外的任何要求作为签订合同的条件，不得与成交供应商订立背离磋商文件确定的合同文本以及采购标的、规格型号、采购金额、采购数量、技术和服务要求等实质性内容的协议。

第三十一条 采购人或者采购代理机构应当在采购活动结束后及时退还供应商的磋商保证金，但因供应商自身原因导致无法及时退还的除外。未成交供应商的磋商保证金应当在成交通知书发出后 5 个工作日内退还，成交供应商的磋商保证金应当在采购合同签订后 5 个工作日内退还。

有下列情形之一的，磋商保证金不予退还：

（一）供应商在提交响应文件截止时间后撤回响应文件的；

（二）供应商在响应文件中提供虚假材料的；

（三）除因不可抗力或磋商文件认可的情形以外，成交供应商不与采购人签订合同的；

（四）供应商与采购人、其他供应商或者采购代理机构恶意串通的；

（五）磋商文件规定的其他情形。

第三十二条 除资格性检查认定错误、分值汇总计算错误、分项评分超出评分标准范围、客观分评分不一致、经磋商小组一致认定评分畸高、畸低的情形外，采购人或者采购代理机构不得以任何理由组织重新评审。采购人、采购代理机构发现磋商小组未按照磋商文件规定的评审标准进行评审的，应当重新开展采购活动，并同时书面报告本级财政部门。

采购人或者采购代理机构不得通过对样品进行检测、对供应商进行考察等方式改变评审结果。

第三十三条 成交供应商拒绝签订政府采购合同的，采购人可以按照本办法第二十八条第二款规定的原则确定其他供应商作为成交供应商并签订政府采购合同，也可以重新开展采购活动。拒绝签订政府采购合同的成交供应商不得参加对该项目重新开展的采购活动。

第三十四条 出现下列情形之一的，采购人或者采购代理机构应当终止竞争性磋商采购活动，发布项目终止公告并说明原因，重新开展采购活动：

（一）因情况变化，不再符合规定的竞争性磋商采购方式适用情形的；

（二）出现影响采购公正的违法、违规行为的；

（三）除本办法第二十一条第三款规定的情形外，在采购过程中符合要求的供应商或者报价未超过采购预算的供应商不足 3 家的。

第三十五条 在采购活动中因重大变故，采购任务取消的，采购人或者采购代理机构应当终止采购活动，通知所有参加采购活动的供应商，并将项目实施情况和采购任务取消原因报送本级财政部门。

第三章　附则

第三十六条 相关法律制度对政府和社会资本合作项目采用竞争性磋商采购方式另有规定的，从其规定。

第三十七条 本办法所称主管预算单位是指负有编制部门预算职责，向同级财政部门申报预算的国家机关、事业单位和团体组织。

第三十八条 本办法自发布之日起施行。

8.1.3 关于印发《政府和社会资本合作项目政府采购管理办法》的通知 (2014 年 12 月 31 日，财库〔2014〕215 号)

党中央有关部门，国务院各部委、各直属机构，全国人大常委会办公厅，全国政协办公厅，高法院，高检院，有关人民团体，各省、自治区、直辖市、计划单列市财政厅（局），新疆生产建设兵团财务局，各集中采购机构：

为了贯彻落实《国务院关于创新重点领域投融资机制鼓励社会投资的指导意见》（国发〔2014〕６０号），推广政府和社会资本合作（ＰＰＰ）模式，规范ＰＰＰ项目政府采购行为，根据《中华人民共和国政府采购法》和有关法律法规，财政部制定了《政府和社会资本合作项目政府采购管理办法》。现印发给你们，请遵照执行。

附件：政府和社会资本合作项目政府采购管理办法

财政部

2014 年 12 月 31 日

附件：

政府和社会资本合作项目政府采购管理办法

第一章　总则

第一条　为了规范政府和社会资本合作项目政府采购（以下简称 PPP 项目采购）行为，维护国家利益、社会公共利益和政府采购当事人的合法权益，依据《中华人民共和国政府采购法》（以下简称政府采购法）和有关法律、行政法规、部门规章，制定本办法。

第二条　本办法所称 PPP 项目采购，是指政府为达成权利义务平衡、物有所值的 PPP 项目合同，遵循公开、公平、公正和诚实信用原则，按照相关法规要求完成 PPP 项目识别和准备等前期工作后，依法选择社会资本合作者的过程。PPP 项目实施机构（采购人）在项目实施过程中选择合作社会资本（供应商），适用本办法。

第三条 PPP 项目实施机构可以委托政府采购代理机构办理 PPP 项目采购事宜。PPP 项目咨询服务机构从事 PPP 项目采购业务的，应当按照政府采购代理机构管理的有关要求及时进行网上登记。

第二章 采购程序

第四条 PPP 项目采购方式包括公开招标、邀请招标、竞争性谈判、竞争性磋商和单一来源采购。项目实施机构应当根据 PPP 项目的采购需求特点，依法选择适当的采购方式。公开招标主要适用于采购需求中核心边界条件和技术经济参数明确、完整、符合国家法律法规及政府采购政策，且采购过程中不作更改的项目。

第五条 PPP 项目采购应当实行资格预审。项目实施机构应当根据项目需要准备资格预审文件，发布资格预审公告，邀请社会资本和与其合作的金融机构参与资格预审，验证项目能否获得社会资本响应和实现充分竞争。

第六条 资格预审公告应当在省级以上人民政府财政部门指定的政府采购信息发布媒体上发布。资格预审合格的社会资本在签订 PPP 项目合同前资格发生变化的，应当通知项目实施机构。

资格预审公告应当包括项目授权主体、项目实施机构和项目名称、采购需求、对社会资本的资格要求、是否允许联合体参与采购活动、是否限定参与竞争的合格社会资本的数量及限定的方法和标准以及社会资本提交资格预审申请文件的时间和地点。提交资格预审申请文件的时间自公告发布之日起不得少于 15 个工作日。

第七条 项目实施机构、采购代理机构应当成立评审小组，负责 PPP 项目采购的资格预审和评审工作。评审小组由项目实施机构代表和评审专家共 5 人以上单数组成，其中评审专家人数不得少于评审小组成员总数的 2/3。评审专家可以由项目实施机构自行选定，但评审专家中至少应当包含 1 名财务专家和 1 名法律专家。项目实施机构代表不得以评审专家身份参加项目的评审。

第八条 项目有 3 家以上社会资本通过资格预审的，项目实施机构可以继续开展采购文件准备工作；项目通过资格预审的社会资本不足 3 家的，项目实施机构应当在调整资格预审公告内容后重新组织资格预审；项目经重新资格预审后合格社会资本仍不够 3 家的，可以依法变更采购方式。

资格预审结果应当告知所有参与资格预审的社会资本，并将资格预审的评审报告提交财政部门（政府和社会资本合作中心）备案。

第九条 项目采购文件应当包括采购邀请、竞争者须知（包括密封、签署、盖章要求等）、竞争者应当提供的资格、资信及业绩证明文件、采购方式、政府对项目实施机构的授权、实施方案的批复和项目相关审批文件、采购程序、响应文件编制要求、提交响应文件截止时间、开启时间及地点、保证金交纳数额和形式、评审方法、评审标准、政府采购政策要求、PPP 项目合同草案及其他法律文本、采购结果确认谈判中项目合同可变的细节，以及是否允许未参加资格预审的供应商参与竞争并进行资格后审等内容。项目采购文件中还应当明确项目合同必须报请本级人民政府审核同意，在获得同意前项目合同不得生效。

采用竞争性谈判或者竞争性磋商采购方式的，项目采购文件除上款规定的内容外，还应当明确评审小组根据与社会资本谈判情况可能实质性变动的内容，包括采购需求中的技术、服务要求以及项目合同草案条款。

第十条 项目实施机构应当在资格预审公告、采购公告、采购文件、项目合同中列明采购本国货物和服务、技术引进和转让等政策要求，以及对社会资本参与采购活动和履约保证的担保要求。

第十一条 项目实施机构应当组织社会资本进行现场考察或者召开采购前答疑会，但不得单独或者分别组织只有一个社会资本参加的现场考察和答疑会。项目实施机构可以视项目的具体情况，组织对符合条件的社会资本的资格条件进行考察核实。

第十二条 评审小组成员应当按照客观、公正、审慎的原则，根据资格预审公告和采购文件规定的程序、方法和标准进行资格预审和独立评审。已进行资格预审的，评审小组在评审阶段可以不再对社会资本进行资格审查。

允许进行资格后审的，由评审小组在响应文件评审环节对社会资本进行资格审查。

评审小组成员应当在资格预审报告和评审报告上签字，对自己的评审意见承担法律责任。对资格预审报告或者评审报告有异议的，应当在报告上签署不同意见，并说明理由，否则视为同意资格预审报告和评审报告。

评审小组发现采购文件内容违反国家有关强制性规定的，应当停止评审并向项目实施机构说明情况。

第十三条 评审专家应当遵守评审工作纪律，不得泄露评审情况和评审中获悉的国家秘密、商业秘密。

评审小组在评审过程中发现社会资本有行贿、提供虚假材料或者串通等违法行为的，应当及时向财政部门报告。

评审专家在评审过程中受到非法干涉的，应当及时向财政、监察等部门举报。

第十四条 PPP 项目采购评审结束后，项目实施机构应当成立专门的采购结果确认谈判工作组，负责采购结果确认前的谈判和最终的采购结果确认工作。

采购结果确认谈判工作组成员及数量由项目实施机构确定，但应当至少包括财政预算管理部门、行业主管部门代表，以及财务、法律等方面的专家。涉及价格管理、环境保护的 PPP 项目，谈判工作组还应当包括价格管理、环境保护行政执法机关代表。评审小组成员可以作为采购结果确认谈判工作组成员参与采购结果确认谈判。

第十五条 采购结果确认谈判工作组应当按照评审报告推荐的候选社会资本排名，依次与候选社会资本及与其合作的金融机构就项目合同中可变的细节问题进行项目合同签署前的确认谈判，率先达成一致的候选社会资本即为预中标、成交社会资本。

第十六条 确认谈判不得涉及项目合同中不可谈判的核心条款，不得与排序在前但已终止谈判的社会资本进行重复谈判。

第十七条 项目实施机构应当在预中标、成交社会资本确定后 10 个工作日内，与预中标、成交社会资本签署确认谈判备忘录，并将预中标、成交结果和根据采购文件、响应文件及有关补遗文件和确认谈判备忘录拟定的项目合同文本在省级以上人民政府财政部门指定的政府采购信息发布媒体上进行公示，公示期不得少于 5 个工作日。项目合同文本应当将预中标、成交社会资本响应文件中的重要承诺和技术文件等作为附件。项目合同文本涉及国家秘密、商业秘密的内容可以不公示。

第十八条 项目实施机构应当在公示期满无异议后 2 个工作日内，将中标、成交结果在省级以上人民政府财政部门指定的政府采购信息发布媒体上进行公告，同时发出中标、成交通知书。

中标、成交结果公告内容应当包括：项目实施机构和采购代理机构的名称、地址和联系方式；项目名称和项目编号；中标或者成交社会资本的名称、地址、法人代表；中标或者成交标的名称、主要中标或者成交条件（包括但不限于合作期限、服务要求、项目概算、回报机制）等；评审小组和采购结果确认谈判工作组成员名单。

第十九条 项目实施机构应当在中标、成交通知书发出后 30 日内，与中标、成交社会资本签订经本级人民政府审核同意的 PPP 项目合同。

需要为 PPP 项目设立专门项目公司的，待项目公司成立后，由项目公司与项目实施机构重新签署 PPP 项目合同，或者签署关于继承 PPP 项目合同的补充合同。

第二十条 项目实施机构应当在 PPP 项目合同签订之日起 2 个工作日内，将 PPP 项目合同在省级以上人民政府财政部门指定的政府采购信息发布媒体上公告，但 PPP 项目合同中涉及国家秘密、商业秘密的内容除外。

第二十一条 项目实施机构应当在采购文件中要求社会资本交纳参加采购活动的保证金和履约保证金。社会资本应当以支票、汇票、本票或者金融机构、担保机构出具的保函等非现金形式交纳保证金。参加采购活动的保证金数额不得超过项目预算金额的 2%。履约保证金的数额不得超过 PPP 项目初始投资总额或者资产评估值的 10%，无固定资产投资或者投资额不大的服务型 PPP 项目，履约保证金的数额不得超过平均 6 个月服务收入额。

第三章　争议处理和监督检查

第二十二条 参加 PPP 项目采购活动的社会资本对采购活动的询问、质疑和投诉，依照有关政府采购法律制度规定执行。

项目实施机构和中标、成交社会资本在 PPP 项目合同履行中发生争议且无法协商一致的，可以依法申请仲裁或者提起民事诉讼。

第二十三条 各级人民政府财政部门应当加强对 PPP 项目采购活动的监督检查，依法处理采购活动中的违法违规行为。

第二十四条 PPP 项目采购有关单位和人员在采购活动中出现违法违规行为的，依照政府采购法及有关法律法规追究法律责任。

第四章　附则

第二十五条 本办法自发布之日起施行。

8.1.4 关于政府采购竞争性磋商采购方式管理暂行办法有关问题的补充通知（2015 年 6 月 30 日，财库〔2015〕124 号）

党中央有关部门，国务院各部委、各直属机构，全国人大常委会办公厅，全国政协办公厅，高法院，高检院，各民主党派中央，有关人民团体，各省、自治区、直辖市、计划单列市财政厅（局），新疆生产建设兵团财务局，各集中采购机构：

为了深入推进政府采购制度改革和政府购买服务工作，促进实现“物有所值”价值目标，提高政府采购效率，现就《财政部关于印发〈政府采购竞争性磋商采购方式管理暂行办法〉的通知》（财库〔2014〕214 号）有关问题补充通知如下：

采用竞争性磋商采购方式采购的政府购买服务项目（含政府和社会资本合作项目），在采购过程中符合要求的供应商（社会资本）只有 2 家的，竞争性磋商采购活动可以继续进行。采购过程中符合要求的供应商（社会资本）只有 1 家的，采购人（项目实施机构）或者采购代理机构应当终止竞争性磋商采购活动，发布项目终止公告并说明原因，重新开展采购活动。

请遵照执行。

中华人民共和国财政部

2015 年 6 月 30 日

8.1.5 关于实施政府和社会资本合作项目以奖代补政策的通知 (2015 年 12 月 17 日，财金〔2015〕158 号)

各省、自治区、直辖市、计划单列市财政厅（局），新疆生产建设兵团财务局：

为贯彻落实《国务院办公厅转发财政部 发展改革委 人民银行关于在公共服务领域推广政府和社会资本合作模式指导意见的通知》（国办发〔2015〕42 号）有关精神，通过以奖代补方式支持政府和社会资本合作（PPP）项目规范运作，保障 PPP 项目实施质量，现通知如下：

一、PPP 项目以奖代补政策旨在支持和推动中央财政 PPP 示范项目加快实施进度，提高项目操作的规范性，保障项目实施质量。同时，引导和鼓励地方融资平台公司存量公共服务项目转型为 PPP 项目，化解地方政府存量债务。

（一）对中央财政 PPP 示范项目中的新建项目，财政部将在项目完成采购确定社会资本合作方后，按照项目投资规模给予一定奖励。其中，投资规模 3 亿元以下的项目奖励 300 万元，3 亿元（含 3 亿元）至 10 亿元的项目奖励 500 万元，10 亿元以上（含 10 亿元）的项目奖励 800 万元。奖励资金由财政部门统筹用于项目全生命周期过程中的各项财政支出，主要包括项目前期费用补助、运营补贴等。

（二）对符合条件、规范实施的转型为 PPP 项目的地方融资平台公司存量项目，财政部将在择优评选后，按照项目转型实际化解地方政府存量债务规模的 2% 给予奖励，奖励资金纳入相关融资平台公司收入统一核算。享受奖励资金支持的存量项目，其地方政府存量债务应通过合同条款明确地转移至项目公司或社会资本合作方，化债安排可行、交易成本合理、社会资本收益适度。中央财政 PPP 示范项目中的存量项目，优先享受奖励资金支持。

二、PPP 项目以奖代补工作遵循依法合规、公开透明、政府引导、管理到位的原则。

（一）依法合规，是指 PPP 项目运作要严格遵守相关法律法规和政策制度，切实做到周密部署、有序规划、科学决策、规范实施。

（二）公开透明，是指 PPP 项目和以奖代补资金均实行阳光化运作，依法充分披露重要信息，对相关各方形成有效监督和约束。

（三）政府引导，是指财政部通过实施以奖代补政策，促进示范项目规范运作，鼓励地方融资平台公司加大存量项目转型力度。

（四）管理到位，是指财政部门规范以奖代补资金管理，严格审核，及时拨付，加强监督检查，保证资金安全和政策实施效果。

三、财政部根据全国 PPP 工作进展情况、项目实施情况和规定的奖励标准，按年确定 PPP 项目以奖代补工作计划，在普惠金融发展专项资金中安排以奖代补资金，列入下一年度中央财政预算。以奖代补资金原则上在预算安排额度内据实列支。

四、示范项目和地方融资平台公司转型项目所在地财政部门按年向省级财政部门报送以奖代补资金申请书及相关材料。省级财政部门将辖内以奖代补资金申请材料审核汇总后，报送财政部及财政部驻当地财政监察专员办事处（以下简称专员办）。专员办对省级财政部门报送的以奖代补资金申请材料进行审核，按规定出具审核意见报送财政部。财政部结合专员办审核意见，对省级财政部门报送的项目进行审核评选后，按规定向省级财政部门拨付奖励资金。省级财政部门收到财政部拨付的奖励资金后，及时将奖励资金予以转拨，并编制奖励资金的审核、拨付和使用情况报告，经专员办审核后报财政部备案。

五、享受以奖代补政策支持的 PPP 项目，必须严格执行国务院和财政部等部门出台的一系列制度文件，切实保障项目选择的适当性、交易结构的合理性、合作伙伴选择的竞争性、财政承受能力的中长期可持续性和项目实施的公开性，确保项目实施质量。不符合示范项目要求被调出示范项目名单的项目，不享受以奖代补政策支持。已经在其他中央财政专项资金中获得奖励性资金支持的 PPP 项目，不再纳入以奖代补政策奖励范围。

六、地方财政部门要对辖内 PPP 项目以奖代补资金的申请工作进行指导，做好奖励资金审核拨付的组织和协调工作。会同有关部门对奖励资金审核拨付工作进行检查，对检查中发现的问题及时处理和反映，保证以奖代补政策落到实处。

七、对以奖代补政策支持的PPP项目，有关省级财政部门要切实履行财政职能，因地制宜、主动作为，会同项目实施单位和有关部门，为项目的规范实施创造良好环境。积极推动项目加快实施进度，确保项目规范实施、按期落地，形成一批管理水平高、化债效果好、产出结果优、示范效应强的样板项目。

八、专员办要对辖内申请以奖代补资金的PPP项目有关情况进行认真审核，确保项目规范运作，符合PPP相关制度要求。同时，要加强对奖励资金拨付、使用的监督检查，规范审核拨付程序，保证奖励资金专项使用。

九、PPP项目以奖代补政策自2016年起施行，执行期限暂定3年。

财政部

2015年12月8日

8.1.6 关于规范政府和社会资本合作（PPP）综合信息平台运行的通知 (2015 年 12 月 28 日，财金 [2015]166 号）

各省、自治区、直辖市、计划单列市财政厅（局），新疆生产建设兵团财务局：

为贯彻落实《国务院办公厅转发财政部 发展改革委 人民银行关于在公共服务领域推广政府和社会资本合作模式指导意见的通知》（国办发〔2015〕42 号）精神，财政部开发建设了政府和社会资本合作（Public-Private Partnership，PPP）综合信息平台。现将有关事宜通知如下：

一、充分认识综合信息平台建设的重要意义

（一）综合信息平台是全国 PPP 项目信息的管理和发布平台。各级财政部门可依托互联网通过分级授权，在信息管理平台上实现项目信息的填报、审核、查询、统计和分析等功能；在信息发布平台上发布 PPP 项目相关信息，分享 PPP 有关政策规定、动态信息和项目案例。综合信息平台按照项目库、机构库和资料库实行分类管理，项目库用于收集和管理全国各级 PPP 储备项目、执行项目和示范项目信息，包括项目全生命周期各环节的关键信息；机构库用于收集和管理咨询服务机构与专家、社会资本、金融机构等参与方信息；资料库用于收集和管理 PPP 相关政策法规、工作动态、指南手册、培训材料和经典案例等信息。

（二）开发建设综合信息平台旨在促进 PPP 市场科学、规范和可持续发展。通过综合信息平台，高效利用现代信息技术、社会数据资源和社会化的信息服务，可以降低行政监管成本和市场交易成本，提高经济社会运行效率；政府可以充分获取和运用信息，加强服务质量、成本和价格监管，提升国家治理能力；可以保障公众知情权，加强社会监督，对 PPP 项目参与各方形成有效监督和约束，确保实现公共利益最大化。

二、认真做好综合信息平台运行各项工作

（三）统一授权分级录入项目库信息。地方各级财政部门要按照 PPP 项目操作流程，做好本地区 PPP 项目各阶段信息填报、资料上传与管理工作。原则上，经地方各级财政部门会同相关部门评估、筛选的潜在 PPP 项目基本信息，均应录入综合信息平台。中央部门拟作为实施机构的 PPP 项目，由财政部统一评审录入项目信息。经省级财政部门审核满足上报要求的，由省级财政部门提交，列为储备项目；编制项目实施方案，通过物有所值评价、财政承受能力论证，并经本级政府审核同意的，列为执行项目；通过中央或省级财政部门评审并列为中央或省级示范的项目，列为示范项目。在项目开发和实施过程中，有咨询服务机构、社会资本方等采购需求的，可填写项目招商信息，经省级财政部门审核后上报。2016 年 1 月 15 日前，地方各级财政部门要会同相关部门完成现有 PPP 项目信息的录入、上报工作。

（四）统筹集中录入机构库和资料库信息。PPP 项目库中各项目所包含的咨询服务机构、社会资本、金融机构等信息，直接进入机构库，财政部 PPP 中心与地方各级财政部门可根据需要补充录入各类机构信息。财政部 PPP 中心负责资料库的管理和维护工作，收集、录入和管理 PPP 相关政策法规、工作动态、指南手册、培训材料、经典案例等信息。

（五）规范发布和使用综合信息。财政部 PPP 中心按照财政部 PPP 工作领导小组工作部署和信息披露相关要求，做好 PPP 项目库、机构库和资料库信息发布工作。对于 PPP 项目基础信息，以及 PPP 项目政府采购资格预审公告、采购文件、确认谈判备忘录、预中标或成交结果、项目合同文本、中标或成交结果等采购信息，综合信息平台与中国政府采购网实现信息共享。各省、市、县级财政部门、行业主管部门、实施机构、社会资本、咨询服务机构、金融机构、专家、公众等用户，可通过互联网在线访问、查询 PPP 相关信息。

三、构建激励相容的工作保障机制

（六）加强组织领导。地方各级财政部门要高度重视综合信息平台建设工作，广泛动员和联合相关部门做好本级 PPP 项目的筛选识别，信息收集、录入和审核工作，加强统筹协调，积极创造条件，确保综合信息平台顺利运行。省级财政部门要做好本级 PPP 项目信息录入、上报工作，并负责所辖市县项目信息的审核与上报工作。财政部 PPP 中心统筹负责项目库、机构库和资料库的建设与管理，并做好信息发布工作。财政部信息网络中心和地方各级财政信息技术部门负责技术保障。

（七）建立对口联系人和季报制度。地方各级财政部门要建立对口联系人制度，指定专人负责综合信息平台建设，及时收集、汇总、录入 PPP 项目信息。建立 PPP 项目信息季报制度，省级财政部门要在每季度第一个月10 日前，向财政部 PPP 工作领导小组办公室（金融司）报送上一季度 PPP 项目进展情况，并抄送财政部 PPP 中心。

（八）建立综合信息平台建设奖惩挂钩机制。原则上，国家级和省级示范项目、各地 PPP 年度规划和中期规划项目均需从综合信息平台的项目库中筛选和识别。未纳入综合信息平台项目库的项目，不得列入各地 PPP 项目目录，原则上不得通过财政预算安排支出责任。

为规范综合信息平台运行，财政部制定了《政府和社会资本合作综合信息平台运行规程》（见附件），请严格执行。地方各级财政部门要对 PPP 项目信息严把入口关，确保项目信息真实、及时、规范；省级财政部门要严把审查关，履行好监督管理职责，确保上报项目信息真实、合规；财政部 PPP 中心要严把统筹关，全面审查各项目信息，保证对外发布信息真实、有效。

财政部

2015 年 12 月 18 日

附件：

政府和社会资本合作（PPP）综合信息平台运行规程

第一章　总 则

第一条　为贯彻落实《国务院办公厅转发财政部 发展改革委 人民银行关于在公共服务领域推广政府和社会资本合作模式指导意见的通知》（国办发〔2015〕42 号）和《国务院办公厅关于运用大数据加强对市场主体服务和监管的若干意见》（国办发〔2015〕51 号）精神，提升全国政府和社会资本合作（Public-Private Partnership，PPP）工作管理信息化水平，财政部建立 PPP 综合信息发布平台，制定本规程。

第二条 PPP 综合信息平台用于收集、管理和发布国家 PPP 政策、工作动态、项目信息等内容，推动项目实施的公开透明、有序竞争，提高政府运用 PPP 大数据，增强政府服务和监管 PPP 工作的水平与效率。

第三条 中央、省、市、县级财政部门参与 PPP 综合信息平台进行的系统运行、维护和管理，适用本规程。

第二章 PPP 综合信息平台内容

第四条 PPP 综合信息平台应遵照《国务院办公厅转发财政部 发展改革委 人民银行关于在公共服务领域推广政府和社会资本合作模式指导意见的通知》(国办发〔2015〕42 号)、《财政部关于印发政府和社会资本合作模式操作指南(试行)的通知》(财金〔2014〕113 号)、《财政部关于印发政府和社会资本合作项目政府采购管理办法的通知》(财库〔2014〕215 号)、《财政部关于印发政府采购竞争性磋商采购方式管理暂行办法的通知》(财库〔2014〕214 号)、《财政部关于印发政府和社会资本合作项目财政承受能力论证指引的通知》(财金〔2015〕21 号)等政策要求，收集、管理和发布 PPP 项目信息，保证项目实施公开透明。

第五条 PPP 综合信息平台由财政部 PPP 工作领导小组办公室委托财政部 PPP 中心组织开发，由财政部 PPP 中心和信息网络中心共同承担运行和管理工作，共包括 PPP 信息发布平台和 PPP 信息管理平台两大部分。

PPP 信息发布平台以外网形式对社会发布 PPP 政策法规、工作动态、PPP 项目库、PPP 项目招商与采购公告以及知识分享等信息。网址为 http://www.cpppc.org。

PPP 信息管理平台为内部管理平台，用于对全国 PPP 项目进行跟踪、监督，为开展 PPP 工作或开发实施 PPP 项目提供技术支持，具体包括 PPP 项目库、机构库和资料库，具有录入、查询、统计和用户管理等功能。

第六条 财政部 PPP 中心负责 PPP 信息发布平台和 PPP 信息管理平台下的机构库(咨询服务机构与专家、金融机构等)和资料库的运行、维护和管理。

第七条 省、市、县级财政 PPP 业务部门和信息技术部门需配合财政部 PPP 中心维护和管理 PPP 信息管理平台下的项目库。项目库是 PPP 综合信息平台的核心组成部分，包含储备库、执行库和示范库三个子库。由各级财政部门会同相关部门评估、筛选的 PPP 项目，基本信息均应录入 PPP 综合信息平台。经省级财政部门审核满足上报要求的，列为储备项目。编制项目实施方案，通过物有所值评价、财政承受能力论证，并经本级政府审核同意的，列为执行项目。通过中央或省级财政部门评审并列为中央或省级示范项目的，列为示范项目。在项目开发实施过程中，有咨询服务机构、社会资本方采购需求的，可填写项目招商信息，经省级财政部门审核后上报。

所有 PPP 项目必须列入项目库。省、市、县级财政部门应与相关部门密切沟通，保证符合条件的项目及时、准确、规范、完整列入项目库。

第八条 省、市、县级财政部门要按照财政部 PPP 中心统一制定的数据规范与要求，录入本级 PPP 项目的基本信息以及项目识别、准备、采购、执行和移交阶段的信息。中央部门拟作为实施机构的 PPP 项目，由财政部统一评审录入项目信息。

第九条 财政部 PPP 中心和信息网络中心应保障 PPP 综合信息平台的运行、推广和升级完善。省、市、县级财政部门可根据需要开发符合自身需求的个性化功能模块，建立地方 PPP 信息平台，但应当与 PPP 综合信息平台进行实时数据对接，保证数据规范一致。

PPP 综合信息平台应与预算管理、政府采购、政府债务管理等信息系统开放共享。

第十条 中央和省、市、县级财政 PPP 业务部门和信息技术部门应为 PPP 综合信息平台的应用、运行、维护和管理提供保障，建立健全内部管理制度，落实岗位责任制和领导负责制，合理安排岗位人员，加强管理和风险防范。

第三章 用户管理

第十一条 中央、省、市、县级财政部门、行业主管部门、实施机构、社会资本、咨询服务机构、金融机构、专家、公众等用户，可通过互联网在线访问、查询公开信息。

第十二条 在 PPP 综合信息平台初始阶段，财政部 PPP 中心为省、市、县级财政部门用户生成一个管理员账户。省、市、县级财政部门如需新增账户，可根据内部管理制度，给新增账户开设与其权限匹配的账户，以方便数据和资料上传。

第十三条 为增强 PPP 综合信息平台的系统安全性，系统将按照财政部统一安全防护体系进行升级。

第四章 信息管理与应用

第十四条 各级财政部门通过 PPP 信息管理平台，可以管理本级及下级财政部门的 PPP 项目信息，即中央级可以管理全国各省、市、县 PPP 项目信息，各省级财政部门可以管理本省（区、市）各市、县 PPP 项目信息，各市、县级财政部门可以管理本市县 PPP 项目信息。

中央和省、市、县级财政部门要通过 PPP 综合信息平台，及时了解国家 PPP 工作政策、发展动态，特别是跟踪、监督所辖行政区域内 PPP 项目开发、执行情况，进行全生命周期管理。

第十五条 省级财政部门应对所辖市、县财政部门上报的项目信息和拟在 PPP 综合信息平台上发布的 PPP 项目招商信息进行合规性审核。

第十六条 中央和省、市、县级财政部门应积极实现数据共享，除共享 PPP 项目库信息外，要逐步实现机构库中咨询服务机构与专家、社会资本、金融机构等信息资源的共享，实现对机构库信息的全系统可识别、可跟踪，为将来利用大数据评价服务质量、建立信用体系夯实基础。对有需求的行业主管部门和实施机构，逐步实现数据共享。

第五章 监督检查

第十七条 财政部 PPP 中心和信息网络中心要保障 PPP 综合信息平台的

安全运行，不断完善系统功能。

第十八条 上级财政部门应每季度对行政区域内 PPP 综合信息平台建设情况进行检查和考核。对系统应用情况较好、数据填报及时、数据质量高的地区，在制定、执行相关奖励政策时应予以优先考虑。

第十九条 省、市、县级财政部门在项目库中上传的 PPP 项目信息不真实、不准确、不规范、不完整的，将不予采用。原则上，国家级和省级示范项目、各地 PPP 年度规划和中期规划项目均需从 PPP 综合信息平台的项目库中筛选和识别。未纳入 PPP 综合信息平台项目库的项目，不得列入各地 PPP 项目目录，原则上不得通过预算安排支出责任。

第六章 附 则

第二十条 规程由财政部 PPP 工作领导小组办公室负责解释和修订。

本规程自 2016 年 1 月 1 日起实施。

8.2 发改委 PPP 政策法规汇编

8.2.1 关于开展政府和社会资本合作的指导意见 (2014 年 12 月 2 日，发改投资 [2014]2724 号)

各省、自治区、直辖市及计划单列市、新疆生产建设兵团发展改革委：

为贯彻落实《国务院关于创新重点领域投融资机制鼓励社会投资的指导意见》（国发〔2014〕60 号）有关要求，鼓励和引导社会投资，增强公共产品供给能力，促进调结构、补短板、惠民生，现就开展政府和社会资本合作提出如下指导意见。

一、充分认识政府和社会资本合作的重要意义

政府和社会资本合作（PPP）模式是指政府为增强公共产品和服务供给能力、提高供给效率，通过特许经营、购买服务、股权合作等方式，与社会资本建立的利益共享、风险分担及长期合作关系。开展政府和社会资本合作，有利于创新投融资机制，拓宽社会资本投资渠道，增强经济增长内生动力；有利于推动各类资本相互融合、优势互补，促进投资主体多元化，发展混合所有制经济；有利于理顺政府与市场关系，加快政府职能转变，充分发挥市场配置资源的决定性作用。

二、准确把握政府和社会资本合作的主要原则

（一）转变职能，合理界定政府的职责定位。开展政府和社会资本合作，对转变政府职能、提高管理水平提出了更高要求。政府要牢固树立平等意识及合作观念，集中力量做好政策制定、发展规划、市场监管和指导服务，从公共产品的直接“提供者”转变为社会资本的“合作者”以及 PPP 项目的“监管者”。

（二）因地制宜，建立合理的投资回报机制。根据各地实际，通过授予特许经营权、核定价费标准、给予财政补贴、明确排他性约定等，稳定社会资本收益预期。加强项目成本监测，既要充分调动社会资本积极性，又要防止不合理让利或利益输送。

（三）合理设计，构建有效的风险分担机制。按照风险收益对等原则，在政府和社会资本间合理分配项目风险。原则上，项目的建设、运营风险由社会资本承担，法律、政策调整风险由政府承担，自然灾害等不可抗力风险由双方共同承担。

（四）诚信守约，保证合作双方的合法权益。在平等协商、依法合规的基础上，按照权责明确、规范高效的原则订立项目合同。合同双方要牢固树立法律意识、契约意识和信用意识，项目合同一经签署必须严格执行，无故违约必须承担相应责任。

（五）完善机制，营造公开透明的政策环境。从项目选择、方案审查、伙伴确定、价格管理、退出机制、绩效评价等方面，完善制度设计，营造良好政策环境，确保项目实施决策科学、程序规范、过程公开、责任明确、稳妥推进。

三、合理确定政府和社会资本合作的项目范围及模式

（一）项目适用范围。PPP 模式主要适用于政府负有提供责任又适宜市场化运作的公共服务、基础设施类项目。燃气、供电、供水、供热、污水及垃圾处理等市政设施，公路、铁路、机场、城市轨道交通等交通设施，医疗、旅游、教育培训、健康养老等公共服务项目，以及水利、资源环境和生态保护等项目均可推行 PPP 模式。各地的新建市政工程以及新型城镇化试点项目，应优先考虑采用 PPP 模式建设。

（二）操作模式选择。

1. 经营性项目。对于具有明确的收费基础，并且经营收费能够完全覆盖投资成本的项目，可通过政府授予特许经营权，采用建设—运营—移交（BOT）、建设—拥有—运营—移交（BOOT）等模式推进。要依法放开相关项目的建设、运营市场，积极推动自然垄断行业逐步实行特许经营。

2. 准经营性项目。对于经营收费不足以覆盖投资成本、需政府补贴部分资金或资源的项目，可通过政府授予特许经营权附加部分补贴或直接投资参股等措施，采用建设—运营—移交（BOT）、建设—拥有—运营（BOO）等模式推进。要建立投资、补贴与价格的协同机制，为投资者获得合理回报积极创造条件。

3. 非经营性项目。对于缺乏“使用者付费”基础、主要依靠“政府付费”回收投资成本的项目，可通过政府购买服务，采用建设—拥有—运营（BOO）、委托运营等市场化模式推进。要合理确定购买内容，把有限的资金用在刀刃上，切实提高资金使用效益。

（三）积极开展创新。各地可以根据当地实际及项目特点，积极探索、大胆创新，通过建立合理的“使用者付费”机制等方式，增强吸引社会资本能力，并灵活运用多种 PPP 模式，切实提高项目运作效率。

四、建立健全政府和社会资本合作的工作机制

（一）健全协调机制。按照部门联动、分工明确、协同推进等要求，与有关部门建立协调推进机制，推动规划、投资、价格、土地、金融等部门密切配合、形成合力，保障政府和社会资本合作积极稳妥推进。

（二）明确实施主体。按照地方政府的相关要求，明确相应的行业管理部门、事业单位、行业运营公司或其他相关机构，作为政府授权的项目实施机构，在授权范围内负责 PPP 项目的前期评估论证、实施方案编制、合作伙伴选择、项目合同签订、项目组织实施以及合作期满移交等工作。

（三）建立联审机制。为提高工作效率，可会同相关部门建立 PPP 项目的联审机制，从项目建设的必要性及合规性、PPP 模式的适用性、财政承受能力以及价格的合理性等方面，对项目实施方案进行可行性评估，确保“物有所值”。审查结果作为项目决策的重要依据。

（四）规范价格管理。按照补偿成本、合理收益、节约资源以及社会可承受的原则，加强投资成本和服务成本监测，加快理顺价格水平。加强价格行为监管，既要防止项目法人随意提价损害公共利益、不合理获利，又要规范政府价格行为，提高政府定价、调价的科学性和透明度。

（五）提升专业能力。加强引导，积极发挥各类专业中介机构在 PPP 项目的资产评估、成本核算、经济补偿、决策论证、合同管理、项目融资等方面的积极作用，提高项目决策的科学性、项目管理的专业性以及项目实施效率。加强 PPP 相关业务培训，培养专业队伍和人才。

五、加强政府和社会资本合作项目的规范管理

（一）项目储备。根据经济社会发展需要，按照项目合理布局、政府投资有效配置等原则，切实做好 PPP 项目的总体规划、综合平衡和储备管理。

从准备建设的公共服务、基础设施项目中，及时筛选PPP模式的适用项目，按照PPP模式进行培育开发。各省区市发展改革委要建立PPP项目库，并从2015年1月起，于每月5日前将项目进展情况按月报送国家发展改革委（具体要求见附件1）。

（二）项目遴选。会同行业管理部门、项目实施机构，及时从项目储备库或社会资本提出申请的潜在项目中筛选条件成熟的建设项目，编制实施方案并提交联审机制审查，明确经济技术指标、经营服务标准、投资概算构成、投资回报方式、价格确定及调价方式、财政补贴及财政承诺等核心事项。

（三）伙伴选择。实施方案审查通过后，配合行业管理部门、项目实施机构，按照《招标投标法》、《政府采购法》等法律法规，通过公开招标、邀请招标、竞争性谈判等多种方式，公平择优选择具有相应管理经验、专业能力、融资实力以及信用状况良好的社会资本作为合作伙伴。

（四）合同管理。项目实施机构和社会资本依法签订项目合同，明确服务标准、价格管理、回报方式、风险分担、信息披露、违约处罚、政府接管以及评估论证等内容。各地可参考《政府和社会资本合作项目通用合同指南》（见附件2），细化完善合同文本，确保合同内容全面、规范、有效。

（五）绩效评价。项目实施过程中，加强工程质量、运营标准的全程监督，确保公共产品和服务的质量、效率和延续性。鼓励推进第三方评价，对公共产品和服务的数量、质量以及资金使用效率等方面进行综合评价，评价结果向社会公示，作为价费标准、财政补贴以及合作期限等调整的参考依据。项目实施结束后，可对项目的成本效益、公众满意度、可持续性等进行后评价，评价结果作为完善PPP模式制度体系的参考依据。

（六）退出机制。政府和社会资本合作过程中，如遇不可抗力或违约事件导致项目提前终止时，项目实施机构要及时做好接管，保障项目设施持续运行，保证公共利益不受侵害。政府和社会资本合作期满后，要按照合同约定的移交形式、移交内容和移交标准，及时组织开展项目验收、资产交割等工作，妥善做好项目移交。依托各类产权、股权交易市场，为社会资本提供多元化、规范化、市场化的退出渠道。

六、强化政府和社会资本合作的政策保障

（一）完善投资回报机制。深化价格管理体制改革，对于涉及中央定价的 PPP 项目，可适当向地方下放价格管理权限。依法依规为准经营性、非经营性项目配置土地、物业、广告等经营资源，为稳定投资回报、吸引社会投资创造条件。

（二）加强政府投资引导。优化政府投资方向，通过投资补助、基金注资、担保补贴、贷款贴息等多种方式，优先支持引入社会资本的项目。合理分配政府投资资金，优先保障配套投入，确保 PPP 项目如期、高效投产运营。

（三）加快项目前期工作。联合有关部门建立并联审批机制，在科学论证、遵守程序的基础上，加快推进规划选址、用地预审、环评审批、审批核准等前期工作。协助项目单位解决前期工作中的问题和困难，协调落实建设条件，加快项目建设进度。

（四）做好综合金融服务。鼓励金融机构提供财务顾问、融资顾问、银团贷款等综合金融服务，全程参与 PPP 项目的策划、融资、建设和运营。鼓励项目公司或合作伙伴通过成立私募基金、引入战略投资者、发行债券等多种方式拓宽融资渠道。

七、扎实有序开展政府和社会资本合作

（一）做好示范推进。各地可选取市场发育程度高、政府负债水平低、社会资本相对充裕的市县，以及具有稳定收益和社会效益的项目，积极推进政府和社会资本合作，并及时总结经验、大力宣传，发挥好示范带动作用。国家发展改革委将选取部分推广效果显著的省区市和重点项目，总结典型案例，组织交流推广。

（二）推进信用建设。按照诚信践诺的要求，加强全社会信用体系建设，保障政府和社会资本合作顺利推进。政府要科学决策，保持政策的连续性和稳定性；依法行政，防止不当干预和地方保护；认真履约，及时兑现各类承诺和合同约定。社会资本要守信自律，提高诚信经营意识。

（三）搭建信息平台。充分利用并切实发挥好信息平台的桥梁纽带作用。可以利用现代信息技术，搭建信息服务平台，公开 PPP 项目的工作流程、评审标准、项目信息、实施情况、咨询服务等相关信息，保障信息发布准确及时、审批过程公正透明、建设运营全程监管。

（四）加强宣传引导。大力宣传政府和社会资本合作的重大意义，做好政策解读，总结典型案例，回应社会关切，通过舆论引导，培育积极的合作理念，建立规范的合作机制，营造良好的合作氛围，充分发挥政府、市场和社会资本的合力作用。

开展政府和社会资本合作是创新投融资机制的重要举措，各地要高度重视，切实加强组织领导，抓紧制定具体的政策措施和实施办法。各级发展改革部门要按照当地政府的统一部署，认真做好 PPP 项目的统筹规划、综合协调等工作，会同有关部门积极推动政府和社会资本合作顺利实施。

国家发展改革委

2014 年 12 月 2 日

8.2.2 基础设施和公用事业特许经营管理办法(2015 年 6 月 1 日，2015 年第 25 号令)

中华人民共和国国家发展和改革委员会

中华人民共和国财政部

中华人民共和国住房和城乡建设部

中华人民共和国交通运输部

中华人民共和国水利部

中国人民银行

《基础设施和公用事业特许经营管理办法》业经国务院同意，现予以发布，自 2015 年 6 月 1 日起施行。

国家发展改革委主任：徐绍史

财政部部长：楼继伟

住房城乡建设部部长：陈政高

交通运输部部长：杨传堂

水利部部长：陈雷

人民银行行长：周小川

第一章　总 则

第一条　为鼓励和引导社会资本参与基础设施和公用事业建设运营，提高公共服务质量和效率，保护特许经营者合法权益，保障社会公共利益和公共安全，促进经济社会持续健康发展，制定本办法。

第二条　中华人民共和国境内的能源、交通运输、水利、环境保护、市政工程等基础设施和公用事业领域的特许经营活动，适用本办法。

第三条　本办法所称基础设施和公用事业特许经营，是指政府采用竞争方式依法授权中华人民共和国境内外的法人或者其他组织，通过协议明确权利义务风险分担，约定其在一定期限和范围内投资建设运营基础设施和公用事业并获得收益，提供公共产品或者公共服务。

第四条 基础设施和公用事业特许经营应当坚持公开、公平、公正，保护各方信赖利益，并遵循以下原则：

（一）发挥社会资本融资、专业、技术和管理优势，提高公共服务质量效率；

（二）转变政府职能，强化政府与社会资本协商合作；

（三）保护社会资本合法权益，保证特许经营持续性和稳定性；

（四）兼顾经营性和公益性平衡，维护公共利益。

第五条 基础设施和公用事业特许经营可以采取以下方式：

（一）在一定期限内，政府授予特许经营者投资新建或改扩建、运营基础设施和公用事业，期限届满移交政府；

（二）在一定期限内，政府授予特许经营者投资新建或改扩建、拥有并运营基础设施和公用事业，期限届满移交政府；

（三）特许经营者投资新建或改扩建基础设施和公用事业并移交政府后，由政府授予其在一定期限内运营；

（四）国家规定的其他方式。

第六条 基础设施和公用事业特许经营期限应当根据行业特点、所提供公共产品或服务需求、项目生命周期、投资回收期等综合因素确定，最长不超过 30 年。对于投资规模大、回报周期长的基础设施和公用事业特许经营项目（以下简称特许经营项目）可以由政府或者其授权部门与特许经营者根据项目实际情况，约定超过前款规定的特许经营期限。

第七条 国务院发展改革、财政、国土、环保、住房城乡建设、交通运输、水利、能源、金融、安全监管等有关部门按照各自职责，负责相关领域基础设施和公用事业特许经营规章、政策制定和监督管理工作。县级以上地方人民政府发展改革、财政、国土、环保、住房城乡建设、交通运输、水利、价格、能源、金融监管等有关部门根据职责分工，负责有关特许经营项目实施和监督管理工作。

第八条 县级以上地方人民政府应当建立各有关部门参加的基础设施和公用事业特许经营部门协调机制，负责统筹有关政策措施，并组织协调特许经营项目实施和监督管理工作。

第二章 特许经营协议订立

第九条 县级以上人民政府有关行业主管部门或政府授权部门（以下简称项目提出部门）可以根据经济社会发展需求，以及有关法人和其他组织提出的特许经营项目建议等，提出特许经营项目实施方案。特许经营项目应当符合国民经济和社会发展总体规划、主体功能区规划、区域规划、环境保护规划和安全生产规划等专项规划、土地利用规划、城乡规划、中期财政规划等，并且建设运营标准和监管要求明确。项目提出部门应当保证特许经营项目的完整性和连续性。

第十条 特许经营项目实施方案应当包括以下内容：

（一）项目名称；

（二）项目实施机构；

（三）项目建设规模、投资总额、实施进度，以及提供公共产品或公共服务的标准等基本经济技术指标；

（四）投资回报、价格及其测算；

（五）可行性分析，即降低全生命周期成本和提高公共服务质量效率的分析估算等；

（六）特许经营协议框架草案及特许经营期限；

（七）特许经营者应当具备的条件及选择方式；

（八）政府承诺和保障；

（九）特许经营期限届满后资产处置方式；

（十）应当明确的其他事项。

第十一条 项目提出部门可以委托具有相应能力和经验的第三方机构，开展特许经营可行性评估，完善特许经营项目实施方案。需要政府提供可行性缺口补助或者开展物有所值评估的，由财政部门负责开展相关工作。具体办法由国务院财政部门另行制定。

第十二条 特许经营可行性评估应当主要包括以下内容：

（一）特许经营项目全生命周期成本、技术路线和工程方案的合理性，可能的融资方式、融资规模、资金成本，所提供公共服务的质量效率，建设运营标准和监管要求等；

（二）相关领域市场发育程度，市场主体建设运营能力状况和参与意愿；

（三）用户付费项目公众支付意愿和能力评估。

第十三条 项目提出部门依托本级人民政府根据本办法第八条规定建立的部门协调机制，会同发展改革、财政、城乡规划、国土、环保、水利等有关部门对特许经营项目实施方案进行审查。经审查认为实施方案可行的，各部门应当根据职责分别出具书面审查意见。项目提出部门综合各部门书面审查意见，报本级人民政府或其授权部门审定特许经营项目实施方案。

第十四条 县级以上人民政府应当授权有关部门或单位作为实施机构负责特许经营项目有关实施工作，并明确具体授权范围。

第十五条 实施机构根据经审定的特许经营项目实施方案，应当通过招标、竞争性谈判等竞争方式选择特许经营者。特许经营项目建设运营标准和监管要求明确、有关领域市场竞争比较充分的，应当通过招标方式选择特许经营者。

第十六条 实施机构应当在招标或谈判文件中载明是否要求成立特许经营项目公司。

第十七条 实施机构应当公平择优选择具有相应管理经验、专业能力、融资实力以及信用状况良好的法人或者其他组织作为特许经营者。鼓励金融机构与参与竞争的法人或其他组织共同制定投融资方案。特许经营者选择应当符合内外资准入等有关法律、行政法规规定。依法选定的特许经营者，应当向社会公示。

第十八条 实施机构应当与依法选定的特许经营者签订特许经营协议。需要成立项目公司的，实施机构应当与依法选定的投资人签订初步协议，约定其在规定期限内注册成立项目公司，并与项目公司签订特许经营协议。特许经营协议应当主要包括以下内容：

（一）项目名称、内容；

（二）特许经营方式、区域、范围和期限；

（三）项目公司的经营范围、注册资本、股东出资方式、出资比例、股权转让等；

（四）所提供产品或者服务的数量、质量和标准；

（五）设施权属，以及相应的维护和更新改造；

（六）监测评估；

（七）投融资期限和方式；

（八）收益取得方式，价格和收费标准的确定方法以及调整程序；

（九）履约担保；

（十）特许经营期内的风险分担；

（十一）政府承诺和保障；

（十二）应急预案和临时接管预案；

（十三）特许经营期限届满后，项目及资产移交方式、程序和要求等；

（十四）变更、提前终止及补偿；

（十五）违约责任；

（十六）争议解决方式；

（十七）需要明确的其他事项。

第十九条 特许经营协议根据有关法律、行政法规和国家规定，可以约定特许经营者通过向用户收费等方式取得收益。向用户收费不足以覆盖特许经营建设、运营成本及合理收益的，可由政府提供可行性缺口补助，包括政府授予特许经营项目相关的其他开发经营权益。

第二十条 特许经营协议应当明确价格或收费的确定和调整机制。特许经营项目价格或收费应当依据相关法律、行政法规规定和特许经营协议约定予以确定和调整。

第二十一条 政府可以在特许经营协议中就防止不必要的同类竞争性项目建设、必要合理的财政补贴、有关配套公共服务和基础设施的提供等内容作出承诺，但不得承诺固定投资回报和其他法律、行政法规禁止的事项。

第二十二条 特许经营者根据特许经营协议，需要依法办理规划选址、用地和项目核准或审批等手续的，有关部门在进行审核时，应当简化审核内容，优化办理流程，缩短办理时限，对于本部门根据本办法第十三条出具书面审查意见已经明确的事项，不再作重复审查。实施机构应当协助特许经营者办理相关手续。

第二十三条 国家鼓励金融机构为特许经营项目提供财务顾问、融资顾问、银团贷款等金融服务。政策性、开发性金融机构可以给予特许经营项目差异化信贷支持，对符合条件的项目，贷款期限最长可达 30 年。探索利用特许经营项目预期收益质押贷款，支持利用相关收益作为还款来源。

第二十四条 国家鼓励通过设立产业基金等形式入股提供特许经营项目资本金。鼓励特许经营项目公司进行结构化融资，发行项目收益票据和资产支持票据等。国家鼓励特许经营项目采用成立私募基金，引入战略投资者，发行企业债券、项目收益债券、公司债券、非金融企业债务融资工具等方式拓宽投融资渠道。

第二十五条 县级以上人民政府有关部门可以探索与金融机构设立基础设施和公用事业特许经营引导基金，并通过投资补助、财政补贴、贷款贴息等方式，支持有关特许经营项目建设运营。

第三章　特许经营协议履行

第二十六条 特许经营协议各方当事人应当遵循诚实信用原则，按照约定全面履行义务。除法律、行政法规另有规定外，实施机构和特许经营者任何一方不履行特许经营协议约定义务或者履行义务不符合约定要求的，应当根据协议继续履行、采取补救措施或者赔偿损失。

第二十七条 依法保护特许经营者合法权益。任何单位或者个人不得违反法律、行政法规和本办法规定，干涉特许经营者合法经营活动。

第二十八条 特许经营者应当根据特许经营协议，执行有关特许经营项目投融资安排，确保相应资金或资金来源落实。

第二十九条 特许经营项目涉及新建或改扩建有关基础设施和公用事业的，应当符合城乡规划、土地管理、环境保护、质量管理、安全生产等有关法律、行政法规规定的建设条件和建设标准。

第三十条 特许经营者应当根据有关法律、行政法规、标准规范和特许经营协议，提供优质、持续、高效、安全的公共产品或者公共服务。

第三十一条 特许经营者应当按照技术规范，定期对特许经营项目设施进行检修和保养，保证设施运转正常及经营期限届满后资产按规定进行移交。

第三十二条 特许经营者对涉及国家安全的事项负有保密义务，并应当建立和落实相应保密管理制度。实施机构、有关部门及其工作人员对在特许经营活动和监督管理工作中知悉的特许经营者商业秘密负有保密义务。

第三十三条 实施机构和特许经营者应当对特许经营项目建设、运营、维修、保养过程中有关资料，按照有关规定进行归档保存。

第三十四条 实施机构应当按照特许经营协议严格履行有关义务，为特许经营者建设运营特许经营项目提供便利和支持，提高公共服务水平。行政区划调整，政府换届、部门调整和负责人变更，不得影响特许经营协议履行。

第三十五条 需要政府提供可行性缺口补助的特许经营项目，应当严格按照预算法规定，综合考虑政府财政承受能力和债务风险状况，合理确定财政付费总额和分年度数额，并与政府年度预算和中期财政规划相衔接，确保资金拨付需要。

第三十六条 因法律、行政法规修改，或者政策调整损害特许经营者预期利益，或者根据公共利益需要，要求特许经营者提供协议约定以外的产品或服务的，应当给予特许经营者相应补偿。

第四章　特许经营协议变更和终止

第三十七条 在特许经营协议有效期内，协议内容确需变更的，协议当事人应当在协商一致基础上签订补充协议。如协议可能对特许经营项目的存续债务产生重大影响的，应当事先征求权利人同意。特许经营项目涉及直接融资行为的，应当及时做好相关信息披露。特许经营期限届满后确有必要延长的，按照有关规定经充分评估论证，协商一致并报批准后，可以延长。

第三十八条 在特许经营期限内，因特许经营协议一方严重违约或不可抗力等原因，导致特许经营者无法继续履行协议约定义务，或者出现特许经营协议约定的提前终止协议情形的，在与债权人协商一致后，可以提前终止协议。特许经营协议提前终止的，政府应当收回特许经营项目，并根据实际情况和协议约定给予原特许经营者相应补偿。

第三十九条 特许经营期限届满终止或提前终止的，协议当事人应当按照特许经营协议约定，以及有关法律、行政法规和规定办理有关设施、资料、档案等的性能测试、评估、移交、接管、验收等手续。

第四十条 特许经营期限届满终止或者提前终止，对该基础设施和公用事业继续采用特许经营方式的，实施机构应当根据本办法规定重新选择特许经营者。因特许经营期限届满重新选择特许经营者的，在同等条件下，原特许经营者优先获得特许经营。新的特许经营者选定之前，实施机构和原特许经营者应当制定预案，保障公共产品或公共服务的持续稳定提供。

第五章　监督管理和公共利益保障

第四十一条 县级以上人民政府有关部门应当根据各自职责，对特许经营者执行法律、行政法规、行业标准、产品或服务技术规范，以及其他有关监管要求进行监督管理，并依法加强成本监督审查。县级以上审计机关应当依法对特许经营活动进行审计。

第四十二条 县级以上人民政府及其有关部门应当根据法律、行政法规和国务院决定保留的行政审批项目对特许经营进行监督管理，不得以实施特许经营为名违法增设行政审批项目或审批环节。

第四十三条 实施机构应当根据特许经营协议，定期对特许经营项目建设运营情况进行监测分析，会同有关部门进行绩效评价，并建立根据绩效评价结果、按照特许经营协议约定对价格或财政补贴进行调整的机制，保障所提供公共产品或公共服务的质量和效率。实施机构应当将社会公众意见作为监测分析和绩效评价的重要内容。

第四十四条 社会公众有权对特许经营活动进行监督，向有关监管部门投诉，或者向实施机构和特许经营者提出意见建议。

第四十五条 县级以上人民政府应当将特许经营有关政策措施、特许经营部门协调机制组成以及职责等信息向社会公开。实施机构和特许经营者应当将特许经营项目实施方案、特许经营者选择、特许经营协议及其变更或终止、项目建设运营、所提供公共服务标准、监测分析和绩效评价、经过审计的上年度财务报表等有关信息按规定向社会公开。特许经营者应当公开有关会计数据、财务核算和其他有关财务指标，并依法接受年度财务审计。

第四十六条 特许经营者应当对特许经营协议约定服务区域内所有用户普遍地、无歧视地提供公共产品或公共服务，不得对新增用户实行差别待遇。

第四十七条 实施机构和特许经营者应当制定突发事件应急预案，按规定报有关部门。突发事件发生后，及时启动应急预案，保障公共产品或公共服务的正常提供。

第四十八条 特许经营者因不可抗力等原因确实无法继续履行特许经营协议的，实施机构应当采取措施，保证持续稳定提供公共产品或公共服务。

第六章 争议解决

第四十九条 实施机构和特许经营者就特许经营协议履行发生争议的，应当协商解决。协商达成一致的，应当签订补充协议并遵照执行。

第五十条 实施机构和特许经营者就特许经营协议中的专业技术问题发生争议的，可以共同聘请专家或第三方机构进行调解。调解达成一致的，应当签订补充协议并遵照执行。

第五十一条 特许经营者认为行政机关作出的具体行政行为侵犯其合法权益的，有陈述、申辩的权利，并可以依法提起行政复议或者行政诉讼。

第五十二条 特许经营协议存续期间发生争议，当事各方在争议解决过程中，应当继续履行特许经营协议义务，保证公共产品或公共服务的持续性和稳定性。

第七章　法律责任

第五十三条　特许经营者违反法律、行政法规和国家强制性标准，严重危害公共利益，或者造成重大质量、安全事故或者突发环境事件的，有关部门应当责令限期改正并依法予以行政处罚；拒不改正、情节严重的，可以终止特许经营协议；构成犯罪的，依法追究刑事责任。

第五十四条　以欺骗、贿赂等不正当手段取得特许经营项目的，应当依法收回特许经营项目，向社会公开。

第五十五条　实施机构、有关行政主管部门及其工作人员不履行法定职责、干预特许经营者正常经营活动、徇私舞弊、滥用职权、玩忽职守的，依法给予行政处分；构成犯罪的，依法追究刑事责任。

第五十六条　县级以上人民政府有关部门应当对特许经营者及其从业人员的不良行为建立信用记录，纳入全国统一的信用信息共享交换平台。对严重违法失信行为依法予以曝光，并会同有关部门实施联合惩戒。

第八章　附　则

第五十七条　基础设施和公用事业特许经营涉及国家安全审查的，按照国家有关规定执行。

第五十八条　法律、行政法规对基础设施和公用事业特许经营另有规定的，从其规定。本办法实施之前依法已经订立特许经营协议的，按照协议约定执行。

第五十九条　本办法由国务院发展改革部门会同有关部门负责解释。

第六十条　本办法自 2015 年 6 月 1 日起施行。

8.2.3 政府和社会资本合作项目前期工作专项补助资金管理暂行办法征求意见稿（2015 年 9 月 28 日）

政府和社会资本合作项目前期工作专项补助资金管理暂行办法征求意见稿

为进一步推进 PPP 模式，更好地鼓励和引导社会投资，近日国家发展改委起草了《政府和社会资本合作项目前期工作专项补助资金管理暂行办法》(以下简称《办法》)。现向社会公开征求意见。

此次公开征求意见时间为 2015 年 9 月 28 日至 10 月 10 日。有关单位和社会各界人士可以登录国家发展改革委门户网站（http://www.ndrc.gov.cn）首页“意见征求”专栏，进入“《政府和社会资本合作项目前期工作专项补助资金管理暂行办法》公开征求意见”栏目，对《办法》提出意见建议。感谢您的参与和支持!

附件:《政府和社会资本合作项目前期工作专项补助资金管理暂行办法》

国家发展和改革委员会投资司

2015 年 9 月 28 日

政府和社会资本合作项目前期工作专项补助资金管理暂行办法（征求意见稿）

第一章 总 则

第一条 为积极推广政府和社会资本合作 (PPP) 模式，进一步鼓励和吸引社会投资，充分发挥投资在稳增长中的关键作用，国家发展改革委安排中央预算内投资对 PPP 项目前期工作给予专项补助 (以下简称“前期工作专项补助资金”)。为规范前期工作专项补助资金管理，提高资金使用效益，特制定本办法。

第二条 本办法所称 PPP 项目是指政府为提高公共服务质量，通过特许经营、购买服务、股权合作等方式，引入社会资本参与投资、建设及运营的基础设施和公用事业项目。

第三条 本办法所称 PPP 项目前期工作是指重点区域或行业的 PPP 项目规划编制，以及重点 PPP 项目的前期决策咨询、实施方案编制、招标文件确定、合同文本拟定、法律财务顾问和资产效益评估等。

第四条 前期工作专项补助资金安排和使用坚持公开公正、突出重点、统筹兼顾、科学引导、有效监管的原则，可安排用于拟采用 PPP 模式实施的项目，也可用于已确定采用 PPP 模式实施、但仍存在本办法第三条所列前期工作资金缺口的项目。

第二章　安排程序

第五条 国家发展改革委根据 PPP 模式推广工作总体部署以及年度工作安排，综合考虑各地推进 PPP 模式的制度基础和政策环境、PPP 项目签约率、纳入 PPP 项目库的项目数量和投资规模、各地财政困难情况等，确定前期工作专项补助中央预算内投资计划，并切块下达到各省、自治区、直辖市及计划单列市和新疆生产建设兵团发展改革委。

第六条 各省、自治区、直辖市及计划单列市和新疆生产建设兵团发展改革委按照国家发展改革委下达的年度投资规模计划，根据项目责任单位提交的 PPP 项目前期工作专项补助资金申请，经审核后将前期工作专项补助资金分解安排到具体项目，报国家发展改革委备案。

第七条 各省、自治区、直辖市及计划单列市和新疆生产建设兵团发展改革委要严格按照本办法第三条规定的前期工作专项补助资金使用范围，对经审核符合国家相关规划、采用 PPP 模式建设运营、引入了社会资本特别是民间资本的 PPP 项目，安排前期工作专项补助资金。

第三章　使用管理

第八条　前期工作专项补助资金为一次性补助资金，其余部分资金由地方政府或项目业主单位承担。前期工作专项补助资金开支标准按国家相关规定执行。

第九条　前期工作专项补助资金使用要严格执行有关财务管理规定，必须设立专门帐户，专款专用，严禁截留、转移、侵占和挪用。

第十条　前期工作专项补助资金实行总额控制，按规定据实列支。

第十一条　对批准建设的项目，其前期工作专项补助资金应作为国家投资补助，按照相关规定计入建设成本。

第十二条　对未获批准或因故无法实施的项目，项目责任单位要及时提出前期工作专项补助资金核销申请，各省、自治区、直辖市及计划单列市和新疆生产建设兵团发展改革委审核批准后作核销处理。

第十三条　项目前期工作完成或因故中止后结余的资金，应严格按照有关规定由省（自治区、直辖市）和新疆生产建设兵团发展改革部门调整安排用于其他 PPP 项目前期工作。

第十四条　各省、自治区、直辖市及计划单列市和新疆生产建设兵团发展改革委每年对前期工作专项补助资金使用情况进行总结，并在第二年 3 月底前将总结报告报送国家发展改革委。总结报告包括前期工作专项补助资金使用总体情况、安排的具体项目与补助资金数额、重点项目前期工作进展情况，以及其他需要说明的问题。

第十五条　有关部门、单位要严格按照基本建设财务会计制度对前期工作专项补助资金进行管理和核算。

第四章　监督检查

第十六条　各省、自治区、直辖市及计划单列市和新疆生产建设兵团发展改革委要及时会同同级相关行业主管部门对项目前期工作进展情况、质量和专项补助资金使用情况进行监督检查。国家发展改革委定期对前期工作进展情况和资金使用情况开展稽察和检查。

第十七条 对没有按照申报材料中的时限要求完成前期工作的，要限期完成；前期工作不合格的，要进行整改、限期完成。增加的费用由相关责任单位负担。

第十八条 对不按规定使用前期工作专项补助资金的，经核实后，停止拨付尚未拨付的前期工作专项补助资金，并在下一年度减少或不予安排该地区前期工作专项补助资金。对违法违规行为，依法依规追究相关责任人员的行政或法律责任。

第五章 附则

第十九条 本办法由国家发展改革委负责解释。

第二十条 本办法自公布之日起施行。

8.2.4 政府和社会资本合作项目前期工作专项补助资金管理暂行办法公开征求意见采纳情况（2015 年 10 月 19 日）

为进一步推进 PPP 模式，更好地鼓励和引导社会投资，近日国家发展改革委起草了《政府和社会资本合作项目前期工作专项补助资金管理暂行办法》，并在委官方网站全文公告，广泛征求社会意见。

意见征集期内，共收到社会有关人士提出修改建议 10 多条。我委对相关建议进行了分析研究，采纳情况反馈如下。

1. 所提建议：在第三条中，建议所列的“前期决策咨询”改为“评价论证咨询”；“法律财务顾问”改为“财务顾问、法律顾问”；“资产效益评估”改为“资产评估”。

采纳情况：同意采纳。

2. 所提建议：针对已经使用的资金可以要求说明使用情况，对于项目终止的情形，已用资金的使用情况尤为重要。

采纳情况：同意采纳，并在十二条进行相应修改。

3. 建议：在第十三条“由省（自治区、直辖市）和新疆生产建设兵团发展改革部门”中间加上“计划单列市”。

采纳情况：同意采纳。

4. 所提建议：在第十六条“国家发展改革委定期对前期工作进展情况和资金使用情况开展稽察和检查”中将“前期工作进展情况”改为“前期工作进展情况、质量”。

采纳情况：同意采纳。

5. 所提建议：在十八条中可规定适当惩罚措施，如行政区域内出现多次核销情况的（尤其是在实施方案编制过程中），是否也可在下一年度减少专项补助资金，这样一方面有助于政府在选择 PPP 模式时趋于理性，另一方面使政府慎重选择第三方专业机构。

采纳情况：同意采纳。

同时，对于社会公众提出的其他建议，我委将在暂行办法实施中，结合实际情况予以认真研究。

国家发展和改革委员会投资司

2015 年 10 月 19 日

8.3 国务院 PPP 政策法规汇编

8.3.1 国务院关于加强地方政府性债务管理的意见（2014 年 9 月 21 日，国发〔2014〕43 号）

各省、自治区、直辖市人民政府，国务院各部委、各直属机构：

为加强地方政府性债务管理，促进国民经济持续健康发展，根据党的十八大、十八届三中全会精神，现提出以下意见：

一、总体要求

（一）指导思想。以邓小平理论、“三个代表”重要思想、科学发展观为指导，全面贯彻落实党的十八大、十八届三中全会精神，按照党中央、国务院决策部署，建立“借、用、还”相统一的地方政府性债务管理机制，有效发挥地方政府规范举债的积极作用，切实防范化解财政金融风险，促进国民经济持续健康发展。

（二）基本原则。

疏堵结合。修明渠、堵暗道，赋予地方政府依法适度举债融资权限，加快建立规范的地方政府举债融资机制。同时，坚决制止地方政府违法违规举债。

分清责任。明确政府和企业的责任，政府债务不得通过企业举借，企业债务不得推给政府偿还，切实做到谁借谁还、风险自担。政府与社会资本合作的，按约定规则依法承担相关责任。

规范管理。对地方政府债务实行规模控制，严格限定政府举债程序和资金用途，把地方政府债务分门别类纳入全口径预算管理，实现“借、用、还”相统一。

防范风险。牢牢守住不发生区域性和系统性风险的底线，切实防范和化解财政金融风险。

稳步推进。加强债务管理，既要积极推进，又要谨慎稳健。在规范管理的同时，要妥善处理存量债务，确保在建项目有序推进。

二、加快建立规范的地方政府举债融资机制

（一）赋予地方政府依法适度举债权限。经国务院批准，省、自治区、直辖市政府可以适度举借债务，市县级政府确需举借债务的由省、自治区、直辖市政府代为举借。明确划清政府与企业界限，政府债务只能通过政府及其部门举借，不得通过企事业单位等举借。

（二）建立规范的地方政府举债融资机制。地方政府举债采取政府债券方式。没有收益的公益性事业发展确需政府举借一般债务的，由地方政府发行一般债券融资，主要以一般公共预算收入偿还。有一定收益的公益性事业发展确需政府举借专项债务的，由地方政府通过发行专项债券融资，以对应的政府性基金或专项收入偿还。

（三）推广使用政府与社会资本合作模式。鼓励社会资本通过特许经营等方式，参与城市基础设施等有一定收益的公益性事业投资和运营。政府通过特许经营权、合理定价、财政补贴等事先公开的收益约定规则，使投资者有长期稳定收益。投资者按照市场化原则出资，按约定规则独自或与政府共同成立特别目的公司建设和运营合作项目。投资者或特别目的公司可以通过银行贷款、企业债、项目收益债券、资产证券化等市场化方式举债并承担偿债责任。政府对投资者或特别目的公司按约定规则依法承担特许经营权、合理定价、财政补贴等相关责任，不承担投资者或特别目的公司的偿债责任。

（四）加强政府或有债务监管。剥离融资平台公司政府融资职能，融资平台公司不得新增政府债务。地方政府新发生或有债务，要严格限定在依法担保的范围内，并根据担保合同依法承担相关责任。地方政府要加强对或有债务的统计分析和风险防控，做好相关监管工作。

三、对地方政府债务实行规模控制和预算管理

（一）对地方政府债务实行规模控制。地方政府债务规模实行限额管理，地方政府举债不得突破批准的限额。地方政府一般债务和专项债务规模纳入限额管理，由国务院确定并报全国人大或其常委会批准，分地区限额由财政部在全国人大或其常委会批准的地方政府债务规模内根据各地区债务风险、财力状况等因素测算并报国务院批准。

（二）严格限定地方政府举债程序和资金用途。地方政府在国务院批准的分地区限额内举借债务，必须报本级人大或其常委会批准。地方政府不得通过企事业单位等举借债务。地方政府举借债务要遵循市场化原则。建立地方政府信用评级制度，逐步完善地方政府债券市场。地方政府举借的债务，只能用于公益性资本支出和适度归还存量债务，不得用于经常性支出。

（三）把地方政府债务分门别类纳入全口径预算管理。地方政府要将一般债务收支纳入一般公共预算管理，将专项债务收支纳入政府性基金预算管理，将政府与社会资本合作项目中的财政补贴等支出按性质纳入相应政府预算管理。地方政府各部门、各单位要将债务收支纳入部门和单位预算管理。或有债务确需地方政府或其部门、单位依法承担偿债责任的，偿债资金要纳入相应预算管理。

四、控制和化解地方政府性债务风险

（一）建立地方政府性债务风险预警机制。财政部根据各地区一般债务、专项债务、或有债务等情况，测算债务率、新增债务率、偿债率、逾期债务率等指标，评估各地区债务风险状况，对债务高风险地区进行风险预警。列入风险预警范围的债务高风险地区，要积极采取措施，逐步降低风险。债务风险相对较低的地区，要合理控制债务余额的规模和增长速度。

（二）建立债务风险应急处置机制。要硬化预算约束，防范道德风险，地方政府对其举借的债务负有偿还责任，中央政府实行不救助原则。各级政府要制定应急处置预案，建立责任追究机制。地方政府出现偿债困难时，要通过控制项目规模、压缩公用经费、处置存量资产等方式，多渠道筹集资金偿还债务。地方政府难以自行偿还债务时，要及时上报，本级和上级政府要启动债务风险应急处置预案和责任追究机制，切实化解债务风险，并追究相关人员责任。

（三）严肃财经纪律。建立对违法违规融资和违规使用政府性债务资金的惩罚机制，加大对地方政府性债务管理的监督检查力度。地方政府及其所属部门不得在预算之外违法违规举借债务，不得以支持公益性事业发展名义举借债务用于经常性支出或楼堂馆所建设，不得挪用债务资金或改变既定资金用途；对企业的注资、财政补贴等行为必须依法合规，不得违法为任何单位和个人的债务以任何方式提供担保；不得违规干预金融机构等正常经营活动，不得强制金融机构等提供政府性融资。地方政府要进一步规范土地出让管理，坚决制止违法违规出让土地及融资行为。

五、完善配套制度

（一）完善债务报告和公开制度。完善地方政府性债务统计报告制度，加快建立权责发生制的政府综合财务报告制度，全面反映政府的资产负债情况。对于中央出台的重大政策措施如棚户区改造等形成的政府性债务，应当单独统计、单独核算、单独检查、单独考核。建立地方政府性债务公开制度，加强政府信用体系建设。各地区要定期向社会公开政府性债务及其项目建设情况，自觉接受社会监督。

（二）建立考核问责机制。把政府性债务作为一个硬指标纳入政绩考核。明确责任落实，各省、自治区、直辖市政府要对本地区地方政府性债务负责任。强化教育和考核，纠正不正确的政绩导向。对脱离实际过度举债、违法违规举债或担保、违规使用债务资金、恶意逃废债务等行为，要追究相关责任人责任。

（三）强化债权人约束。金融机构等不得违法违规向地方政府提供融资，不得要求地方政府违法违规提供担保。金融机构等购买地方政府债券要符合监管规定，向属于政府或有债务举借主体的企业法人等提供融资要严格规范信贷管理，切实加强风险识别和风险管理。金融机构等违法违规提供政府性融资的，应自行承担相应损失，并按照商业银行法、银行业监督管理法等法律法规追究相关机构和人员的责任。

六、妥善处理存量债务和在建项目后续融资

（一）抓紧将存量债务纳入预算管理。以 2013 年政府性债务审计结果为基础，结合审计后债务增减变化情况，经债权人与债务人共同协商确认，对地方政府性债务存量进行甄别。对地方政府及其部门举借的债务，相应纳入一般债务和专项债务。对企事业单位举借的债务，凡属于政府应当偿还的债务，相应纳入一般债务和专项债务。地方政府将甄别后的政府存量债务逐级汇总上报国务院批准后，分类纳入预算管理。纳入预算管理的债务原有债权债务关系不变，偿债资金要按照预算管理要求规范管理。

（二）积极降低存量债务利息负担。对甄别后纳入预算管理的地方政府存量债务，各地区可申请发行地方政府债券置换，以降低利息负担，优化期限结构，腾出更多资金用于重点项目建设。

（三）妥善偿还存量债务。处置到期存量债务要遵循市场规则，减少行政干预。对项目自身运营收入能够按时还本付息的债务，应继续通过项目收入偿还。对项目自身运营收入不足以还本付息的债务，可以通过依法注入优质资产、加强经营管理、加大改革力度等措施，提高项目盈利能力，增强偿债能力。地方政府应指导和督促有关债务举借单位加强财务管理、拓宽偿债资金渠道、统筹安排偿债资金。对确需地方政府偿还的债务，地方政府要切实履行偿债责任，必要时可以处置政府资产偿还债务。对确需地方政府履行担保或救助责任的债务，地方政府要切实依法履行协议约定，作出妥善安排。有关债务举借单位和连带责任人要按照协议认真落实偿债责任，明确偿债时限，按时还本付息，不得单方面改变原有债权债务关系，不得转嫁偿债责任和逃废债务。对确已形成损失的存量债务，债权人应按照商业化原则承担相应责任和损失。

（四）确保在建项目后续融资。地方政府要统筹各类资金，优先保障在建项目续建和收尾。对使用债务资金的在建项目，原贷款银行等要重新进行审核，凡符合国家有关规定的项目，要继续按协议提供贷款，推进项目建设；对在建项目确实没有其他建设资金来源的，应主要通过政府与社会资本合作模式和地方政府债券解决后续融资。

七、加强组织领导

各地区、各部门要高度重视，把思想和行动统一到党中央、国务院决策部署上来。地方政府要切实担负起加强地方政府性债务管理、防范化解财政金融风险的责任，结合实际制定具体方案，政府主要负责人要作为第一责任人，认真抓好政策落实。要建立地方政府性债务协调机制，统筹加强地方政府性债务管理。财政部门作为地方政府性债务归口管理部门，要完善债务管理制度，充实债务管理力量，做好债务规模控制、债券发行、预算管理、统计分析和风险监控等工作；发展改革部门要加强政府投资计划管理和项目审批，从严审批债务风险较高地区的新开工项目；金融监管部门要加强监管、正确引导，制止金融机构等违法违规提供融资；审计部门要依法加强对地方政府性债务的审计监督，促进完善债务管理制度，防范风险，规范管理，提高资金使用效益。各地区、各部门要切实履行职责，加强协调配合，全面做好加强地方政府性债务管理各项工作，确保政策贯彻落实到位。

国务院

2014 年 9 月 21 日

8.3.2 国务院关于创新重点领域投融资机制鼓励社会投资的指导意见（2014 年 11 月 16 日，国发〔2014〕60 号）

各省、自治区、直辖市人民政府，国务院各部委、各直属机构：

为推进经济结构战略性调整，加强薄弱环节建设，促进经济持续健康发展，迫切需要在公共服务、资源环境、生态建设、基础设施等重点领域进一步创新投融资机制，充分发挥社会资本特别是民间资本的积极作用。为此，特提出以下意见。

一、总体要求

（一）指导思想。全面贯彻落实党的十八大和十八届三中、四中全会精神，按照党中央、国务院决策部署，使市场在资源配置中起决定性作用和更好发挥政府作用，打破行业垄断和市场壁垒，切实降低准入门槛，建立公平开放透明的市场规则，营造权利平等、机会平等、规则平等的投资环境，进一步鼓励社会投资特别是民间投资，盘活存量、用好增量，调结构、补短板，服务国家生产力布局，促进重点领域建设，增加公共产品有效供给。

（二）基本原则。实行统一市场准入，创造平等投资机会；创新投资运营机制，扩大社会资本投资途径；优化政府投资使用方向和方式，发挥引导带动作用；创新融资方式，拓宽融资渠道；完善价格形成机制，发挥价格杠杆作用。

二、创新生态环保投资运营机制

（三）深化林业管理体制改革。推进国有林区和国有林场管理体制改革，完善森林经营和采伐管理制度，开展森林科学经营。深化集体林权制度改革，稳定林权承包关系，放活林地经营权，鼓励林权依法规范流转。鼓励荒山荒地造林和退耕还林林地林权依法流转。减免林权流转税费，有效降低流转成本。

（四）推进生态建设主体多元化。在严格保护森林资源的前提下，鼓励社会资本积极参与生态建设和保护，支持符合条件的农民合作社、家庭农场（林场）、专业大户、林业企业等新型经营主体投资生态建设项目。对社会资本利用荒山荒地进行植树造林的，在保障生态效益、符合土地用途管制要求的前提下，允许发展林下经济、森林旅游等生态产业。

（五）推动环境污染治理市场化。在电力、钢铁等重点行业以及开发区（工业园区）污染治理等领域，大力推行环境污染第三方治理，通过委托治理服务、托管运营服务等方式，由排污企业付费购买专业环境服务公司的治污减排服务，提高污染治理的产业化、专业化程度。稳妥推进政府向社会购买环境监测服务。建立重点行业第三方治污企业推荐制度。

（六）积极开展排污权、碳排放权交易试点。推进排污权有偿使用和交易试点，建立排污权有偿使用制度，规范排污权交易市场，鼓励社会资本参与污染减排和排污权交易。加快调整主要污染物排污费征收标准，实行差别化排污收费政策。加快在国内试行碳排放权交易制度，探索森林碳汇交易，发展碳排放权交易市场，鼓励和支持社会投资者参与碳配额交易，通过金融市场发现价格的功能，调整不同经济主体利益，有效促进环保和节能减排。

三、鼓励社会资本投资运营农业和水利工程

（七）培育农业、水利工程多元化投资主体。支持农民合作社、家庭农场、专业大户、农业企业等新型经营主体投资建设农田水利和水土保持设施。允许财政补助形成的小型农田水利和水土保持工程资产由农业用水合作组织持有和管护。鼓励社会资本以特许经营、参股控股等多种形式参与具有一定收益的节水供水重大水利工程建设运营。社会资本愿意投入的重大水利工程，要积极鼓励社会资本投资建设。

（八）保障农业、水利工程投资合理收益。社会资本投资建设或运营管理农田水利、水土保持设施和节水供水重大水利工程的，与国有、集体投资项目享有同等政策待遇，可以依法获取供水水费等经营收益；承担公益性任务的，政府可对工程建设投资、维修养护和管护经费等给予适当补助，并落实优惠政策。社会资本投资建设或运营管理农田水利设施、重大水利工程等，可依法继承、转让、转租、抵押其相关权益；征收、征用或占用的，要按照国家有关规定给予补偿或者赔偿。

（九）通过水权制度改革吸引社会资本参与水资源开发利用和保护。加快建立水权制度，培育和规范水权交易市场，积极探索多种形式的水权交易流转方式，允许各地通过水权交易满足新增合理用水需求。鼓励社会资本通过参与节水供水重大水利工程投资建设等方式优先获得新增水资源使用权。

（十）完善水利工程水价形成机制。深入开展农业水价综合改革试点，进一步促进农业节水。水利工程供非农业用水价格按照补偿成本、合理收益、优质优价、公平负担的原则合理制定，并根据供水成本变化及社会承受能力等适时调整，推行两部制水利工程水价和丰枯季节水价。价格调整不到位时，地方政府可根据实际情况安排财政性资金，对运营单位进行合理补偿。

四、推进市政基础设施投资运营市场化

（十一）改革市政基础设施建设运营模式。推动市政基础设施建设运营事业单位向独立核算、自主经营的企业化管理转变。鼓励打破以项目为单位的分散运营模式，实行规模化经营，降低建设和运营成本，提高投资效益。推进市县、乡镇和村级污水收集和处理、垃圾处理项目按行业“打包”投资和运营，鼓励实行城乡供水一体化、厂网一体投资和运营。

（十二）积极推动社会资本参与市政基础设施建设运营。通过特许经营、投资补助、政府购买服务等多种方式，鼓励社会资本投资城镇供水、供热、燃气、污水垃圾处理、建筑垃圾资源化利用和处理、城市综合管廊、公园配套服务、公共交通、停车设施等市政基础设施项目，政府依法选择符合要求的经营者。政府可采用委托经营或转让—经营—转让（TOT）等方式，将已经建成的市政基础设施项目转交给社会资本运营管理。

（十三）加强县城基础设施建设。按照新型城镇化发展的要求，把有条件的县城和重点镇发展为中小城市，支持基础设施建设，增强吸纳农业转移人口的能力。选择若干具有产业基础、特色资源和区位优势的县城和重点镇推行试点，加大对市政基础设施建设运营引入市场机制的政策支持力度。

（十四）完善市政基础设施价格机制。加快改进市政基础设施价格形成、调整和补偿机制，使经营者能够获得合理收益。实行上下游价格调整联动机制，价格调整不到位时，地方政府可根据实际情况安排财政性资金对企业运营进行合理补偿。

五、改革完善交通投融资机制

（十五）加快推进铁路投融资体制改革。用好铁路发展基金平台，吸引社会资本参与，扩大基金规模。充分利用铁路土地综合开发政策，以开发收益支持铁路发展。按照市场化方向，不断完善铁路运价形成机制。向地方政府和社会资本放开城际铁路、市域（郊）铁路、资源开发性铁路和支线铁路的所有权、经营权。按照构建现代企业制度的要求，保障投资者权益，推进蒙西至华中、长春至西巴彦花铁路等引进民间资本的示范项目实施。鼓励按照“多式衔接、立体开发、功能融合、节约集约”的原则，对城市轨道交通站点周边、车辆段上盖进行土地综合开发，吸引社会资本参与城市轨道交通建设。

（十六）完善公路投融资模式。建立完善政府主导、分级负责、多元筹资的公路投融资模式，完善收费公路政策，吸引社会资本投入，多渠道筹措建设和维护资金。逐步建立高速公路与普通公路统筹发展机制，促进普通公路持续健康发展。

（十七）鼓励社会资本参与水运、民航基础设施建设。探索发展“航电结合”等投融资模式，按相关政策给予投资补助，鼓励社会资本投资建设航电枢纽。鼓励社会资本投资建设港口、内河航运设施等。积极吸引社会资本参与盈利状况较好的枢纽机场、干线机场以及机场配套服务设施等投资建设，拓宽机场建设资金来源。

六、鼓励社会资本加强能源设施投资

（十八）鼓励社会资本参与电力建设。在做好生态环境保护、移民安置和确保工程安全的前提下，通过业主招标等方式，鼓励社会资本投资常规水电站和抽水蓄能电站。在确保具备核电控股资质主体承担核安全责任的前提下，引入社会资本参与核电项目投资，鼓励民间资本进入核电设备研制和核电服务领域。鼓励社会资本投资建设风光电、生物质能等清洁能源项目和背压式热电联产机组，进入清洁高效煤电项目建设、燃煤电厂节能减排升级改造领域。

（十九）鼓励社会资本参与电网建设。积极吸引社会资本投资建设跨区输电通道、区域主干电网完善工程和大中城市配电网工程。将海南联网Ⅱ回线路和滇西北送广东特高压直流输电工程等项目作为试点，引入社会资本。鼓励社会资本投资建设分布式电源并网工程、储能装置和电动汽车充换电设施。

（二十）鼓励社会资本参与油气管网、储存设施和煤炭储运建设运营。支持民营企业、地方国有企业等参股建设油气管网主干线、沿海液化天然气（LNG）接收站、地下储气库、城市配气管网和城市储气设施，控股建设油气管网支线、原油和成品油商业储备库。鼓励社会资本参与铁路运煤干线和煤炭储配体系建设。国家规划确定的石化基地炼化一体化项目向社会资本开放。

（二十一）理顺能源价格机制。进一步推进天然气价格改革，2015 年实现存量气和增量气价格并轨，逐步放开非居民用天然气气源价格，落实页岩气、煤层气等非常规天然气价格市场化政策。尽快出台天然气管道运输价格政策。按照合理成本加合理利润的原则，适时调整煤层气发电、余热余压发电上网标杆电价。推进天然气分布式能源冷、热、电价格市场化。完善可再生能源发电价格政策，研究建立流域梯级效益补偿机制，适时调整完善燃煤发电机组环保电价政策。

七、推进信息和民用空间基础设施投资主体多元化

（二十二）鼓励电信业进一步向民间资本开放。进一步完善法律法规，尽快修订电信业务分类目录。研究出台具体试点办法，鼓励和引导民间资本投资宽带接入网络建设和业务运营，大力发展宽带用户。推进民营企业开展移动通信转售业务试点工作，促进业务创新发展。

（二十三）吸引民间资本加大信息基础设施投资力度。支持基础电信企业引入民间战略投资者。推动中国铁塔股份有限公司引入民间资本，实现混合所有制发展。

（二十四）鼓励民间资本参与国家民用空间基础设施建设。完善民用遥感卫星数据政策，加强政府采购服务，鼓励民间资本研制、发射和运营商业遥感卫星，提供市场化、专业化服务。引导民间资本参与卫星导航地面应用系统建设。

八、鼓励社会资本加大社会事业投资力度

（二十五）加快社会事业公立机构分类改革。积极推进养老、文化、旅游、体育等领域符合条件的事业单位，以及公立医院资源丰富地区符合条件的医疗事业单位改制，为社会资本进入创造条件，鼓励社会资本参与公立机构改革。将符合条件的国有单位培训疗养机构转变为养老机构。

（二十六）鼓励社会资本加大社会事业投资力度。通过独资、合资、合作、联营、租赁等途径，采取特许经营、公建民营、民办公助等方式，鼓励社会资本参与教育、医疗、养老、体育健身、文化设施建设。尽快出台鼓励社会力量兴办教育、促进民办教育健康发展的意见。各地在编制城市总体规划、控制性详细规划以及有关专项规划时，要统筹规划、科学布局各类公共服务设施。各级政府逐步扩大教育、医疗、养老、体育健身、文化等政府购买服务范围，各类经营主体平等参与。将符合条件的各类医疗机构纳入医疗保险定点范围。

（二十七）完善落实社会事业建设运营税费优惠政策。进一步完善落实非营利性教育、医疗、养老、体育健身、文化机构税收优惠政策。对非营利性医疗、养老机构建设一律免征有关行政事业性收费，对营利性医疗、养老机构建设一律减半征收有关行政事业性收费。

（二十八）改进社会事业价格管理政策。民办教育、医疗机构用电、用水、用气、用热，执行与公办教育、医疗机构相同的价格政策。养老机构用电、用水、用气、用热，按居民生活类价格执行。除公立医疗、养老机构提供的基本服务按照政府规定的价格政策执行外，其他医疗、养老服务实行经营者自主定价。营利性民办学校收费实行自主定价，非营利性民办学校收费政策由地方政府按照市场化方向根据当地实际情况确定。

九、建立健全政府和社会资本合作（PPP）机制

（二十九）推广政府和社会资本合作（PPP）模式。认真总结经验，加强政策引导，在公共服务、资源环境、生态保护、基础设施等领域，积极推广 PPP 模式，规范选择项目合作伙伴，引入社会资本，增强公共产品供给能力。政府有关部门要严格按照预算管理有关法律法规，完善财政补贴制度，切实控制和防范财政风险。健全 PPP 模式的法规体系，保障项目顺利运行。鼓励通过 PPP 方式盘活存量资源，变现资金要用于重点领域建设。

（三十）规范合作关系保障各方利益。政府有关部门要制定管理办法，尽快发布标准合同范本，对 PPP 项目的业主选择、价格管理、回报方式、服务标准、信息披露、违约处罚、政府接管以及评估论证等进行详细规定，规范合作关系。平衡好社会公众与投资者利益关系，既要保障社会公众利益不受损害，又要保障经营者合法权益。

（三十一）健全风险防范和监督机制。政府和投资者应对 PPP 项目可能产生的政策风险、商业风险、环境风险、法律风险等进行充分论证，完善合同设计，健全纠纷解决和风险防范机制。建立独立、透明、可问责、专业化的 PPP 项目监管体系，形成由政府监管部门、投资者、社会公众、专家、媒体等共同参与的监督机制。

（三十二）健全退出机制。政府要与投资者明确 PPP 项目的退出路径，保障项目持续稳定运行。项目合作结束后，政府应组织做好接管工作，妥善处理投资回收、资产处理等事宜。

十、充分发挥政府投资的引导带动作用

（三十三）优化政府投资使用方向。政府投资主要投向公益性和基础性建设。对鼓励社会资本参与的生态环保、农林水利、市政基础设施、社会事业等重点领域，政府投资可根据实际情况给予支持，充分发挥政府投资“四两拨千斤”的引导带动作用。

（三十四）改进政府投资使用方式。在同等条件下，政府投资优先支持引入社会资本的项目，根据不同项目情况，通过投资补助、基金注资、担保补贴、贷款贴息等方式，支持社会资本参与重点领域建设。抓紧制定政府投资支持社会投资项目的管理办法，规范政府投资安排行为。

十一、创新融资方式拓宽融资渠道

（三十五）探索创新信贷服务。支持开展排污权、收费权、集体林权、特许经营权、购买服务协议预期收益、集体土地承包经营权质押贷款等担保创新类贷款业务。探索利用工程供水、供热、发电、污水垃圾处理等预期收益质押贷款，允许利用相关收益作为还款来源。鼓励金融机构对民间资本举办的社会事业提供融资支持。

（三十六）推进农业金融改革。探索采取信用担保和贴息、业务奖励、风险补偿、费用补贴、投资基金，以及互助信用、农业保险等方式，增强农民合作社、家庭农场（林场）、专业大户、农林业企业的贷款融资能力和风险抵御能力。

（三十七）充分发挥政策性金融机构的积极作用。在国家批准的业务范围内，加大对公共服务、生态环保、基础设施建设项目的支持力度。努力为生态环保、农林水利、中西部铁路和公路、城市基础设施等重大工程提供长期稳定、低成本的资金支持。

（三十八）鼓励发展支持重点领域建设的投资基金。大力发展股权投资基金和创业投资基金，鼓励民间资本采取私募等方式发起设立主要投资于公共服务、生态环保、基础设施、区域开发、战略性新兴产业、先进制造业等领域的产业投资基金。政府可以使用包括中央预算内投资在内的财政性资金，通过认购基金份额等方式予以支持。

（三十九）支持重点领域建设项目开展股权和债权融资。大力发展债权投资计划、股权投资计划、资产支持计划等融资工具，延长投资期限，引导社保资金、保险资金等用于收益稳定、回收期长的基础设施和基础产业项目。支持重点领域建设项目采用企业债券、项目收益债券、公司债券、中期票据等方式通过债券市场筹措投资资金。推动铁路、公路、机场等交通项目建设企业应收账款证券化。建立规范的地方政府举债融资机制，支持地方政府依法依规发行债券，用于重点领域建设。

创新重点领域投融资机制对稳增长、促改革、调结构、惠民生具有重要作用。各地区、各有关部门要从大局出发，进一步提高认识，加强组织领导，健全工作机制，协调推动重点领域投融资机制创新。各地政府要结合本地实际，抓紧制定具体实施细则，确保各项措施落到实处。国务院各有关部门要严格按照分工，抓紧制定相关配套措施，加快重点领域建设，同时要加强宣传解读，让社会资本了解参与方式、运营方式、盈利模式、投资回报等相关政策，进一步稳定市场预期，充分调动社会投资积极性，切实发挥好投资对经济增长的关键作用。发展改革委要会同有关部门加强对本指导意见落实情况的督促检查，重大问题及时向国务院报告。

国务院

2014 年 11 月 16 日

8.3.3 关于在公共服务领域推广政府和社会资本合作模式指导意见的通知（2015 年 5 月 19 日，国办发〔2015〕42 号）

各省、自治区、直辖市人民政府，国务院各部委、各直属机构：

财政部、发展改革委、人民银行《关于在公共服务领域推广政府和社会资本合作模式的指导意见》已经国务院同意，现转发给你们，请认真贯彻执行。

在公共服务领域推广政府和社会资本合作模式，是转变政府职能、激发市场活力、打造经济新增长点的重要改革举措。围绕增加公共产品和公共服务供给，在能源、交通运输、水利、环境保护、农业、林业、科技、保障性安居工程、医疗、卫生、养老、教育、文化等公共服务领域，广泛采用政府和社会资本合作模式，对统筹做好稳增长、促改革、调结构、惠民生、防风险工作具有战略意义。

各地区、各部门要按照简政放权、放管结合、优化服务的要求，简化行政审批程序，推进立法工作，进一步完善制度，规范流程，加强监管，多措并举，在财税、价格、土地、金融等方面加大支持力度，保证社会资本和公众共同受益，通过资本市场和开发性、政策性金融等多元融资渠道，吸引社会资本参与公共产品和公共服务项目的投资、运营管理，提高公共产品和公共服务供给能力与效率。

各地区、各部门要高度重视，精心组织实施，加强协调配合，形成工作合力，切实履行职责，共同抓好落实。

国务院办公厅

2015 年 5 月 19 日

关于在公共服务领域推广政府和社会资本合作模式的指导意见

财政部　发展改革委　人民银行

为打造大众创业、万众创新和增加公共产品、公共服务“双引擎”，让广大人民群众享受到优质高效的公共服务，在改善民生中培育经济增长新动力，现就改革创新公共服务供给机制，大力推广政府和社会资本合作（Public-PrivatePartnership，PPP）模式，提出以下意见：

一、充分认识推广政府和社会资本合作模式的重大意义

政府和社会资本合作模式是公共服务供给机制的重大创新，即政府采取竞争性方式择优选择具有投资、运营管理能力的社会资本，双方按照平等协商原则订立合同，明确责权利关系，由社会资本提供公共服务，政府依据公共服务绩效评价结果向社会资本支付相应对价，保证社会资本获得合理收益。政府和社会资本合作模式有利于充分发挥市场机制作用，提升公共服务的供给质量和效率，实现公共利益最大化。

（一）有利于加快转变政府职能，实现政企分开、政事分开。作为社会资本的境内外企业、社会组织和中介机构承担公共服务涉及的设计、建设、投资、融资、运营和维护等责任，政府作为监督者和合作者，减少对微观事务的直接参与，加强发展战略制定、社会管理、市场监管、绩效考核等职责，有助于解决政府职能错位、越位和缺位的问题，深化投融资体制改革，推进国家治理体系和治理能力现代化。

（二）有利于打破行业准入限制，激发经济活力和创造力。政府和社会资本合作模式可以有效打破社会资本进入公共服务领域的各种不合理限制，鼓励国有控股企业、民营企业、混合所有制企业等各类型企业积极参与提供公共服务，给予中小企业更多参与机会，大幅拓展社会资本特别是民营资本的发展空间，激发市场主体活力和发展潜力，有利于盘活社会存量资本，形成多元化、可持续的公共服务资金投入渠道，打造新的经济增长点，增强经济增长动力。

（三）有利于完善财政投入和管理方式，提高财政资金使用效益。在政

府和社会资本合作模式下，政府以运营补贴等作为社会资本提供公共服务的对价，以绩效评价结果作为对价支付依据，并纳入预算管理、财政中期规划和政府财务报告，能够在当代人和后代人之间公平地分担公共资金投入，符合代际公平原则，有效弥补当期财政投入不足，有利于减轻当期财政支出压力，平滑年度间财政支出波动，防范和化解政府性债务风险。

二、总体要求

（四）指导思想。贯彻落实党的十八大和十八届二中、三中、四中全会精神，按照党中央、国务院决策部署，借鉴国际成熟经验，立足国内实际情况，改革创新公共服务供给机制和投入方式，发挥市场在资源配置中的决定性作用，更好发挥政府作用，引导和鼓励社会资本积极参与公共服务供给，为广大人民群众提供优质高效的公共服务。

（五）基本原则。

依法合规。将政府和社会资本合作纳入法制化轨道，建立健全制度体系，保护参与各方的合法权益，明确全生命周期管理要求，确保项目规范实施。

重诺履约。政府和社会资本法律地位平等、权利义务对等，必须树立契约理念，坚持平等协商、互利互惠、诚实守信、严格履约。

公开透明。实行阳光化运作，依法充分披露政府和社会资本合作项目重要信息，保障公众知情权，对参与各方形成有效监督和约束。

公众受益。加强政府监管，将政府的政策目标、社会目标和社会资本的运营效率、技术进步有机结合，促进社会资本竞争和创新，确保公共利益最大化。

积极稳妥。鼓励地方各级人民政府和行业主管部门因地制宜，探索符合当地实际和行业特点的做法，总结提炼经验，形成适合我国国情的发展模式。坚持必要、合理、可持续的财政投入原则，有序推进项目实施，控制项目的政府支付责任，防止政府支付责任过重加剧财政收支矛盾，带来支出压力。

（六）发展目标。立足于加强和改善公共服务，形成有效促进政府和社会资本合作模式规范健康发展的制度体系，培育统一规范、公开透明、竞争有序、监管有力的政府和社会资本合作市场。着力化解地方政府性债务风险，积极引进社会资本参与地方融资平台公司存量项目改造，争取通过政府和社会资本合作模式减少地方政府性债务。在新建公共服务项目中，逐步增加使用政府和社会资本合作模式的比例。

三、构建保障政府和社会资本合作模式持续健康发展的制度体系

（七）明确项目实施的管理框架。建立健全制度规范体系，实施全生命周期管理，保证项目实施质量。进一步完善操作指南，规范项目识别、准备、采购、执行、移交各环节操作流程，明确操作要求，指导社会资本参与实施。制定合同指南，推动共性问题处理方式标准化。制定分行业、分领域的标准化合同文本，提高合同编制效率和谈判效率。按照预算法、合同法、政府采购法及其实施条例、《国务院办公厅关于政府向社会力量购买服务的指导意见》（国办发〔2013〕96 号）等要求，建立完善管理细则，规范选择合作伙伴的程序和方法，维护国家利益、社会公共利益和社会资本的合法权益。

（八）健全财政管理制度。开展财政承受能力论证，统筹评估和控制项目的财政支出责任，促进中长期财政可持续发展。建立完善公共服务成本财政管理和会计制度，创新资源组合开发模式，针对政府付费、使用者付费、可行性缺口补助等不同支付机制，将项目涉及的运营补贴、经营收费权和其他支付对价等，按照国家统一的会计制度进行核算，纳入年度预算、中期财政规划，在政府财务报告中进行反映和管理，并向本级人大或其常委会报告。存量公共服务项目转型为政府和社会资本合作项目过程中，应依法进行资产评估，合理确定价值，防止公共资产流失和贱卖。项目实施过程中政府依法获得的国有资本收益、约定的超额收益分成等公共收入应上缴国库。

（九）建立多层次监督管理体系。行业主管部门根据经济社会发展规划及专项规划发起政府和社会资本合作项目，社会资本也可根据当地经济社会发展需求建议发起。行业主管部门应制定不同领域的行业技术标准、公共产品或服务技术规范，加强对公共服务质量和价格的监管。建立政府、公众共同参与的综合性评价体系，建立事前设定绩效目标、事中进行绩效跟踪、事后进行绩效评价的全生命周期绩效管理机制，将政府付费、使用者付费与绩

效评价挂钩，并将绩效评价结果作为调价的重要依据，确保实现公共利益最大化。依法充分披露项目实施相关信息，切实保障公众知情权，接受社会监督。

（十）完善公共服务价格调整机制。积极推进公共服务领域价格改革，按照补偿成本、合理收益、节约资源、优质优价、公平负担的原则，加快理顺公共服务价格。依据项目运行情况和绩效评价结果，健全公共服务价格调整机制，完善政府价格决策听证制度，广泛听取社会资本、公众和有关部门意见，确保定价调价的科学性。及时披露项目运行过程中的成本变化、公共服务质量等信息，提高定价调价的透明度。

（十一）完善法律法规体系。推进相关立法，填补政府和社会资本合作领域立法空白，着力解决政府和社会资本合作项目运作与现行法律之间的衔接协调问题，明确政府出资的法律依据和出资性质，规范政府和社会资本的责权利关系，明确政府相关部门的监督管理责任，为政府和社会资本合作模式健康发展提供良好的法律环境和稳定的政策预期。鼓励有条件的地方立足当地实际，依据立法法相关规定，出台地方性法规或规章，进一步有针对性地规范政府和社会资本合作模式的运用。

四、规范推进政府和社会资本合作项目实施

（十二）广泛采用政府和社会资本合作模式提供公共服务。在能源、交通运输、水利、环境保护、农业、林业、科技、保障性安居工程、医疗、卫生、养老、教育、文化等公共服务领域，鼓励采用政府和社会资本合作模式，吸引社会资本参与。其中，在能源、交通运输、水利、环境保护、市政工程等特定领域需要实施特许经营的，按《基础设施和公用事业特许经营管理办法》执行。

（十三）化解地方政府性债务风险。积极运用转让—运营—移交（TOT）、改建—运营—移交（ROT）等方式，将融资平台公司存量公共服务项目转型为政府和社会资本合作项目，引入社会资本参与改造和运营，在征得债权人同意的前提下，将政府性债务转换为非政府性债务，减轻地方政府的债务压力，腾出资金用于重点民生项目建设。大力推动融资平台公司与政府脱钩，进行市场化改制，健全完善公司治理结构，对已经建立现代企业制度、实现市场化运营的，在其承担的地方政府债务已纳入政府财政预算、得到妥善处置并明确公告今后不再承担地方政府举债融资职能的前提下，可作为社会资本参与当地政府和社会资本合作项目，通过与政府签订合同方式，明确责权利关系。严禁融资平台公司通过保底承诺等方式参与政府和社会资本合作项目，进行变相融资。

（十四）提高新建项目决策的科学性。地方政府根据当地经济社会发展需要，结合财政收支平衡状况，统筹论证新建项目的经济效益和社会效益，并进行财政承受能力论证，保证决策质量。根据项目实施周期、收费定价机制、投资收益水平、风险分配基本框架和所需要的政府投入等因素，合理选择建设—运营—移交（BOT）、建设—拥有—运营（BOO）等运作方式。

（十五）择优选择项目合作伙伴。对使用财政性资金作为社会资本提供公共服务对价的项目，地方政府应当根据预算法、合同法、政府采购法及其实施条例等法律法规规定，选择项目合作伙伴。依托政府采购信息平台，及时、充分向社会公布项目采购信息。综合评估项目合作伙伴的专业资质、技术能力、管理经验、财务实力和信用状况等因素，依法择优选择诚实守信的合作伙伴。加强项目政府采购环节的监督管理，保证采购过程公平、公正、公开。

（十六）合理确定合作双方的权利与义务。树立平等协商的理念，按照权责对等原则合理分配项目风险，按照激励相容原则科学设计合同条款，明确项目的产出说明和绩效要求、收益回报机制、退出安排、应急和临时接管预案等关键环节，实现责权利对等。引入价格和补贴动态调整机制，充分考虑社会资本获得合理收益。如单方面构成违约的，违约方应当给予对方相应赔偿。建立投资、补贴与价格的协同机制，为社会资本获得合理回报创造条件。

（十七）增强责任意识和履约能力。社会资本要将自身经济利益诉求与政府政策目标、社会目标相结合，不断加强管理和创新，提升运营效率，在实现经济价值的同时，履行好企业社会责任，严格按照约定保质保量提供服务，维护公众利益；要积极进行业务转型和升级，从工程承包商、建设施工方向运营商转变，实现跨不同领域、多元化发展；要不断提升运营实力和管理经验，增强提供公共服务的能力。咨询、法律、会计等中介机构要提供质优价廉的服务，促进项目增效升级。

（十八）保障公共服务持续有效。按照合同约定，对项目建设情况和公共服务质量进行验收，逾期未完成或不符合标准的，社会资本要限期完工或整改，并采取补救措施或赔偿损失。健全合同争议解决机制，依法积极协调解决争议。确需变更合同内容、延长合同期限以及变更社会资本方的，由政府和社会资本方协商解决，但应当保持公共服务的持续性和稳定性。项目资产移交时，要对移交资产进行性能测试、资产评估和登记入账，并按照国家统一的会计制度进行核算，在政府财务报告中进行反映和管理。

五、政策保障

（十九）简化项目审核流程。进一步减少审批环节，建立项目实施方案联评联审机制，提高审查工作效率。项目合同签署后，可并行办理必要的审批手续，有关部门要简化办理手续，优化办理程序，主动加强服务，对实施方案中已经明确的内容不再作实质性审查。

（二十）多种方式保障项目用地。实行多样化土地供应，保障项目建设用地。对符合划拨用地目录的项目，可按划拨方式供地，划拨土地不得改变土地用途。建成的项目经依法批准可以抵押，土地使用权性质不变，待合同经营期满后，连同公共设施一并移交政府；实现抵押权后改变项目性质应该以有偿方式取得土地使用权的，应依法办理土地有偿使用手续。不符合划拨用地目录的项目，以租赁方式取得土地使用权的，租金收入参照土地出让收入纳入政府性基金预算管理。以作价出资或者入股方式取得土地使用权的，应当以市、县人民政府作为出资人，制定作价出资或者入股方案，经市、县人民政府批准后实施。

（二十一）完善财税支持政策。积极探索财政资金撬动社会资金和金融资本参与政府和社会资本合作项目的有效方式。中央财政出资引导设立中国政府和社会资本合作融资支持基金，作为社会资本方参与项目，提高项目融资的可获得性。探索通过以奖代补等措施，引导和鼓励地方融资平台存量项目转型为政府和社会资本合作项目。落实和完善国家支持公共服务事业的税收优惠政策，公共服务项目采取政府和社会资本合作模式的，可按规定享受相关税收优惠政策。鼓励地方政府在承担有限损失的前提下，与具有投资管理经验的金融机构共同发起设立基金，并通过引入结构化设计，吸引更多社会资本参与。

（二十二）做好金融服务。金融机构应创新符合政府和社会资本合作模式特点的金融服务，优化信贷评审方式，积极为政府和社会资本合作项目提供融资支持。鼓励开发性金融机构发挥中长期贷款优势，参与改造政府和社会资本合作项目，引导商业性金融机构拓宽项目融资渠道。鼓励符合条件的项目运营主体在资本市场通过发行公司债券、企业债券、中期票据、定向票据等市场化方式进行融资。鼓励项目公司发行项目收益债券、项目收益票据、资产支持票据等。鼓励社保资金和保险资金按照市场化原则，创新运用债权投资计划、股权投资计划、项目资产支持计划等多种方式参与项目。对符合条件的“走出去”项目，鼓励政策性金融机构给予中长期信贷支持。依托各类产权、股权交易市场，为社会资本提供多元化、规范化、市场化的退出渠道。金融监管部门应加强监督管理，引导金融机构正确识别、计量和控制风险，按照风险可控、商业可持续原则支持政府和社会资本合作项目融资。

六、组织实施

（二十三）加强组织领导。国务院各有关部门要按照职能分工，负责相关领域具体工作，加强对地方推广政府和社会资本合作模式的指导和监督。财政部要会同有关部门，加强政策沟通协调和信息交流，完善体制机制。教育、科技、民政、人力资源社会保障、国土资源、环境保护、住房城乡建设、交通运输、水利、农业、商务、文化、卫生计生等行业主管部门，要结合本行业特点，积极运用政府和社会资本合作模式提供公共服务，探索完善相关监管制度体系。地方各级人民政府要结合已有规划和各地实际，出台具体政策措施并抓好落实；可根据本地区实际情况，建立工作协调机制，推动政府和社会资本合作项目落地实施。

（二十四）加强人才培养。大力培养专业人才，加快形成政府部门、高校、企业、专业咨询机构联合培养人才的机制。鼓励各类市场主体加大人才培训力度，开展业务人员培训，建设一支高素质的专业人才队伍。鼓励有条件的地方政府统筹内部机构改革需要，进一步整合专门力量，承担政府和社会资本合作模式推广职责，提高专业水平和能力。

（二十五）搭建信息平台。地方各级人民政府要切实履行规划指导、识别评估、咨询服务、宣传培训、绩效评价、信息统计、专家库和项目库建设等职责，建立统一信息发布平台，及时向社会公开项目实施情况等相关信息，确保项目实施公开透明、有序推进。

在公共服务领域推广政府和社会资本合作模式，事关人民群众切身利益，是保障和改善民生的一项重要工作。各地区、各部门要充分认识推广政府和社会资本合作模式的重要意义，把思想和行动统一到党中央、国务院的决策部署上来，精心组织实施，加强协调配合，形成工作合力，切实履行职责，共同抓好落实。财政部要强化统筹协调，会同有关部门对本意见落实情况进行督促检查和跟踪分析，重大事项及时向国务院报告。

参考文献

[1] 杜亚灵，尹贻林 . 基于典型案例归类的 PPP 项目盈利模式创新与发展研究 [J]. 工程管理学报，2015,05:50–55.

[2] 李佳嵘 . 基于我国国情的 PSC 评价体系研究 [D]. 清华大学，2011.

[3] 陈健，陶萍 . 项目融资 [M]. 北京 : 中国建筑工业出版社，2008.

[4] 田振清，任宇航 . 北京地铁 4 号线公私合作项目融资模式后评价研究 [J]. 城市轨道交通研究，2011,12:5–9.

[5] 裴劲松，王丹 . PPP 项目在中国的发展应用——以北京地铁 4 号线运营为例 [J]. 经济师，2010,10:23–24+26.

[6] 亓霞，柯永建，王守清 . 基于案例的中国 PPP 项目的主要风险因素分析 [J]. 中国软科学，2009,05:107–113.

[7] 涂铭，汪霄 . PPP 项目风险因素和承担机制研究 [J]. 基建优化，2007,04:25–28.

[8] 亓旭 . PPP 项目的风险分析 [D]. 北京交通大学 ,2007.

[9] 李洁，刘小平 . 知己知彼——国外 PPP 发展现状及对中国的借鉴 [EB/OL]. 联合资信，2015.

[10] 关书宾，姜承操，霍志辉 . PPP 模式定义及在国内外发展情况概述 [EB/OL]. 中债资信 ,2015-01-16.

[11] 李金升.竞争性谈判与竞争性磋商的联系与区别 [EB/OL]. 无讼阅读(贵州君跃律师事务所)，2015-04-21.

[12] 任宇航，肖靓.北京地铁16号线复合型PPP模式[EB/OL].中建政研，2015-09-02.

[13] 孔小明.PPP合同法律环境分析 [J]. 工程建设与设计，2009,01:101-105.

[14] 柯永建.中国PPP项目风险公平分担 [D]. 清华大学，2010.

[15] 王守清，柯永建. 特许经营项目融资 (BOT、PFI 和 PPP). 北京：清华大学出版社，2008.

[16] 孙彬彬，涂波.PPP模式下的产业投资基金运作 [EB/OL]. 中国财经报网，2015-07-10.

[17] 财政部政府和社会资本合作中心.国外PPP案例选编 [M]. 北京 : 中国商务出版社，2014.

[18] 中国清洁发展机制基金管理中心.PPP项目开发案例——上海华电莘庄工业区燃气热电冷三联供改造项目 [M]. 北京 : 中国商务出版社，2014.

[19] 财政部政府和社会资本合作中心.PPP物有所值研究 [M]. 北京 : 中国商务出版社，2014.

[20] 陈辉.PPP模式手册 [M]. 北京 : 知识产权出版社，2015.

[21] 陈伟强，章恒全.PPP与BOT融资模式的比较研究 [J].价值工程，2003.

[22] 伊超.基于资金价值（VFM）的非自偿性PPP项目决策机制研究 [D]. 山东建筑大学，2014.

[23] 刘广生，文童.PPP项目资金价值PSC评价法的改进探讨 [J]. 工业技术经济，2013,10:17-22.

[24] 孙晓丽.基于风险分担的BOT污水处理项目VFM评价分析 [D]. 大连理工大学，2013.

[25] 黄怿炜.PPP项目评价方法与决策研究 [D]. 同济大学，2007.

[26] 刁昳，李凤.PSC评价法在我国保障房PPP项目中的应用研究 [J]. 建筑经济，2015,07:87-90.

[27] 袁竞峰，王帆，李启明，邓小鹏 . 基础设施 PPP 项目的 VFM 评估方法研究及应用 [J]. 现代管理科学，2012,01:27–30.

[28] 高会芹，武艺，李承梅 . PSC 指标在 VFM 评价中的应用研究 [J]. 价值工程，2012,05:130–131.

[29] 严丹良 . 公私合作项目绩效评价研究 [D]. 西安建筑科技大学，2014.

[30] 王秀婧 . 公私合作项目中信任与绩效的相关性研究 [D]. 西安建筑科技大学，2014.

[31] 刘广生，文童 . PPP 项目资金价值 PSC 评价法的改进探讨 [J]. 工业技术经济，2013,10:17–22.

[32] 彭为，陈建国，Cui Qingbin, 穆诗煜 . 公私合作项目物有所值评估比较与分析 [J]. 软科学，2014, 05:28–32+42.

[33] 李佳嵘，王守清 . 我国 PPP 项目前期决策体系的改进和完善 [J]. 项目管理技术，2011,05:17–22.

[34] 马琳 . PFI 模式风险管理研究 [D]. 东南大学，2006.

[35] 杜文元 . PFI 项目决策与招标评价方法研究 [D]. 天津理工大学，2006.

[36] 张水波，孙建强 . 非经营性政府投资项目代建制成功标准框架模型——基于“物有所值 (ValueforMoney)”原则 [J]. 城市发展研究，2014,12:1–4.

[37] 王千惠 . 刍议物有所值理论在 PPP 项目决策中的适用——缘起于 PPP 热潮下价值分析的缺位及《操作指南》的应用 [J]. 知识经济，2015,14:32–33+35.

[38] 孙慧，周颖，范志清 . PPP 项目评价中物有所值理论及其在国际上的应用 [J]. 国际经济合作，2009,11:70–74.

[39] 谢军蓉，鲁艳艳 . PPP 模式在北京地铁 4 号线中的应用 [J]. 财务与会计，2013,04:16–19.

[40] 段卫静，陈艳艳，赖见辉 . 北京地铁 4 号线客流特征分析 [J]. 都市快轨交通，2013,04:43–46.

[41] 尹贻林，尹晓璐 . 北京地铁 4 号线 PPP 建设模式风险分担研究 [J]. 铁道运输与经济，2013,10:6–11+36.

[42] 秦凤华 . 揭密北京地铁 4 号线 PPP 模式 [J]. 中国投资，2007,09:104–107.

[43] 吴美红 . 城市基础设施融资引入 PPP 模式研究 [D]. 河海大学，2007.

[44] 梁豪燕 . 城市轨道交通投融资模式研究 [D]. 北京交通大学，2007.

[45] 袁志学 . 公私合作融资模式在我国的应用研究 [D]. 河北工业大学，2006.

[46] 侯彦温，董国利 . 公共事业项目中应用 PPP 模式的思考 [J]. 中国经贸导刊，2011,07:77–78.

[47] 陈琤 . 公私部门合作中的风险分配 : 理想、现实与启示 [J]. 公共行政评论，2010,05:175–194+206.

[48] 赵先立，李子君 . 地铁经济中的公私合作——北京地铁 4 号线项目的运营、经验和意义 [J]. 城市观察，2012,05:77–85+125.

[49] 中国财政学会公私合作 (PPP) 研究专业委员会课题组，贾康，孙洁 . 北京地铁 4 号线 PPP 项目案例分析 [J]. 经济研究参考，2014,13:56–61.

[50] 乔欣 . 北京地铁 4 号线的样本价值——PPP 运用之一 [J]. 新理财 (政府理财)，2014,05:46–48.

[51] 顾曼 . PPP 模式下城市轨道交通项目公私双方风险管理研究 [D]. 中国矿业大学，2014.

[52] 陆文学 . 基于 PPP 模式的苏州轨道交通项目融资应用研究 [D]. 同济大学，2007.

[53] 陈帆 . 基于契约关系的 PPP 项目治理机制研究 [D]. 中南大学，2010.

[54] 杨扬 . 公私合作制（PPP）项目的动态利益分配研究 [D]. 大连理工大学，2013.

[55] 丁纯刚，樊松丽 . 浅谈 PPP 项目风险应对措施 [J]. 合作经济与科技，2010,18:50–52.

[56] 霍丽伟 . PPP 项目的风险分析与对策研究 [D]. 重庆大学，2010.

[57] 许强 . PPP 项目风险因素分析与分担决策 [D]. 南京大学，2013.

[58] 牛学峰 . PPP 项目融资风险指标体系及模糊综合分析方法研究 [D]. 重庆大学，2008.

[59] 唐丝丝 . 我国 PPP 项目关键风险的实物期权分析 [D]. 西南交通大学，2011.

[60] 李永强，苏振民 . PPP 项目的风险分担分析 [J]. 经济师，2005,09:248-249.

[61] 赵晔 . 我国 PPP 项目失败案例分析及风险防范 [J]. 地方财政研究，2015,06:52-56.

[62] 王守清，刘婷 . PPP 项目监管：国内外经验和政策建议 [J]. 地方财政研究，2014(9): 7-12.

[63] 王灏 . 城市轨道交通投融资模式研究 [M]. 中国建筑工业出版社，2010(7): 68-76.

[64] 郝伟亚，王盈盈，丁慧平 . 城市轨道交通 PPP 模式核心要点研究——北京地铁 M 号线案例分析 [J]. 土木工程学报，2012(10):175-180.

[65] 冯珂，王守清，张子龙，赵丽坤 . 新型城镇化背景下的 PPP 产业基金设立及运作模式探析 [J]. 建筑经济，2015,05:5-8.

[66] 高礼彦 . PPP 模式下的产业基金运作模式探析 [J]. 经济论坛，2015,08:69-72.

[67] 孙彬彬，涂波，孙倩倩，周岳，高志刚 . PPP 模式下的产业投资基金运作 [N]. 中国财经报，2015-07-09006.

[68] 梁晴雪，胡昊，谢忻玥 . 国内外典型 PPP 项目案例研究及启示 [J]. 建筑经济，2015,08:26-30.

[69] 严丹良 . 公私合作项目绩效评价研究 [D]. 西安建筑科技大学，2014.

[70] 许娜 . 准经营性城市基础设施 PPP 模式的关键成功因素研究 [D]. 重庆大学，2014.

[71] 林丽红 . 公私合作模式（PPP）下城市基础设施项目风险研究 [D]. 中国海洋大学，2014.

[72] 伊超 . 基于资金价值（VFM）的非自偿性 PPP 项目决策机制研究 [D]. 山东建筑大学，2014.

[73] 梁冬玲 . PPP 模式建设项目隐性风险研究 [D]. 东北林业大学，2014.

[74] 杭卓珺 . 基于 PPP 的我国铁路投融资模式研究 [D]. 华中科技大学，2014.

[75] 赖丹馨 . 基于合约理论的公私合作制（PPP）研究 [D]. 上海交通大学，

2011.

[76] 何涛 . 基于 PPP 模式的交通基础设施项目风险分担合理化研究 [D]. 天津大学，2011.

[77] 盛和太 . PPP/BOT 项目的资本结构选择研究 [D]. 清华大学，2013.

[78] 周春燕 . PPP 项目动态集成化风险管理研究 [D]. 重庆大学，2009.

[79] 赵新博 . PPP 项目绩效评价研究 [D]. 清华大学，2009.

[80] 彭为，陈建国 ,Cui Qingbin, 穆诗煜 . 公私合作项目物有所值评估比较与分析 [J]. 软科学，2014,05:28-32+42.

[81] 刘勇，肖翥，许叶林 . 基础设施 PPP 项目评价与立项决策的再思考——基于 PPP 模式的国际实践经验 [J]. 科技管理研究，2015,08:185-190.

[82] 刘新平，王守清 . 试论 PPP 项目的风险分配原则和框架 [J]. 建筑经济，2006,02:59-63.

[83] 穆尉鹏 . PPP 项目融资风险分担机制研究 [D]. 重庆大学，2008.

[84] 魏学成 . PPP 项目的风险分担及收益分配研究 [D]. 重庆大学 ,2008.

[85] 程言家 . 基础设施 PPP 模式中特许权获得者的选择研究 [D]. 南京航空航天大学 ,2008.

[86] 桑美英 . 基础设施 PPP 项目的风险管理研究 [D]. 长安大学 ,2014.

[87] 顾曼 . PPP 模式下城市轨道交通项目公私双方风险管理研究 [D]. 中国矿业大学，2014.

[88] 陈晓 . 论我国 PPP（公私合营）模式的法律框架 [D]. 中国政法大学，2010.

[89] 王舒 . 基础设施 PPP 项目融资风险分担研究 [D]. 重庆交通大学，2012.

[90] 吴美红 . 城市基础设施融资引入 PPP 模式研究 [D]. 河海大学，2007.

[91] 袁志学 . 公私合作融资模式在我国的应用研究 [D]. 河北工业大学，2006.

[92] 陈帆 . 基于契约关系的 PPP 项目治理机制研究 [D]. 中南大学，2010.

[93] 陆文学 . 基于 PPP 模式的苏州轨道交通项目融资应用研究 [D]. 同济大学，2007.

[94] 杨扬 . 公私合作制（PPP）项目的动态利益分配研究 [D]. 大连理工大学，2013.

[95] 杜亚灵，尹贻林 . PPP 项目风险分担研究评述 [J]. 建筑经济，2011,04:29–34.

[96] 胡丽，张卫国，叶晓甦 . 基于 PPP 模式的城市基础设施融资风险识别研究 [J]. 甘肃社会科学，2011,01:234–237.

[97] 马强，刘登 . 非经营性 PPP 项目收益分配机制设计 [J]. 商业时代，2011,09:97–98.

[98] 侯彦温，董国利 . 公共事业项目中应用 PPP 模式的思考 [J]. 中国经贸导刊，2011,07:77–78.

[99] 胡振，刘华，金维兴 . PPP 项目范式选择与风险分配的关系研究 [J]. 土木工程学报，2011,09:139–146.

[100] 杨秋波，侯晓文 . PPP 模式风险分担框架的改进研究 [J]. 项目管理技术，2008,08:13–17.

[101] 叶苏东 . BOT 项目主要风险的管理研究 [J]. 项目管理技术，2008,08:26–31.

[102] 王盈盈，柯永建，王守清 . 中国 PPP 项目中政治风险的变化和趋势 [J]. 建筑经济，2008,12:58–61.

[103] 王增忠，范立础，张学清 . 公私合作制项目特许期的确定方法 [J]. 上海师范大学学报 (自然科学版)，2008,01:68–73.

[104] 杜亚灵，尹贻林，严玲 . 公共项目绩效改善研究 : 风险分配途径 [J]. 科技管理研究，2008,05:274–276.

[105] 巨鹏，强茂山 . 基于信息费用的 PPP/BOT 项目风险分配解释 [J]. 建筑经济，2008,06:43–46.

[106] 王岩，叶子菀 . PPP 模式下项目参与方的合作关系 [J]. 中国电力教育，2008,S2:53–55.

[107] 杜亚灵，尹贻林 . 社会资本视域下风险分担与工程项目管理绩效的关联研究 [J]. 华东经济管理，2012,03:122–127.

[108] 杜亚灵，尹贻林 . 不完全契约视角下的工程项目风险分担框架研究

[J]. 重庆大学学报 (社会科学版)，2012,01:65–70.

[109] 王元明，徐大海 . 基于风险传递的公共项目风险分配研究 [J]. 开发研究，2012,06:94–97.

[110] 叶晓甦，吴书霞，单雪芹 . 我国 PPP 项目合作中的利益关系及分配方式研究 [J]. 科技进步与对策，2010,19:36–39.

[111] 陈琤 . 公私部门合作中的风险分配 : 理想、现实与启示 [J]. 公共行政评论，2010,05:175–194+206.

[112] 吕俊修，刘冬梅 . PPP 融资项目中风险分担的操作 [J]. 工程建设与设计，2009,05:115–119.

[113] 严立舰 . PPP 合同风险识别和分配 [J]. 建筑管理现代化，2009,03:271–274.

[114] 安丽苑 . PPP 项目的多参与方风险分担研究 [J]. 湖南医科大学学报 (社会科学版)，2009,06:79–81.

[115] 林表文 . PPP 项目融资风险合理分担方式、原则和流程 [J]. 长春工程学院学报 (社会科学版)，2013,02:40–43.

[116] 杨翠云 . 中国 PPP 项目风险的案例分析 [J]. 现代商业，2013,15:89.

[117] 郭上 . 北京地铁 4 号线 PPP 模式案例分析 [J]. 中国财政，2014,09:32–33.

[118] 陆晓春，杜亚灵，岳凯，张磊 . 基于 VFM 的政府与社会资本合作项目决策问题研究 [J]. 天津经济，2014,11:56–59.

[119] 王刚 . 政府购买社会服务 : 风险及其合理分担机制构建 [J]. 电子科技大学学报 (社科版)，2013,06:7–11.

[120] 窦尔翔 . 中国产业投资基金发展的路径选择 [J]. 中国人民大学学报，2006（5）：8–15.

[121] 丁纯刚，樊松丽 . 浅谈 PPP 项目风险应对措施 [J]. 合作经济与科技，2010,18:50–52.